Schreiben mit System

Peter Stücheli-Herlach
Daniel Perrin (Hrsg.)

Schreiben mit System

PR-Texte planen, entwerfen und verbessern

Springer VS

Herausgeber
Peter Stücheli-Herlach
Daniel Perrin

ZHAW Zürcher Hochschule für
Angewandte Wissenschaften
Winterthur, Schweiz

Die Herausgeber danken den Studierenden des Seminars Medienforschung im Frühlingssemester 2012 am IAM Institut für Angewandte Medienwissenschaft (Winterthur) dafür, dass sie das Manuskript aus Sicht einer wichtigen Zielgruppe lektoriert haben. Es sind dies Kaja Eggenschwiler, Donika Gjeloshi, Sarah Jost, Sophie Känzig, Silvana Meisel und Corinne Schwegler.

ISBN 978-3-531-19620-6 ISBN 978-3-531-19621-3 (eBook)
DOI 10.1007/978-3-531-19621-3

Die Deutsche Nationalbibliothek verzeichnet diese Publikation in der Deutschen Nationalbibliografie; detaillierte bibliografische Daten sind im Internet über http://dnb.d-nb.de abrufbar.

Springer VS

Gedruckt auf säurefreiem und chlorfrei gebleichtem Papier

Springer VS ist eine Marke von Springer DE. Springer DE ist Teil der Fachverlagsgruppe Springer Science+Business Media.
www.springer-vs.de

Vorwort

Ein Handbuch über das Schreiben für die Public Relations (PR)? – Das Lektüreangebot dürfte zunächst zwiespältige Reaktionen auslösen. Denn einerseits ist das Schreiben in diesem Berufsfeld, in dem es um die Gestaltung und Steuerung des Dialogs zwischen Unternehmen und der Öffentlichkeit geht, ebenso grundlegend wie selbstverständlich. Handelt es sich also um eine Publikation lediglich für Anfängerinnen und Anfänger? Die PR-Arbeit hat sich andererseits in den letzten Jahren durch Medialisierung und Digitalisierung enorm verändert. Was soll da ein Buch über das Schreiben, da doch Fotografien, Icons, Infografiken und Videoclips weit mehr zu sagen scheinen als tausend Worte?

Dieses Buch richtet sich weder nur an Berufseinsteiger noch an nostalgische Schreibtischtäter, welche die Zusammenarbeit mit anderen Medienspezialisten scheuen. Es arbeitet vielmehr mit der These, dass das Schreiben für die PR von derart grundlegender Bedeutung und gleichzeitig derart anspruchsvoll geworden ist, dass sich die Auseinandersetzung mit dem Thema für alle Profis immer wieder von Neuem lohnt – auch und gerade für jene, die sich im Beruf bereits auskennen und sich darin multimodal und multimedial bewegen. Von Interesse ist das Schreiben also nicht nur als alltägliche Routine, sondern auch – und vor allem – als Hebel der Strategie- und Qualitätsentwicklung, als entscheidendes Mittel für das Gelingen interdisziplinärer Zusammenarbeit und als roter Faden medienkonvergenter PR-Konzeption.

Zum einen sind die Aufgaben in Corporate Communications und PR in den letzten Jahren angewachsen, vielfältiger und anspruchsvoller geworden. Neue Medien, neue Themen wie Nachhaltigkeit und soziale Verantwortung, aber auch gestiegene Ansprüche an die Transparenz und Dialogfähigkeit der Unternehmenskommunikation haben das Tätigkeitsfeld verändert. Vielfältiger und anspruchsvoller sind damit auch die Schreibaufgaben geworden: Multimedial verwertbar müssen schriftliche Kommunikationsangebote der modernen PR sein, zudem so transparent und so anschlussfähig wie möglich. Gewohnheiten und

Routinen der Textproduktion werden entsprechend hinterfragt und wenn nötig neu ausgerichtet.

Zum anderen hat das Schreiben gerade durch die zunehmende multimediale Vermittlung von PR nochmals an Bedeutung gewonnen. Geschrieben werden müssen nicht nur die Beiträge für Printmedien, sondern auch die Hypertexte im Internet, die Storyboards für Videoproduktionen, die Über- und Unterschriften für Bildstrecken und die Vorlagen für mündliche Statements. Dazu kommt, dass Kommunikationsbeiträge für alle diese Kanäle arbeitsteilig konzipiert, koordiniert und evaluiert werden müssen – was massgeblich und typischerweise durch Schreiben geschieht.

Schreiben für die medienkonvergente PR, das heisst also nicht nur, einzelne Kommunikationsangebote zu planen, zu entwerfen und zu verbessern. Es heisst auch, die gesamte Kommunikationsarbeit in interdisziplinären Teams zu planen, zu koordinieren und zu verbessern. Das Schreiben verstehen wir deshalb als eine grundlegende Technik nicht nur für das Publizieren, sondern auch für das Organisieren von Kommunikationsangeboten in der PR-Arbeit.

Schreiben mit System richtet sich an Praktikerinnen und Praktiker der Öffentlichkeitsarbeit, ebenso an Studierende und Dozierende von Fachschulen und Hochschulen in der Aus- und in der Weiterbildung. Überall besteht das Bedürfnis nach einem schnellen Zugriff auf klare Definitionen, nach zusammenfassenden Darstellungen und sprechenden Beispielen. Solche Arbeits-, Lern- und Orientierungshilfen möchte das Buch vermitteln.

Mit Ausnahme einzelner hinzugezogener Spezialistinnen wirken alle beteiligten Autorinnen und Autoren – wie die Herausgeber selber – am Departement für Angewandte Linguistik der Zürcher Hochschule für Angewandte Wissenschaften (ZHAW). Sie greifen auf ihren Gebieten auf gründliche Erfahrungen in Forschung, Lehre und Beratung zum Schreiben für die PR zurück. Sie haben sich mit Studierenden und Klienten nicht nur an Details von Formulierungen die Zähne ausgebissen, sondern sich immer wieder – und vor allem – mit der Frage auseinandergesetzt, wie Schreiben so organisiert und gesteuert werden kann, dass die Schlussredaktion eines Textes nicht zum qualvollen, konfliktträchtigen und letztlich wirkungslosen oder gar kontraproduktiven Prozess gerät.

Schreiben mit System zeichnet sich – wie wir als *Herausgeber* im ersten Teil zeigen – dadurch aus, dass es dank eines methodischen Vorgehens in mehreren Phasen den Anforderungen der Medienkonvergenz und der Arbeitsteilung gerecht zu werden vermag und dabei Kommunikationschancen systematisch zu nutzen, Risiken hingegen zu meiden und zu mindern weiss.

Der zweite Teil des Bandes ist den wichtigsten Schreibdomänen und ihren Besonderheiten gewidmet. Alle Kapitel in diesem Teil führen von den Grundlagen der Domäne zu zentralen Phasen des Schreibprozesses: Planen, Entwerfen und Verbessern von Texten für die PR. *Nicole Rosenberger* behandelt das Schreiben von Konzepten für das strategische Identitätsmanagement von Unternehmen in seinen vielfältigen Anforderungen und Ausformungen. *Kaspar Silberschmidt* zeigt am Beispiel von Geschäftsberichten, welche besonderen Aufgaben die Wirtschaftskommunikation für das Schreiben in der PR-Arbeit mit sich bringt. *Peter Stücheli-Herlach* stellt das Schreiben für die politische Kommunikation als einen Prozess vor, in dem Politik mittels Worten gemacht, verteidigt und weiterentwickelt wird. *Helga Kessler* vermittelt einen Überblick über typische Probleme und zielführende Lösungen beim Schreiben für die Wissenschaftskommunikation. *Cathrin Christoph* sieht das Schreiben für die Medienarbeit in der doppelten Perspektive des Wirtschafts- und des Journalismussystems und zieht entsprechende Schlussfolgerungen für Medienmitteilungen. *Peter Stücheli-Herlach* und *Colette Schneider Stingelin* präsentieren Ansätze, mit denen Schreibende den kommunikationsstrategischen wie publizistischen Anforderungen von Kunden- und Mitarbeiterzeitschriften gerecht werden können.

Der dritte Teil des Bandes behandelt schliesslich besondere Schreibaufgaben und Lösungsansätze. Alle Kapitel in diesem Teil führen von den Grundlagen zu den aufgabenspezifischen Funktionen und Mustern der PR-Texte und ihrer Produktion und von dort weiter zu ausgewählten Aspekten der Medialisierung, der Produktion und der Rezeption. *Guido Keel* charakterisiert die besonderen Formen und Möglichkeiten des Schreibens für das digitale Medium Internet. *Katharina Urbahn* entwirft eine Systematik der Textsorten, die Schreibenden helfen kann, ihre Textproduktion auf bestimmte Kommunikationsziele auszurichten. *Peter Stücheli-Herlach* und *André Schibli* zeigen Verfahrensweisen für das Schreiben von Reden und ihre mediale Vermittlung auf. *Ulla Kleinberger* stellt das Schreiben von E-Mails als ein Mittel innerbetrieblicher Zusammenarbeit vor. *Wibke Weber* präsentiert Anforderungen und Grundgesetze der Textgestaltung mit sprachlichen, typografischen und visuellen Mitteln. *Aleksandra Gnach* schliesslich zeichnet nach, wie den ganz individuellen Herausforderungen des Schreibprozesses in Schreibberatung und -coaching begegnet werden kann.

Glossar und Stichwortverzeichnis am Schluss des Buches erlauben es, sich über die wichtigsten Begriffe und Themen schnell zu orientieren und lesend Einstiege in die einzelnen Beiträge zu finden.

Mit dem Fokus auf den Prozess des Schreibens für ein breites Spektrum an Aufgaben der PR, mit seiner Orientierung an Forschungsergebnissen und mit der gleichzeitigen Nähe zur Praxis soll *Schreiben mit System* eine Lücke schliessen. Da liegt erstens die deutschsprachige sozial- und wirtschaftswissenschaftliche Einführungs- und Überblicksliteratur zur Öffentlichkeitsarbeit und PR vor, die das Schreiben entweder nicht oder nur am Rande behandelt (Piwinger/Zerfass 2007; Bentele et al. 2008; Lies 2008; Mast 2010; Röttger 2011 u. a.) beziehungsweise die sich auf Texte und Textqualitäten konzentriert (Femers 2011; Liesem/Kränicke 2011). Da liegt zweitens eine forschungsgestützte Fachliteratur zum Schreiben an modernen, nichtjournalistischen Arbeitsplätzen vor, die sich der Breite spezifischer PR-Aufgaben nicht gesondert widmen kann (Jakobs et al. 2005; Perrin/Rosenberger 2008; Jakobs 2008; Jakobs et al. 2010 u. a.). Und es liegen drittens detaillierte Einzeldarstellungen zu Textgattungen und entsprechenden Schreibprozessen in den PR vor, die wiederum wenig Hilfestellungen für jeweils andere Schreibaufgaben bieten (Ebert 2004; Keller 2006; Falkenberg 2008; Christoph 2009; Bischl 2011 u. a.). Zudem existiert ein reiches Angebot an englischsprachiger Fachliteratur (Treadwell/Treadwell 2005; Smith 2008; Newsom/Haynes 2008; Zappala/Carden 2010 u. a.)

Zwischen die umfasssende PR-, Text- und Schreib-Expertise einerseits und die detaillierten Anleitungen für bestimmte Textgattungen und Schreibaufgaben andererseits legen wir nun dieses deutschsprachige Buch. Es zeigt nicht nur auf, *dass* man sich Reputation und Vertrauen erschreiben kann, sondern auch, *wie* man das tut, und zwar in einem breiten Spektrum verschiedener Aufgaben, Medien und Situationen. Es möge, nach einem alten publizistischen Grundsatz, der Leserschaft gleichzeitig nützen und sie erfreuen.

Wir danken *Viola Falkenberg*, Bremen, für ihren Anstoss zu diesem Projekt. Wir danken allen Autorinnen und Autoren für ihre Bereitschaft, sich auf die besonderen Anforderungen dieser Publikation einzulassen und sie mit einem Beitrag zu unterstützen. Wir danken dem Verlag Springer VS und seiner Lektorin *Barbara Emig-Roller* für das Interesse an der Publikation und die unterstützende Begleitung bei der Realisierung. Wir danken *Nora Heinicke, Mirco Saner* und *Pascal Tanner* für die Mitwirkung in einzelnen Phasen der Konzeption, der Redaktion und der Korrektur. Gute Arbeit am Detail zur rechten Zeit – auch das ist Schreiben mit System.

Am Zürichsee, im Juni 2012
Peter Stücheli-Herlach und Daniel Perrin

Literatur

Bentele, G./Fröhlich, R./Szyszka, P. (Hrsg.) (2008): Handbuch der Public Relations. Wissenschaftliche Grundlagen und berufliches Handeln. Mit Lexikon. 2., korr. und erw. Aufl. Wiesbaden.
Bischl, K. (2011): Die professionelle Pressemitteilung. Ein Leitfaden für Unternehmen, Institutionen, Verbände und Vereine. Wiesbaden.
Bivins, Th. H. (2008): Public Relations Writing. The Essentials of Style and Format. 6th Edition. Boston.
Christoph, C. (2009): Textsorte Pressemitteilung. Zwischen Wirtschaft und Journalismus. Konstanz.
Ebert, H. (2004): Geschäftsbericht und Public Relations. In: Knapp, K. et al. (Hrsg.): Angewandte Linguistik. Tübingen, Basel.
Falkenberg, V. (2008): Pressemitteilungen schreiben. 6. Aufl. Frankfurt am Main.
Femers, S. (2011): Textwissen für die Wirtschaftskommunikation. Stuttgart.
Jakobs, E.-M./Lehnen, K./Schindler, K. (Hrsg.) (2005): Schreiben am Arbeitsplatz. Wiesbaden.
Jakobs, E.-M. (2008): Textproduktion und Kontext: Domänenspezifisches Schreiben. In: Janich, N. (Hrsg.): Textlinguistik. 15 Einführungen. Tübingen.
Jakobs, E.-M./Lehnen, K./Schindler, K. (Hrsg.) (2010): Schreiben und Medien. Schule, Hochschule, Beruf. Frankfurt am Main.
Keller, R. (2006): Der Geschäftsbericht. Wiesbaden.
Lies, J. (Hrsg.) (2008): Public Relations. Ein Handbuch. Konstanz.
Liesem, K./Kränicke, J. (2011): Professionelles Texten für die PR-Arbeit. Wiesbaden.
Mast, C. (2010): Unternehmenskommunikation. 4., neu bearb. und erw. Aufl. Stuttgart.
Newsom, D./Haynes, J. (2007): Public Relations Writing. Form and Style. Belmont.
Perrin, D./Rosenberger, N. (2008): Schreiben im Beruf: Wirksame Texte durch effiziente Arbeitstechnik. 2. Aufl. Berlin.
Piwinger, M./Zerfass, A. (Hrsg.) (2007): Handbuch Unternehmenskommunikation. 2., korr. Nachdruck. Wiesbaden.
Röttger, U./Preusse, J./Schmitt, J. (2011): Grundlagen der Public Relations. Eine kommunikationswissenschaftliche Einführung. Wiesbaden.
Smith, R. D. (2008): Becoming a Public Relations Writer. A Writing Process Guidebook for the Profession. New York, London.
Treadwell, D./Treadwell, J. B. (2005): Public Relations Writing. Principles in Practice. Thousand Oaks.
Zappala, J. M./Carden, A. R. (2010): Public Relations Writing Worktext. A Practical Guide for the Profession. 3rd Edition. New York, London.

Inhalt

I EINLEITUNG

Schreiben mit System

Texte planen, entwerfen und verbessern für die medienkonvergente PR

Peter Stücheli-Herlach und Daniel Perrin

Für die Public Relations (PR) zu schreiben, ist ein heikles Geschäft: Es eröffnet zwar die Chance, Kommunikationserfolge auf Distanz und Dauer zu erzielen. Aber es birgt das Risiko mangelnder Beachtung und des Entstehens von Missverständnissen. Wer schreibend Zielgruppen ansprechen und sie bewegen will, versucht deshalb, Chancen für die Kommunikation zu nutzen und Risiken zu mindern oder sie zu vermeiden. Schreiben für die PR ist, aus der Umweltperspektive betrachtet, eine Form von Public Storytelling-Management (1.). Aus der Funktionsperspektive betrachtet, ist es ein innovatives, kooperatives und flüssiges Handeln in Führungs-, Management- und Ausführungsrollen von Organisationen (2.). Aus der Perspektive der Textstruktur betrachtet, baut es Kernbotschaften zu Texten aus. Erfolgreiches Schreiben für die PR bedingt damit einen Prozess des Message Designs (3.).

Schlüsselbegriffe: Kommunikation, Schreiben mit System, Textpartitur, Public Storytelling-Management, Message Design, Textplattform

1 Umweltperspektive: Bestimmungsfaktoren der Textproduktion für die PR

Für Public Relations (PR) Schreibende zielen auf Kommunikationserfolge: Entsprechend wägen sie beim Schreiben stets Chancen und Risiken der Kommunikation gegeneinander ab (1.1). Das tun sie systematisch – und indem sie ihr System laufend zu verbessern versuchen (1.2). Dabei berücksichtigen sie nicht nur Wandel und Konvergenz der Medien, für die sie schreiben (1.3), sondern auch die Unternehmensidentität wie die Erfassbarkeit ihrer Angebote in der Öffentlichkeit: Sie betreiben Public Storytelling-Management (1.4).

1.1 Chancen und Risiken des Schreibens

Wer Public Relations betreibt, betrachtet das Schreiben in der Regel als ein Mittel zum Zweck (zum hier geltenden breiten PR-Begriff siehe Jarren/Röttger 2005; Röttger et al. 2011: 17–64). Er zielt auf bestimmte Wirkungen im sozialen Kontext, schreibt also jemanden an, schreibt etwas jemandem zu oder »verschreibt« sich generell einem Unternehmen oder einem Projekt und dessen Zielen. Diese dezidierte Ausrichtung auf Interaktion unterscheidet das Schreiben für die PR vom Schreiben zwecks Stützung des Gedächtnisses, wie es etwa durch das Bekritzeln eines Post-it-Zettels oder durch das Verfassen eines Einkaufszettels geschieht. Und es unterscheidet das Schreiben für die PR gleichzeitig vom erkenntnisorientierten Schreiben, das dazu dient, eigene Gedanken zu entwickeln und Wissen zu strukturieren (Scheuermann 2012).

Damit ist klar: Schreiben für die PR ist auf soziale Kontexte bezogen – und verändert diese auch. Denn wer schreibt, produziert Geschriebenes, und dieses kann nun gelesen, überflogen oder ignoriert, verstanden oder missverstanden, aufbewahrt, bearbeitet oder vernichtet werden. Geschriebenes kann auch erneut beschrieben werden, es kann abgeschrieben, umgeschrieben, fortgeschrieben, jemandem zugeschrieben werden.

Mit anderen Worten: Schreiben für die PR ist ein Schreiben für die Kommunikation – und zwar für eine besonders leistungsfähige Form der Kommunikation: Texte können im Unterschied zur mündlichen Rede das Verständnis eines Kommunikationsangebots erleichtern und dessen Reichweite erhöhen (Luhmann 1981 und 1988: 216 f.). Ausserdem können sie ortsunabhängig und zeitversetzt sowie auch mehrmals rezipiert werden. Das Schreiben von Texten für die Kommunikation gilt deshalb, mit Blick auf den öffentlichen Raum, als die »kommunikativere Form der Kommunikation« als das Reden (Luhmann 1988: 224).

Das alles bringt auch Probleme mit sich. Schon der Philosoph Plato berichtet von Sokrates' Bedenken, der Schriftgebrauch könne zu neuen Missverständnissen und – durch falsches Vertrauen in das Festgeschriebene – sogar zum Vergessen führen: Er müsse deshalb einer Wissenselite zum persönlichen Gebrauch vorbehalten bleiben (Helmes/Köster 2002: 26 ff.). Die vom Schreiben durchdrungene moderne Arbeitswelt (Jakobs 2008) hat glücklicherweise andere Wege der Problemlösung gefunden. Folgeprobleme des Schreibens können auch durch erneutes Schreiben bearbeitet werden, also durch schriftliche Anschlusskommunikation. Texte erlauben es, Kommunikationsakte zu erklären und an sie zu erinnern. Also können Texte zur Erklärung anderer Texte und solche zur Erinnerung an Vorhergehendes geschrieben werden. Doch auch das muss nicht zwingend zur Verständigung zwischen Kommunikationspartnern führen (Luhmann 1988: 218):

Man kann sehr viel Verständliches für sehr viele (Sach-)Verständige schreiben – und trotzdem weder Beachtung noch Verständnis finden.

Diese Risiken einzugehen, lohnt sich nur, wenn die Chancen, welche das Schreiben bietet, gezielt und systematisch genutzt werden. Schreiben ist deshalb ein Wettlauf gegen Kommunikationsrisiken – und einer um die Nutzung von Kommunikationschancen. Erfolgreiches Schreiben gewinnt diesen Wettlauf dadurch, dass es anschliesst an das schon Geschriebene und – vorausschauend – Brücken baut zu dem, was später geschrieben werden wird. Es erzeugt eine funktionale Stuktur in einer erkannten Umwelt: Es ist ein Schreiben mit System.

1.2 Schreiben mit System und Methode

Chancen und Risiken der Kommunikation beim Schreiben gegeneinander abzuwägen und daraus laufend Schlüsse in Bezug auf Vorgehen und Textgestalt zu ziehen: Das heisst, mit System vorzugehen. In diesem Sinne ist das Schreiben mit System kein stures Schreiben nach immer den gleichen Mustern, sondern ein reflektiertes kommunikatives Handeln, das sich laufend mit der Ungewissheit seines Erfolgs auseinandersetzt und aus dieser Auseinandersetzung neue Schlüsse zieht (system- und handlungstheoretische Grundlagen bei Baecker 2005: 33–46). Schreiben mit System ist also nie nur ein episodisches Hinschreiben oder blindes Aufschreiben, sondern immer ein erfolgsorientiert reflektiertes Neuschreiben, Fortschreiben, Umschreiben, Weiterschreiben und Besserschreiben. Oft wird das Wissen um solch komplexe Erfolgsbedingungen und Vorgehensweisen in der professionellen öffentlichen Kommunikation mit dem Begriff des Publizierens belegt: Dieser modelliert das Schreiben nicht nur als isoliertes und lineares Fixieren von Zeichen auf einem materiellen Träger, sondern sieht es als ein reflektiertes Thematisieren, Informieren, Mitteilen und Erinnern im Wechselspiel mit dem sozialen Kontext (Rühl 1999: 11 ff.). Schreiben mit System für die PR ist in genau diesem Sinne ein erfolgsorientiertes Planen, Entwerfen und Verbessern von Texten für die öffentliche Kommunikation von Unternehmen (frühere Verwendungen des Systembegriffs mit Bezug zur professionellen öffentlichen Kommunikation bei Schmidt 1994; Dulisch 1998: 37 ff.; Kittler 2003; mit dem »Schreiben mit System« vergleichbare Begriffe sind der Begriff des »komplexen Handelns« bei Klemm 2004: 122; die »domänenspezifische Textproduktion« bei Jakobs 2008: 258 ff., und das »strategische« Schreiben bei Perrin 2006: 101, sowie Perrin 2013).

Das Schreiben mit System folgt systematisch bestimmten Methodiken, also kontextabhängigen, aber beschreibbaren Regeln, nach denen Texte produziert werden können, um Kommunikationserfolge für Unternehmen zu erzielen. Sie betreffen beispielsweise den Umgang mit bereits bestehenden Texten aus dem sozialen Umfeld (»schreiben beginnt mit lesen«), den Umgang mit Fähigkeiten und Stimmungen der eigenen Person (»sich selber motivieren«), den Einsatz von Schreibinstrumenten, das Verständnis nicht nur der einzelnen Arbeitsschritte, sondern auch der Textprodukte, ihrer Verwertung und Nutzung (Kruse/Perrin 2003: 9). Die Methodiken selber aber sind beim Schreiben mit System nie endgültig festgelegt, sondern müssen von den Schreibenden stets laufend ins erfolgsorientierte Kalkül mit einbezogen werden: Die Beschreibung und Reflexion der Methodiken erlaubt auch deren Verbesserung (Perrin 2003: 15 f.) Das Schreiben mit System ist damit immer auch ein System des Schreibens: Es benötigt ein spezifisches Wissen sowie einschlägige Erfahrung, Aufmerksamkeit und Reflexion, um Erwägungen über kommunikative Erfolge und Misserfolge anzustellen und anhand der Ergebnisse das methodische Repertoire des Schreibens zu korrigieren oder erweitern.

1.3 Wandel und Konvergenz der Medien

Eine der wichtigsten Problemstellungen im System des Schreibens für die PR ist der Umgang mit dem Medium, das Texte der sozialen Umwelt zugänglich macht. Zu berücksichtigen sind dabei gleichzeitig die Medientechnik, die Medienorganisation und das Medienformat, also eine sogenannte »Medientechnologie« (Mock 2006). Die für die PR-Arbeit relevante Medientechnologie ist derzeit im Wandel begriffen. Der Wandel erfolgt dabei nicht berechenbar und gradlinig, sondern schrittweise und zirkulär: »Fortschritte« für das Schreiben ergeben sich genauso wie »Rückschritte«. Denn der Wandel folgt nicht nur den Wünschen der Schreibenden, sondern ist auch von anderweitigen kulturellen, politischen, technischen und ökonomischen Bedingungen abhängig (Stöber 2003, Bd. 2: S. 207 ff.).

Die Gleichzeitigkeit des Ungleichzeitigen ist dabei Realität: So stehen für die PR-Arbeit immer noch herkömmliche Formate wie beispielsweise das schriftliche Interview in einer gedruckten Kundenzeitschrift zur Verfügung, während gleichzeitig auf Online-Portalen Weblogs zum Einsatz gelangen. Das für ein systematisches Schreiben entscheidende laufende Kalkül zwischen Chancen und Risiken der Kommunikation sowie die Wahl der Schreibmethodiken für verschiedene Medien ist angesichts dieser Konvergenz zu einer noch anspruchsvolleren Aufgabe geworden.

In einer solchen Umwelt erreicht seine Zielgruppen, wer Schreiben mit einem spezifischen System, nämlich einem »Multimedia-Mindset« betreibt: Der zielorientiert kalkulierende Umgang gleichzeitig mit technischen Instrumenten und Verfahren, wirtschaftlichen Strategien, professionellen Praktiken, konzeptionellen

Abbildung 1 Die Textpartitur der medienkonvergenten Kommunikation

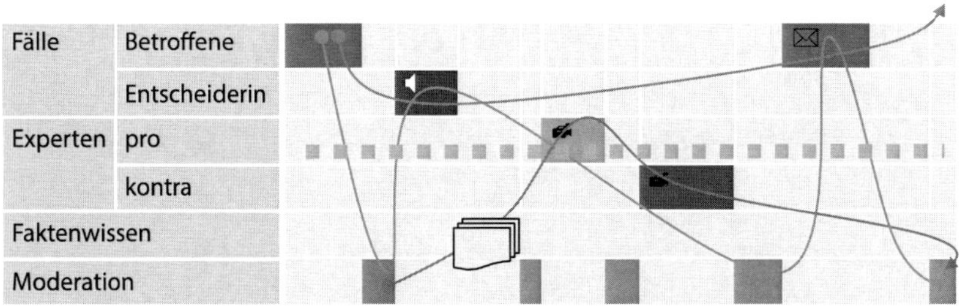

Die Textpartitur präsentiert und verknüpft einzelne Kommunikationsbeiträge und eröffnet verschiedene Möglichkeiten der Rezeption (eigene Darstellung).

Entscheidungen, Informationsstrukturen und Mitteilungsmustern ist gleichermassen relevant, um das Schreiben in einem medienkonvergenten Umfeld erfolgreich werden zu lassen (Quinn 2005; Huang et al. 2006; Ryfe 2009; vertiefend siehe Perrin et al. 2010).

Das Schreibsystem eines »Multimedia-Mindset« bringt eine besondere Form von Texten hervor: Durch das Entwickeln und Festschreiben von Textpartituren können Mitteilungen und Informationselemente für multimediale Publikationen in eine vielfältig und interaktiv nutzbare dramaturgische Form gebracht werden (Abb. 1). Sie eignen sich gleichzeitig auch als konzeptionelles Hilfsmittel für das Teamwork, das für eine multimediale Produktion von Kommunikationsangeboten unerlässlich ist (Perrin et al. 2010). Schreiben ist also gerade in der medienkonvergenten PR-Arbeit nicht alles – aber ohne Schreiben mit System wäre auch hier alles nichts.

Textpartituren lassen sich ebenso in Form gedruckter Text-, Grafik- und Bildkompositionen realisieren wie in Form digitaler Angebote im Internet. Ihr Einsatz erhöht die Chance eines Kommunikationserfolgs, weil sich unterschiedliche Möglichkeiten der Präsentation und der Rezeption ergeben. So können Möglichkeiten der inhaltlichen Vertiefung angeboten werden, beispielsweise durch Einfügen von Hintergrundinformationen oder einer Expertenmeinung zu einem spezifischen Punkt. Dramaturgische Spielformen sind möglich, man kann beispielsweise Originalstimmen Betroffener einbauen oder Kommentare anfügen. Schliesslich können den Nutzern navigatorische Varianten geboten werden, beispielsweise indem Texte für einen ersten Überblick, solche für ein etappiertes, sprunghaftes Lesen und solche für ein länger dauerndes Lesen miteinander verknüpft werden (Perrin et al. 2010).

Wenn beispielsweise das Internetportal eines Unternehmens nach dieser Systematik gestaltet ist, vervielfachen sich dessen Erfolgschancen. Es bietet dann die Möglichkeit eines Ersteinstiegs in die zentralen Themenfelder der PR (interne Kommunikation, Marktkommunikation, Corporate Social Responsibility) ebenso wie Angebote zur Vertiefung in einzelne dieser Bereiche – je nach Interesse der Nutzer oder situativer Relevanz. Das Portal kontrastiert auf diese Weise offizielle Stellungnahmen von Unternehmensvertretern mit Kundenstimmen beispielsweise in einem Webforum oder auch mit Expertengutachten; das kann die Glaubwürdigkeit stärken, die Debatte anregen und Lernprozesse anstossen. Das Portal verlinkt schliesslich auf diese Weise Texte, Bilder, Grafiken, Clips und Töne zu einem multimodalen und nutzerfreundlichen digitalen »Corporate Design«, das die »Corporate Identity« zugleich erfahrbar und veränderbar werden lässt und die Identifikation mit dem Unternehmen stärken kann.

1.4 Schreiben als Public Storytelling-Management

Wer im Umfeld der Medienkonvergenz mit System für die PR schreibt, schafft also Textpartituren und vernetzt dadurch Inhalte, Formate und Kontexte der Kommunikation. Die Vernetzung orientiert sich dabei gleichermassen an der Unternehmensidentität wie an den Anforderungen eines zweckmässigen Medien-, Text- und Informationsdesigns (Niederhäuser/Rosenberger 2010 und Stücheli-Herlach et al. 2012 beziehungsweise Roth/Spitzmüller 2007; Perrin 2007; Weber 2008).

Dabei gilt: Eine sowohl identitäts- wie auch nutzergerechte Vernetzung von Zeichen zu Textpartituren ist dann besonders erfolgversprechend, wenn sie dem Muster einer Erzählung folgt. Erzählungen bringen unterschiedliche Verweise auf Akteursrollen, Schauplätze, Handlungen, Motive, Perspektiven und Ereignisse in einen fassbaren, verständlichen und einfach reproduzierbaren Zusammenhang (Perrin et al. 2010). In der medienkonvergenten PR-Arbeit zu schreiben – und das mit System – bedeutet deshalb immer, Public Storytelling-Management zu betreiben: Dieses besteht im systematischen Versuch, der Öffentlichkeit Unternehmensbotschaften in identifizierbarer und nutzerfreundlicher narrativer Form zugänglich zu machen.

Ein Beispiel: Durch das Betreiben – und »Beschreiben« – einer interaktiven Online-Plattform des Schweizer Grossverteilers Migros (www.migipedia.ch) wird die Markenkommunikation dieses Unternehmens einerseits fortgeschrieben: Denn die Geschichte des Unternehmensgründers Gottlieb Duttweiler, der mit seinen »Migros-Wagen« jeweils »zu den Leuten« in die Quartiere und Dörfer fuhr und ihnen dabei ihre Wünsche von den Lippen »las«, ist in der Schweiz allgemein bekannt. Andererseits wird die Markenkommunikation in dieser Form auch neu geschrieben, sie wird auch umgeschrieben: Denn es entstehen Möglichkeiten des Schreibens und des Lesens zur inhaltlichen Vertiefung (noch mehr Informationen über das gleiche Produkt), zur effektvollen Präsentation (Lancierung eines neuen Produkts mit sehr vielen Hintergrundinformationen und Blogeinträgen) und zur nutzerorientierten Kommunikation, indem sich situative Communities und Interaktionen zwischen Unternehmen und ihrer Kundschaft entwickeln.

Wer für diese Plattform schreibt, schreibt an der Migros-Geschichte mit. Während in den Weblogs alle mit allem, was sie möchten, zur Sprache kommen, hat sich die Steuerung der Kommunikation auf eine höhere Ebene des Pro-Grammierens, also des »Vorschreibens« von Verknüpfungen anhand narrativ fassbarer Regeln verschoben: So kommen die »am besten bewertete[n] Produkte« der Migros stets zuoberst zu stehen (www.migipedia.ch; 20. Februar 2011). Und damit ist die alte Geschichte von Neuem erzählt, wonach Migros-Produkte »keinen Vergleich zu scheuen brauchen«.

2 Funktionsperspektive: Schreiben für das Unternehmen

Wer für die PR schreibt, verschreibt sich mit System der Identität seines Unternehmens, seines Projekts, seiner selbst. Er oder sie »erschreibt« sich dabei nicht nur diese Identität (2.1), sondern schreibt auch in verschiedenen Rollen, welche die Organisation schafft und braucht. Alle Rollenträger müssen dabei den Anforderungen von Innovation und Kooperation genügen (2.2) und ihre Leistungen in Form flüssigen und vernetzten Handelns erbringen können (2.3).

2.1 Schreiben für eine Corporate Identity

Schreiben für die PR ist Schreiben für ein Unternehmen: Das kann eine Firma, eine politische Organisation oder auch nur ein Projekt sein. Die Kommunikation soll nun im Sinne der jeweiligen Zielsetzungen gestaltet werden. Eingebürgert hat es sich, die Gesamtheit der Zielsetzungen und Merkmale eines Unternehmens als »Corporate Identity« zu bezeichnen (Birkigt et al. 2002). Diese Unternehmensidentität lässt sich aus der Unternehmensgeschichte ableiten, sie lässt sich aus betriebsökonomischen Bezugsgrössen wie Positionierungsmerkmalen, Umsatz- oder Reputationszielen bestimmen. So verschieden die Möglichkeiten auch sind, eines bleibt sich immer gleich: Die Unternehmensidentität hat immer auch eine textliche Form. Positionierungsmerkmale müssen begrifflich definiert, Leitbilder müssen formuliert und Sprachregeln fixiert werden. Die Identität muss sich zudem in Markennamen, Abteilungs- und Funktionsbezeichnungen ausdrücken, sie muss auf diese Weise »erschrieben« werden.

Ein Unternehmen mit einer Identität betreibt also nicht nur Kommunikation neben anderen Tätigkeiten (Birkigt et al. 2002). Seine Identität entsteht und besteht im Wesentlichen aus Kommunikation und den dabei erzeugten Botschaften (Putnam/Nicotera 2009). Und diese Kommunikation mit ihrer Produktion von Botschaften wird massgeblich durch Schreiben in Gang gehalten, gestaltet und gesteuert (Taylor 2011: 91–119; Stücheli-Herlach et al. 2012). Zentrale Unternehmensaufgaben sind immer auch Schreibaufgaben, Unternehmensstrategien sind immer auch Schreibstrategien, organisatorische Rollen sind Schreibrollen.

2.2 Schreiben für Innovation und Kooperation

Das Bewältigen von Schreibaufgaben, das Verfolgen von Schreibstrategien wie das Ausfüllen von Schreibrollen in Unternehmen ist jeweils davon abhängig, ob die Herausforderungen von Innovation und Kooperation gleichermassen bewältigt werden können. Denn ohne innovative Handlungen würde ein Unternehmen in seinen Strukturen erstarren, ohne kooperative Handlungen würde es auseinanderfallen. Und beide Herausforderungen stellen sich auf allen Stufen.

Innovationsorientierte *Leadership* besteht darin, den Wandel »vorzuschreiben« – dies aber nicht in einem direktiven, sondern in einem zeitlichen Sinne: Leader schreiben sich in die Zukunft hinein, indem sie an der Geschichte des Wandels weiterschreiben – und diese damit laufend umschreiben (Perrin 2008). Innovationsorientiertes *Management* besteht darin, Vor-Schriften solche in Bezug auf das Schreiben so zu gestalten, dass Freiräume für Schreibende geschaffen und erhalten werden – und dass es dadurch auch möglich wird, Geschichten neu zu schreiben und umzuschreiben. Die innovative *Ausführung* von Kommunikationsaufgaben besteht darin, mit neuen Schreibmethoden, Textformen und Medienformaten zu experimentieren, Bewährtes zu erhalten und Veraltetes zu erneuern und so die wandlungsfähige Unternehmensgeschichte mit konkreten Inhalten zu füllen.

Auf der anderen Seite die Kooperation: Sie ist in der Ära der Medienkonvergenz nötiger denn je. Vielstimmige Textpartituren sind nicht solo, sondern im Ensemble zu komponieren und zu spielen. Der eine schärft das Profil, indem er eine Positionierung am Markt festschreibt. Die andere notiert, was Recherchen ergeben, und schreibt den Rohstoff in dokumentarische Formate hinein. Der Dritte schreibt Elemente der Partitur in Storyboards und Skripte um, damit sie als Podcasts gehört oder als Clips angeschaut werden können. So gesehen, besteht *Leadership* für das Schreiben und durch das Schreiben darin, die Unternehmensgeschichte als eine Entwicklung von Teams und Netzwerken zu »programmieren«. Das *Management* formuliert Formen der Zusammenarbeit und Konfliktlösung aus und beschreibt Zusammenhänge zwischen Rollen, Produkten, Werten und Ereignissen. Und die *Ausführung* schliesslich achtet auf die laufende mediale und textliche Vernetzung von Einzelbeiträgen.

2.3 Schreiben als Aktion und Interaktion

Wenn Leadership, Management und Ausführung immer und massgeblich auch Schreibaufgaben sind, dann ist das Schreiben ein entscheidender Faktor der Produktivität. Schreibprozesse sollten entsprechend so effizient und effektiv wie möglich gestaltet sein. *Leadership* heisst in diesem Zusammenhang, Gelegenheiten für wirkungsvolle Schreibaktionen zu schaffen, etwa durch das Positionieren von Schlüsselbegriffen und anderen Anknüpfungspunkten in den digitalen Netzen. *Management* heisst, das Weiterschreiben und Neuschreiben von Geschichten und ihren Episoden zu fördern und zu fordern. Und *Ausführung* heisst, den Schreibprozess ständig im Fluss zu halten.

Dieser Schreibfluss kann allerdings weder garantiert noch perfekt gesteuert werden. Er lässt sich aber durch die Analyse und die Gestaltung des Schreibumfeldes beeinflussen (Perrin 2013). Dabei führt die Aktion des Schreibens zur Interaktion mit diesem Umfeld und in ihm: Lesen und Schreiben wechseln sich ab, ebenso das Herstellen und Umstellen, und das erstmalige Niederschreiben der Textzeichen kumuliert im Fertigschreiben einer Textversion. Dies wiederum erlaubt erst das Umschreiben in andere Textvarianten.

Im Wechselspiel aufeinander bezogener Phasen der Planung, des Entwurfs und der Verbesserung, welche die Schreibspirale abbildet (siehe unten, Abb. 2), dominieren jeweils unterschiedliche Tätigkeiten auf unterschiedlichen Komplexitätsstufen (Jakobs/Perrin 2008; Antos/Hasler/Perrin 2011): Das Ziel des Schreibens muss definiert werden, indem man die Position des künftigen Textes im öffentlichen Diskurs bestimmt. Die Form des Textes muss bestimmt werden, indem man einzelne Textteile dafür entwirft. Der Schreibfluss muss aufrechterhalten werden, indem man sich darauf einstellt, einzelne Formulierungen aus dem flüssigen Ganzen heraus zu entwickeln – und sie nicht als ausgeklügelte, isolierte Elemente behandelt, die jeweils einzeln und zeitaufwendig produziert werden müssen.

Diese Tätigkeiten werden in Organisationen arbeitsteilig ausgeführt: Vorgesetzte, Kolleginnen und Kollegen, Expertinnen und Experten tragen je zu diesem Prozess bei. Dabei gerät der Schreibprozess ins Einflussfeld anderer Produktionsprozesse, anderer – nicht schreibbezogener – Rollenverständnisse und

Abbildung 2 Die Schreibspirale

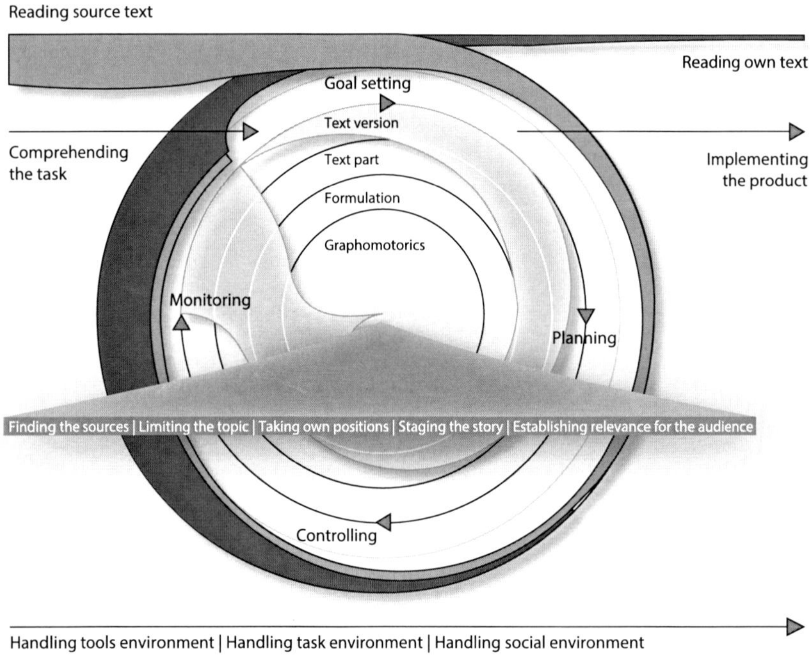

Etappen des Schreibprozesses, Aufmerksamkeit des Schreibenden für einzelne Schreibaufgaben

anderer, nicht fürs Schreiben geeigneter Technologien: Man legt am Ende der Sitzung den Text noch kurz der Chefin vor und muss dann knappe Bemerkungen dazu mit dem Kugelschreiber an den schmalen Rand notieren, was, zurück im eigenen Büro, zum Rätseln über die erteilten Vorgaben führen kann. Je arbeitsteiliger also der Schreibprozess organisiert wird, desto wichtiger wird seine Systematisierung.

Generell gilt: Je komplexer und vielfältiger die Schreibaufgaben, desto zielbezogener vollzieht sich ihre Bewältigung, desto interaktiver muss der Schreibprozess organisiert und desto systematischer muss er geplant und durchgeführt werden. Und das gilt für Leadership, Management und Ausführung in einem Unternehmen gleichermassen, wenn diese Rollen Beiträge sowohl für die Innovation als auch für die Kooperation in einem Unternehmen leisten sollen.

3 Strukturperspektive: Erfolgsgeschichten schreiben durch Message Design

Schreiben mit System heisst, die Planung, den Entwurf und die Verbesserung von Texten in den arbeitsteiligen Umgebungen der PR nicht dem Zufall zu überlassen, sondern aus übergeordneten Mustern Kernbotschaften zu entwickeln und sich während der Produktionsprozesse an diesen zu orientieren (Message Design, 3.1). Das geschieht zunächst mittels einer Auslegeordnung und Analyse des öffentlichen Diskurses (3.2), dann durch die Entwicklung einer narrativen Basis (3.3) sowie einer legitimierenden argumentativen Basis für die späteren PR-Texte (3.4). Schliesslich müssen die Strukturelemente zusammen auf einer Textplattform in verdichteter Form dokumentiert werden, um sie für spätere Schreibprozesse verfügbar zu halten (3.5).

3.1 »Kernbotschaften« und ihre Variation

Beim innovativen Neuschreiben, beim kooperativen Zusammenschreiben und flüssigen Weiterschreiben für den Unternehmenserfolg handelt es sich um Produktionsprozesse, die sich über die Phasen der Planung, des Entwurfs und der Verbesserung erstrecken, an denen eine Mehrzahl von Beteiligten in verschiedenen Rollen mitwirkt und in denen vielfältige Themen relevant sind. Wie bei allem Handeln in und für Organisationen ist der Erfolg davon abhängig, ob sich die Beteiligten an einem gemeinsamen »Dritten«, also an einem gemeinsamen Muster orientieren können (Taylor 2011: 19–37). Ob ein solches Muster für ein Schreiben mit System in der PR-Arbeit seine Funktion erfolgreich erfüllen kann, ist massgeblich davon abhängig, ob es einem Kalkül der Kommunikationschancen entspringt, ob es der Unternehmensidentität entspricht, ob es genügend klar und für eine Mehrzahl von Beteiligten verfügbar ist. Gleichzeitig sollte es so ausgelegt sein, dass es genügend Variationsmöglichkeiten für verschiedene Situationen und mediale Verwendungen und Vernetzungen offen lässt (Luginbühl/Perrin 2011: 7–17). »Mission Statements« oder andere Leitideen in Form von nur ganz wenigen Begriffen oder Merksätzen reichen genauso wenig aus wie unsystematische Ansammlungen »vorbildlicher« Texte (zur Problematik bisheriger Ansätze von »Corporate Language« siehe Stücheli-Herlach et al. 2012). Die PR-Konzeptionstechnik nennt Zeichenkomplexe mit dieser Funktion eines Musters für das Schreiben in der PR »Botschaften« beziehungsweise »Positionierungen« beziehungsweise »Kern- oder Schlüsselaussagen« (Dörrbecker/Fissenewerth 2003: 69 f.; Szyszka 2005), der Ansatz der Integrierten Kommunikation spricht von

»kommunikativen Leitideen«, »Grundaussagen«, »kommunizierbaren Leitmotiven« und »inhaltlichen Schlüsselsignalen« (Bruhn 2009: 107 und 116).

Bei der ganzen Vielfalt gebräuchlicher Begriffe bleibt sich eines gleich: Solche Orientierungsmuster für das Schreiben mit System müssen eine schriftliche Form haben, sie müssen also geschrieben werden. Schreiben heisst aber, Texte zu planen, sie zu entwerfen und zu verbessern. Keine einzige »Schlüsselbotschaft« entsteht also im Handumdrehen – sondern vielmehr in einem Entwicklungsprozess mit System. Das Planen, Entwerfen und Verbessern inhaltlicher wie formaler Orientierungsmuster für das Schreiben mit System von PR-Texten wie auch deren Dokumentation und Autorisierung in Unternehmen nennen wir »Message Design«. Unter einer »Message« verstehen wir dabei weder nur eine konkrete »Botschaft« in Form einer einzelnen Publikation noch nur eine einzelne »Leitidee«, sondern eine in mehreren Publikationen in verschiedenen Medien identisch realisierte, erfolgversprechende Tiefenstruktur, eine »Kernbotschaft« (zur Herkunft des Begriffs siehe Moffitt 2004 und Morgan 2008 unter Bezugnahme auf O'Keefe). Unter dem Begriff des »Designs« verstehen wir zudem nicht in erster Linie eine formale, visuelle (grafisch-typografische) Gestaltung der entsprechenden Botschaften, sondern eine auf den Inhalt und die Form von Texten bezogene Strategie, welche deren Produktion über mehrere Phasen hinweg erfolgsorientiert zu steuern vermag (so Perrin 2007 in Bezug auf »Textdesign«). Message Design ist in diesem Sinne die unabdingbare Voraussetzung für das erfolgreiche Schreiben in den PR: »If you don't understand what you're trying to say, neither will others« (Newsom/Carrell 2001: 94; zur kommunikationspraktischen Bedeutung der Message auch Windahl et al. 2009: 172).

Resultate eines Message-Design-Prozesses müssen einerseits Informationen über die Formen der Verknüpfung von Informationen, also narrative Muster sein, andererseits Informationen über den Spielraum, den Schreibende für die inhaltliche Legitimierung und Erweiterung haben, also argumentative Muster. Gleichzeitig müssen diese Informationen in rasch verfügbarer und leicht fassbarer Form dokumentiert werden können, sodass sie als Grundlage einer Variation in verschiedenen Situationen und Medien zur Verfügung stehen.

Ein Beispiel: Nehmen wir an, eine Umweltorganisation möchte mit einer Kampagne möglichst viele Unternehmen dazu bringen, klimafreundliche Techniken einzusetzen und Unternehmensprozesse klimafreundlich zu gestalten. Die Kampagne wendet sich an diverse Publika wie beispielsweise Privatspender, Industrieunternehmen, Gewerbebetriebe und politische Organisationen, und sie muss medienkonvergent vermittelt werden, beispielsweise mittels eines Webportals, mittels Studienheften, Flyern, Factsheets, Wegleitungen und in Form von brieflicher sowie elektronischer Korrespondenz.

Abbildung 3 Arbeitsschritte des Message Designs (Erläuterungen dazu in den folgenden Abschnitten)

Darstellbarkeit prüfen
Diskurselemente mit Bezug zum Unternehmen eruieren und nach Zielvorstellungen selektionieren (Assemblage)

▼

Erzählbarkeit herstellen
Narrative Verknüpfungen von Diskurselementen herstellen (Storytelling)

▶ Verdichtung von Verknüpfungen und Vertiefungen zu einer Textplattform (Kondensation) ◀
Verwendbarkeit schaffen

Begründbarkeit gewährleisten
Argumentative Vertiefung von Diskurselementen überprüfen (Reasoning)

▼

Ziele präzisieren, Textteile und Formulierungen ableiten
Textplattform im Schreibprozess verwenden

Arbeitsmethodik: Innovation, Kooperation, Aktion und Interaktion in Leadership, Management und Ausführung

Wer für die PR dieser Umweltorganisation tätig ist und nach kurzen Briefings sofort mit der Medienproduktion beginnen würde, wer also die zahllosen Editorials, Beiträge für Kundenmagazine, Mailings und Informationsbroschüren möglichst rasch in Einzelanfertigung herstellen würde, würde bald einmal die Erwartungen an seine Effizienz und Effektivität enttäuschen. Er oder sie hätte innert Kürze auch mit Kohärenz- und Verständigungsproblemen zu kämpfen. Innovation, Kooperation, Aktion und Interaktion wären nicht an einer einheitlichen Strategie orientiert, was ein identitätsorientiertes Public Storytelling-Management und damit die Wirtschaftlichkeit des Schreibprozesses gefährden würde.

Also überlegt der oder die Schreibende, was jeweils schreibend »zu sagen« wäre und wie wesentliche Elemente des »Zu-Sagenden« zu formulieren wären, um in der gesellschaftlichen Umwelt die gewünschten Kommunikationserfolge erzielen zu können. Er oder sie braucht dazu Antworten, die sich für die Komposition ganzer Textpartituren und einzelner Vertiefungen und Erweiterungen in verschiedenen dramaturgischen Formen eignen.

Entsprechend ergeben sich für das strategische Message Design verschiedene Arbeitsschritte (Abb. 3):

- Selektion von Textelementen mit relevantem Bezug zum eigenen Anliegen, die sich in der öffentlichen Kommunikation bereits durchgesetzt haben und deshalb als bekannt vorausgesetzt werden können und mit hoher Wahrscheinlichkeit verständlich sind (Definition der *diskursiven Basis,* nachfolgend »Assemblage« genannt);
- Entwicklung einer erfassbaren und attraktiven Struktur textlicher Darstellung (Entwicklung der *narrativen Basis,* nachfolgend »Storytelling« genannt);
- Überprüfung, Verbesserung, Anpassung sowie Erweiterung der gewählten Struktur hinsichtlich ihrer Erklärbarkeit, Begründbarkeit und Belegbarkeit (Entwicklung der *argumentativen Basis,* nachfolgend »Reasoning« genannt);
- Komprimierung der schreibstrategischen Informationen zu einer Textplattform (*wechselseitige Verschränkung und Verdichtung* der diskursiven, narrativen und argumentativen Basis, nachfolgend »Kondensation« genannt).

3.2 Assemblage

Den Prozess, aber auch das Produkt sowie die Voraussetzung gesellschaftlicher Verständigung nennen wir Diskurs (Keller et al. 2006/2008). Der Begriff bezeichnet eine bestimmte Art des Zeichengebrauchs, welche für eine bestimmte Ordnung in sozialen Beziehungen steht (Keller et al. 2006: 8); man kann von der »Art der Verwendung von Sprache« (Warnke/Spitzmüller 2008: 14) in Publika reden, welche kennen und berücksichtigen muss, wer bei diesen Publika wahrgenommen und verstanden werden will. Der auf das Schreiben für die PR angewendete Diskursbegriff ist damit eine sprachwissenschaftliche Konkretisierung des Begriffs symmetrischer Exzellenz in den PR nach Grunig (1992: 38 ff.). Statt also – wie etliche Ansätze es fordern – bei der strategischen »Positionierung« oder einem *top-down* gesetzten »Leitbild« anzusetzen und den Wortlaut von PR-Texten daraus schreibend abzuleiten, gibt es auch die Möglichkeit, *bottom-up* zu fragen, welche sprachlichen Zeichen, Formen und Akte sich für eine Verständigung aufdrängen, weil sie beim Publikum im Gebrauch sind und sich dort bewährt haben (Stücheli-Herlach et al. 2012). So jedenfalls scheint das Ziel, Kommunikationschancen schreibend zu nutzen, am ehesten erreichbar zu sein.

Message Design hat damit zunächst den Charakter einer sprachanalytischen »matching exercise« (Moffitt 2004: 354): Das Schreiben für die PR ist ein Schreiben in der Sprache der Zielpublika. Nach dem Ansatz der »matching exercise« ist es das Ziel des diskursanalytischen Vorgehens, »copy points« zu identifizieren: Darunter verstehen wir Textelemente mit Kommunikationspotenzial im Publikum (Moffitt 1999: 83 ff., und 2004: 354 ff.), welche auch zur Beschreibung der Identität eines Unternehmens dienen könnten.

Die Frage der methodisch verlässlichen und aussagekräftigen Diskursanalyse gehört zu den neueren und noch umstrittenen Themen der Forschung (siehe die Einleitung zu Warnke/Spitzmüller 2008). Verschiedene Modelle konkurrieren. Für das Schreiben in der PR hat sich ein Vorgehen bewährt, das sich an narrations- und argumentationstheoretisch orientierte Methoden anlehnt (Hajer 2008; Viehöver 2006). Diese gehen davon aus, dass sich diskursive Regeln des Erzählens und Begründens von Akteuren öffentlicher Kommunikation an gemeinsamen »emblematischen Issues« (Hajer) sowie an wiederholt verwendeten diskursiven »Markern« (Viehöver) orientieren. Emblematische Issues bilden thematische Strukturen für den Diskurs, und bei Markern handelt es sich um häufig und prominent verwendete Muster des Deutens (Framing) und des Urteilens. In ähnlicher Weise postuliert die Kulturwissenschaft kommunikative Konventionen in Form von »Topoi« (»Gemeinplätzen«) als Erfolgsbedingungen des »kommunikativen Haushalts« einer Gesellschaft (Knoblauch 1995: 302 ff.).

Tabelle 1 Kriterien und Ergebnisse der diskursanalytischen Assemblage am Beispiel einer Umweltorganisation

Elemente des Diskurses	*Wissensrelevanz*	*Einstellungsrelevanz*	*Handlungsrelevanz*
Problematisierte Themen (Fakten, Ereignisse, Objekte, Akteure, Konzepte)	CO_2-Ausstoss; Industrialisierung; alltäglicher Gebrauch fossiler Energie; Erderwärmung	Menschliche Ursachen; globales Phänomen	Sich beschleunigende Klimaveränderung; bedrohliche Überschwemmungen; Aktivitäten der Ökobewegung
Deutungsmuster (Bilder, Symbole, Schlagworte, Fallbeispiele, Anekdoten)	Ozonloch; Treibhauseffekt; Klimaerwärmung; schmelzende Polkappen	Überschwemmte Insel-Paradiese	Eigendynamik des Treibhauseffekts; vernichtende Wirbelstürme
Urteilsmuster (Wirkungsketten, Zielsysteme, Ablaufmuster, Werte, Prinzipien)	Abgase führen zu CO_2-Konzentration; Mechanismen im Klimasystem	Verehrung und Schutz für »Gaia« (die Erde als Ökosystem); Verantwortung für kommende Generationen; bestehende Möglichkeit, erneuerbare Energien zu fördern	Globales Denken führt zu lokalem Handeln; Existenz der UNO-Klimapolitik; bestehende Instrumente der Energie- und Technologiepolitik
Selektionskriterien	Markierung und Emblematik: möglichst direkter Zielbezug, möglichst häufige Verwendung durch verschiedene Akteure, möglichst hohe Sinnbildlichkeit		

Arbeitsmethodik: beschaffen, sichern, erfassen, untersuchen, strukturieren, kategorisieren, familiarisieren, tabellarisieren, visualisieren, bewerten, selektionieren (durch qualitative Datenanalyse)

Die Anwendung dieser Methodiken auf das strategische Message Design beim Schreiben für die PR erfordert eine Selektion von diskursiv eingespielten Bezeichnungen für problematisierte Themen sowie von darauf bezogenen Deutungs- und Urteilsmustern nach Massgabe der Kommunikationsziele einer Organisation. Schreiben mit System für die PR der genannten fiktiven Umweltorganisation heisst zunächst also, eine diskursanalytische Assemblage vorzunehmen, mit dem Ziel, kommunikativ bewährte und konventionalisierte Ausdrücke für das Verständnis des Klimawandels (Wissensrelevanz), für die Verpflichtung zum Handeln (Einstellungsrelevanz) und für die Dringlichkeit dieses Handelns zu finden (Handlungsrelevanz). Das könnte im erwähnten Beispiel wie in Tabelle 1 dargestellt aussehen (eine empirische Rekonstruktion des Klimadiskurses findet sich bei Viehöver in Arnold et al. 2012: 173–216).

3.3 Storytelling

Damit das Geschriebene später die Aufmerksamkeit wecken, sinngemäss erfasst und verstanden werden kann, reicht ein Auflisten diskursiv eingeschliffener Textelemente für die Planung, den Entwurf und die Verbesserung erfolgreicher PR-Texte nicht aus. Vielmehr muss eine Verknüpfung zwischen diesen Elementen hergestellt werden, welche dann in sinnfälliger, erfassbarer und leicht reproduzierbarer Weise für die Identität und Positionierung des Unternehmens steht.

Tabelle 2 Kriterien und Ergebnisse der narrativen Konstruktion am Beispiel einer Umweltorganisation

	Storyline
Situation und Schauplatz **Akteure und Rollen** **Episoden und Ablauf** **Werte und Konflikte**	Zusammen mit der Umweltorganisation XY kämpfen Menschen im ganzen Land gegen CO_2-Ausstoss, Erderwärmung und Klimakatastrophe. Sie wissen: Um Verantwortung zu beweisen und unseren Lebensraum zu schützen, bleibt nicht mehr viel Zeit.
Basis-Narrativ (Kulmination)	*Retter in der Not* (das müssen wir alle sein, und zwar sofort!)
Optimierung durch Storytelling	Perspektivierung: noch genauer beobachtend, noch engagierter beteiligt oder noch effektvoller inszenierend erzählen.

Arbeitsmethodik: Stimme verorten, Stimme definieren, Perspektive verengen, Perspektive vergrössern, Episoden ordnen, Episoden umordnen, Episoden verlängern, Episoden raffen (im Experiment, im Rollenspiel)

Also muss mit den Textelementen eine Geschichte erzählt werden (Fludernik 2008; Brinker 2001: 69 ff.; Arnold et al. 2012; Anwendungen für die PR bei Frenzel et al. 2004; Thier 2006; Herbst 2008). Erzählungen (»Narrationen«) beziehen sich auf Situationen und Schauplätze, verwenden typische Textrollen, kennen einen »normalen« oder einen »inszenierten« Ablauf einzelner Episoden und handeln von einem Konflikt zwischen unterschiedlichen Wertvorstellungen. Diese Komponenten werden dabei in einem kulturell überlieferten Grundmuster (einem Basis-Narrativ) miteinander in eine fassbare Verbindung gebracht: Dieses Grundmuster zeigt auf, wie die Kulmination, also die Verbindung von Konflikt und Konfliktlösung (Brinker 2001: 74) der Erzählung konstruiert ist. Im Falle des Schreibens für die Umweltorganisation könnte der Storytelling-Schritt wie in Tabelle 2 dargestellt aussehen.

3.4 Reasoning

Verständigung ist nur möglich, wenn Kommunikationsprozesse von längerer Dauer sind, wenn sich kritische Partner involvieren und wenn die im Verlauf ausgetauschten Informationen nicht nur zu einer thematischen Erweiterung führen, sondern auch das Knüpfen gedanklicher Zusammenhänge erlauben (van Eemeren/Grootendorst 2004: 1). Soll sich also eine »Message« im erwartbar länger dauernden und thematisch »ausufernden« Prozess öffentlicher Verständigung durchsetzen können, muss sie logisch nachvollziehbare Anknüpfungsmöglichkeiten zu anderen Diskurselementen bieten, also das Potenzial erklärender und begründender Vertiefung und Erweiterung aufweisen. Mit anderen Worten: Eine Storyline ist nur dann zur Strukturierung einer Message geeignet, wenn die Behauptungen, die sie aufstellt, auch argumentativ gestützt und dadurch erweitert und legitimiert werden können.

Message Design erfordert also auch die Entwicklung einer argumentativen Basis, die für den Prozess des Klärens von Fragen, des Rechtfertigens gegenüber Kritik und des Begründens gegenüber Zweifeln benötigt wird. Und während Narration die Textelemente gleichsam horizontal miteinander verknüpft, werden dieselben nun durch Argumentation in eine gleichsam vertikale Ordnung gebracht, die ein logisches Stützen zum Ausdruck bringt (Brinker 2001: 74 ff.; van Eemeren et al. 2003; Toulmin 2003). Message Design muss demnach strategische Textelemente erzeugen, die Behauptungen (Thesen) sind, wie auch solche, die Begründungen für diese Behauptungen (Argumente) sind. Zusätzlich – und zur Verdeutlichung der Argumentationen – können auch domänenspezifische Belege integriert werden, also Stützungen in Form sachbezogener Fakten, wissenschaftlicher Erkenntnisse oder Aussagen und Zitate anerkannter Autoritäten. Das Glei-

Tabelle 3 Kriterien und Ergebnisse der argumentativen Legitimation (Reasoning) am Beispiel einer Umweltorganisation

	Faktenbehauptungen	*Normative Behauptungen*	*Bestätigung von Diskurspositionen*	*Widerlegung von Diskurspositionen*
Thesen	Zusammen mit der Umweltorganisation kämpfen Menschen im ganzen Land, …	Wer verantwortlich handelt, kämpft gegen die Klimakatastrophe, …	*Weitere Möglichkeit des Reasoning*	*Weitere Möglichkeit des Reasoning*
Argumente	… denn sie spenden und verpflichten sich zu Massnahmen	… denn die Erderwärmung setzt sich fort.		
Stützungen	Spendenvolumen und Zahl der Partnerschaften	Klimamessungen und -prognosen		
Einbettungen	Sichtbare Ausbreitung von Solar-/Windenergieanlagen	Spürbare Auswirkungen der Klimaveränderung		
Wertebasen	Verantwortung	Rationalität		
Optimierung durch Reasoning	Verdeutlichung: Ursache/Wirkungs-, Mittel/Zweck-, Über-/Unterordnungsrelationen präzisieren sowie Verallgemeinerungen und Exemplifizierungen formulieren			

Arbeitsmethodik: fragen, bezweifeln, bestreiten, kritisieren, vorwerfen, und dann erklären, begründen, rechtfertigen, legitimieren, verkürzen (im Rollenspiel, im gedanklichen Experiment)

che gilt für die Einbettung der Argumentation in den Handlungskontext durch Hinweise auf bekannte Ereignisse, vorgängige Kommunikationsbeiträge oder anerkannte gesellschaftliche Werte.

Wer also für die PR der Umweltorganisation schreibt, könnte beispielsweise Message-Elemente konstruieren, wie sie in Tabelle 3 aufgeführt sind.

3.5 Kondensation

Die zu einer narrativen und argumentativen Basis zusammengefügten Textelemente sollen nun im systematischen Prozess des Schreibens für die PR verwendet werden können. Entsprechend ist es unabdingbar, sie in einem kompakten, schnell greifbaren Format zu fixieren, wobei die Kompaktheit der Darstellung die Variabilität und damit die kommunikative Verwendbarkeit steigern und nicht einschränken soll.

Message Design heisst deshalb in dieser Phase: Erstellen einer Textplattform (»copy platform« bei Moffit 1999: 144 ff.; »Kommunikationsplattform« bei Bruhn 2005: 105). Die Textplattform gewährleistet in ihrer kompakten Form den schnellen Zugriff auf geeignete Erzähl- und Argumentationsstrukturen bei der Planung, beim Entwurf und bei der Verbesserung von PR-Texten, und dieser Zugriff kann je nachdem dazu dienen, beim Schreiben für die PR inhaltlich-argumentative Vertiefungen, dramaturgisch-erzählende Präsentationen oder verweisende Verknüpfungen zu realisieren und dadurch die Vorgaben je nach Medium und Situation zu variieren.

Beim Schreiben einer Textplattform stellt sich die Aufgabe, in kompakter Form möglichst viel von dem darzustellen, was beim Präsentieren, Vertiefen und Verweisen wesentlich sein wird. Der schriftliche Ausdruck soll verkürzt werden, die inhaltliche Fülle dabei gewahrt bleiben (Bär et al. 2007: 3). Es existieren verschiedene rhetorische und stilistische Mittel, eine solche Verdichtung (»Kondensation«) für die Textplattform zu erreichen (Gardt 2007).

Ein erzählerisches Mittel, mit Wenigem viel zu sagen, ist die Verschachtelung, also die gegenseitige Spiegelung von Textelementen, die als »Rahmen«, und solchen, die als »Inhalt« gelten können (in Anlehnung an die narrative Form der *mise-en-abyme,* siehe Fludernik 2008: 175). Für das Campaigning und die integrierte Kommunikation ist die Form des Slogans beziehungsweise jene des Claims empfohlen worden (Moffitt 1999: 144 ff.; Bruhn 2005: 105). Dabei handelt es sich um Möglichkeiten der Kondensation auf der Ebene einzelner Sätze und Wortfügungen, die dann Hinweise sowohl auf »logische« Argumentationsstrukturen wie auf »emotionale« Erzählstrukturen enthalten (Hermanns 2007: 464). Noch weiter getrieben werden kann die Verdichtung, wenn auf der Textplattform Schlagworte fixiert beziehungsweise wenn solche neu entwickelt werden (Hermanns 2007: 472 f.). In dieser Form bewegt sich eine Textplattform dann an der Grenze der Sinnhaftigkeit, lässt umgekehrt allerdings die grössten Freiheiten zur späteren Variation.

Schreibt jemand für die Umweltorganisation eine Textplattform, so könnte ein Ergebnis aussehen wie in Tabelle 4.

Auf diese Weise entwickelt, kann eine Textplattform als Grundlage für das Schreiben mit System für die medienkonvergente PR-Arbeit in allen Unternehmensrollen dienen. Sie bietet als textliche »Landkarte« beziehungsweise als »Corporate Script« nicht nur eine Orientierung für die Planung, den Entwurf und die laufende Verbesserung von Texten in kollaborativen Verfahren. Sie erlaubt auch eine laufende Reflexion über die Tauglichkeit und die Weiterentwicklung der ge-

Tabelle 4 Formen der textlich verdichteten Dokumentation (Kondensation) am Beispiel einer Umweltorganisation

Formen der Verdichtung	**Titel-Lauftext** *Verschachtelung (Beispiel)*	**Statement-Einschub** *Slogan/Belege (Beispiel)*	**Plot** *Claim (Beispiel)*
narrative und argumentative Basis	**Nur noch 10 Jahre zur Rettung der Erde** Laut Studien *(mit Quellenangabe)* bleiben uns nur noch zehn Jahre, um eine weltweite Klimakatastrophe abzuwenden und damit die Erde zu retten. Schaffen wir es in dieser Zeit nicht, den CO_2-Ausstoss drastisch zu senken, würde sich die Erdatmosphäre weiter erwärmen *(wissenschaftliche Daten)*. Das wäre eine ernsthafte Bedrohung unserer Lebensgrundlagen *(Beispiele aus Prognosen)*.	**Es bleibt nicht mehr viel Zeit, …** … denn ohne Massnahmen steigt die durchschnittliche Temperatur auf der Erde um einige Grad Celsius *(Quellenangabe)* … denn ein wärmeres Klima lässt den Meeresspiegel steigen *(Quellenangabe)* …	**Global denken, lokal handeln, jetzt spenden!**
Optimierung durch Verdichtung	Kreation von noch kürzeren Claims und einzelnen Schlagworten, Bildmarken, Headlines, Quotes		

Arbeitsmethodik: wiederholen, zusammenfassen, paraphrasieren, verkürzen, zitieren, analogisieren, metaphorisieren (durch Schreibwerkstätten, Brainstormings usw.)

wählten Orientierungsmarken anhand erfolgsrelevanter Kriterien wie der diskursiven Anschlussfähigkeit, der Erfassbarkeit und der Verständlichkeit sowie der Legimitierbarkeit. Mit einer Textplattform erhält das System des Schreibens für die PR in einem Unternehmen also gleichzeitig eine erfolgsorientierte Vor-Schrift wie einen genügend weit abgesteckten Spielraum für Vernetzungen und Variationen in verschiedenen medialen Formaten, organisatorischen Rollen und kommunikativen Situationen.

Fazit

- Schreiben mit System heisst, Chancen und Risiken der medienkonvergenten Kommunikation laufend abzuwägen und daraus Schlüsse für die Textproduktion zu ziehen. Ein typisches Produkt ist die vielstimmige, multimodale Textpartitur, ein wichtiges Instrument die Textplattform, die im Prozess des

»Message Design« entsteht, und zwar durch die Entwicklung narrativer Orientierungsmuster und ihrer argumentativen Legitimation.

- Schreiben mit System für die medienkonvergente PR ist immer ein Public Storytelling-Management: Laufend müssen Informationen über Akteure, Handlungen, Ereignisse, Perspektiven und Motive in einen sinnvollen Zusammenhang gebracht werden, der sowohl der Unternehmensidentität entspricht wie für das öffentliche Publikum fassbar ist. Wichtigstes Mittel dafür ist die Entwicklung narrativer Muster und ihrer argumentativen Legitimation.
- Schreiben mit System ist ein Produktionsprozess, an dem Führung, Management und Ausführung gleichermassen beteiligt sind. Er muss den Anforderungen von Innovation und Kooperation genügen und in Form flüssiger Aktionen wie vernetzender Interaktionen gestaltet werden.

Übers Schreiben lesen

www.zeitschrift-schreiben.eu
Internationale akademische Zeitschrift mit frei zugänglichen Beiträgen über das Schreiben in Schule, Hochschule und Beruf.

www.zhaw.ch/fileadmin/user_upload/zhaw/publikationen/impact/2010/10-11_dossier.pdf
»Ankommen im Web 2.0«: Übersichtsartikel über Public Storytelling unter den Bedingungen der Web-2.0-Technologie aus der Feder der Verantwortlichen des IAM Instituts für Angewandte Medienwissenschaft in Winterthur (Schweiz).

www.medienlinguistik.net
Die elektronische Plattform zum Lehrbuch von Daniel Perrin, das inzwischen in zweiter Auflage erschienen ist. Der Zugang setzt den Besitz oder einen Zugang zum gedruckten Lehrbuch voraus.

Literatur

Antos, G./Hasler, U./Perrin, D. (2011): Textoptimierung. In: Habscheid, St. (Hrsg.): Textsorten, Handlungsmuster, Oberflächen. Linguistische Typologien der Kommunikation. Berlin, S. 638–658.
Arnold, M./Dressel, G./Viehöver, W. (Hrsg.) (2012): Erzählungen im Öffentlichen. Über die Wirkung narrativer Diskurse. Wiesbaden.
Baecker, D. (2005): Form und Formen der Kommunikation. Frankfurt am Main.

Bär, J. A./Roelcke, Th./Steinhauer, A. (Hrsg.) (2007): Sprachliche Kürze. Konzeptuelle, strukturelle und pragmatische Aspekte. Berlin.
Bentele, G./Fröhlich, R./Szyszka, P. (Hrsg.) (2005): Handbuch der Public Relations. Wissenschaftliche Grundlagen und berufliches Handeln. Wiesbaden.
Berger, Ch. (1997): Producing Messages under Uncertainty. In: Green, J. (Hrsg.): Message Production. Advances in Communication Theory. Mahwah, New Jersey, London. S. 221–244.
Birkigt, K./Stadler, M. M./Funck, H. J. (2002): Corporate Identity. Grundlagen, Funktionen, Fallbeispiele. 11., überarbeitete und aktualisierte Aufl. München.
Brinker, K. (2001): Linguistische Textanalyse. Eine Einführung in Grundbegriffe und Methoden. 5., durchgesehene und ergänzte Aufl. Berlin.
Bruhn, M. (2009): Kommunikationspolitik, 5. Aufl. München.
Dörrbecker, K./Fissenewert-Gossmann, R. (2003): Wie Profis PR-Konzeptionen entwickeln. Das Buch zur Konzeptionstechnik. Frankfurt am Main.
Dulisch, R. (1998): Schreiben in Werbung, PR und Journalismus. Zum Berufsbild des Texters für Massenmedien. Opladen/Wiesbaden.
van Eemeren, F. H./Grootendorst, R./Snoeck Henkemans, F. (2003): Argumentation. Analysis, Evaluation, Presentation. Mahwah, New Jersey.
van Eemeren, F. H./Grootendorst, R. (2004): A Systematic Theory of Argumentation. The pragma-dialectical approach. Cambridge.
Fludernik, M. (2008): Erzähltheorie: Eine Einführung, 2. Aufl. Darmstadt.
Frenzel, K./Müller, M./Sottong, H. (2004): Storytelling. Die Kraft des Erzählens fürs Unternehmen nutzen. München, Wien.
Gardt, A. (2007): Kürze in Rhetorik und Stilistik. In: Bär, J. A. et al. (Hrsg.): Sprachliche Kürze. Konzeptuelle, strukturelle und pragmatische Aspekte. Berlin, S. 70–88.
Giesecke, M. (1991): Der Buchdruck in der frühen Neuzeit. Frankfurt am Main.
Grunig, J. E. (Hrsg.) (1992): Excellence in Public Relations and Communication Management. Hillsdale.
Hajer, M. (2008): Argumentative Diskursanalyse. Auf der Suche nach Koalitionen, Praktiken und Bedeutung. In: Keller et al. (Hrsg.): Handbuch Sozialwissenschaftliche Diskursanalyse, Bd. 2. Wiesbaden, S. 271–298.
Helmes, G./Köster, G. (2002): Texte zur Medientheorie. Stuttgart.
Hermanns, F. (2007): Slogans und Schlagwörter. In: Bär J. A. et al. (Hrsg.): Sprachliche Kürze. Konzeptuelle, strukturelle und pragmatische Aspekte. Berlin, S. 459–478.
Huang, E. (2009): Teaching Button-Pushing versus Teaching Thinking: The State of New Media. In: Convergence 15(2), S. 233–247.
Herbst, D. (2008): Storytelling. Konstanz.
Jakobs, E.-M./Perrin, D. (2008): Training of writing and reading. In: Rickheit, G./ Strohner, H. (Hrsg.): The Mouton-De Gruyter Handbooks of Applied Linguistics: Communicative competence. Vol. 1. New York, S. 359–393.
Jakobs, E.-M. (2008): Textproduktion und Kontext: Domänenspezifisches Schreiben. In: Janich, N. (Hrsg.): Textlinguistik, S. 255–270.
Janich, N. (Hg.) (2008): Textlinguistik. 15 Einführungen. Tübingen.
Jarren, O./Röttger, U. (2005): Public Relations aus kommunikationswissenschaftlicher Sicht. In: Bentele, G. et al. (Hrsg.): Handbuch der Public Relations. Wissenschaftliche Grundlagen und berufliches Handeln. Wiesbaden, S. 19–36.

Keller, R./Hirseland, A./Schneider, W./Viehöver, W. (Hrsg.) (2006/2008): Handbuch Sozialwissenschaftliche Diskursanalyse. Band 1 (2006): Theorien und Methoden. 2., aktualisierte und erweiterte Aufl.; Band 2 (2008): Forschungspraxis. 3., aktualisierte und erweiterte Aufl. Wiesbaden.

Kittler, F. A. (2003): Aufschreibesysteme 1800/1900. 3., vollständig überarbeitete Aufl. München.

Klemm, M. (2004): Schreibberatung und Schreibtraining. In: Knapp, K. et al. (Hrsg.): Angewandte Linguistik. Ein Lehrbuch. Tübingen, Basel, S. 120–142.

Knapp, K. et al. (Hrsg.) (2004): Angewandte Linguistik. Ein Lehrbuch. Tübingen, Basel.

Knoblauch, H. (1995): Kommunikationskultur. Die kommunikative Konstruktion kultureller Kontexte. Berlin, New York.

Kruse, O./Perrin, D. (2003): Intuition und professionelles Schreiben. In: Perrin et al. (Hrsg.): Schreiben. Von intuitiven zu professionellen Schreibstrategien. 2., überarbeitete Aufl. Wiesbaden, S. 7–13.

Luginbühl, M./Perrin, D. (Hrsg.) (2011): Muster und Variation: Medienlinguistische Perspektiven auf Textproduktion und Text. Bern.

Luhmann, N. (1981): Die Unwahrscheinlichkeit der Kommunikation, in: Ders.: Soziologische Aufklärung, Bd. 3. Opladen, S. 25–34.

Luhmann, N. (1988): Soziale Systeme. Grundriß einer allgemeinen Theorie, 2. Aufl. Frankfurt am Main.

Mock, Th. (2006): Was ist ein Medium? Eine Unterscheidung kommunikations- und medienwissenschaftlicher Grundverständnisse eines zentralen Begriffs. In: Holtz-Bacha, Ch./Kutsch, A./Langenbucher, W. R./Schönbach, K. (Hrsg.): Publizistik, 51. Jahrgang, Heft 2, S. 183–200.

Moffitt, M. A. (1999): Campaign Strategies and Message Design. Westport.

Moffitt, M. A. (2004): Message Design. In: Baldwin, J. R./Perry, St./Dies. (Hrsg.): Communication Theories for Everyday Life. Boston, S. 345–360.

Morgan, M. (2008): Message Design Logics. In: Donsbach, W. (Hrsg.): The International Encyclopedia of Communication. Blackwell Publishing.

Newsom, D./Carrell, B. (2001): Public Relations Writing. Form and Style. 6th Edition. Belmont.

Niederhäuser, M./Rosenberger, N. (2010): Unternehmenspolitik, Identität und Kommunikation. Wiesbaden.

Perrin, D./Böttcher, I./Kruse, O./Wrobel, A. (Hrsg.) (2003): Schreiben. Von intuitiven zu professionellen Schreibstrategien. 2., überarbeitete Aufl. Wiesbaden.

Perrin, D. (2003): Schreiben erforschen, überdenken, verbessern. In: Ders. et al. (Hrsg.): Schreiben. Von intuitiven zu professionellen Schreibstrategien. 2., überarbeitete Aufl. Wiesbaden, S. 15–31.

Perrin, D. (2006): Medienlinguistik. Konstanz.

Perrin, D. (2007): »Für uns muss eine Meldung einfach gemacht sein«: Textdesignstrategien und Wirkungsvorstellungen untersuchen. In: Roth, K. S./Spitzmüller, J. (Hrsg.): Textdesign und Textwirkung in der massenmedialen Kommunikation. Konstanz, S. 18–33.

Perrin, D. (2008): Schreiben und Führen: Domänenspezifische Schreibkompetenz für Manager/Leader. In: Jakobs, E.-M./Lehnen, K. (Hrsg.): Berufliches Schreiben. Ausbildung, Training, Coaching. Frankfurt am Main, S. 123–140.

Perrin, D./Stücheli-Herlach, P./Weber, W. (2010): Public Storytelling in konvergenten Medien: Produktionsmuster reflektieren, variieren und weiterentwickeln lernen. In: Jakobs, E.-M. (Hrsg.): Schreiben und Medien. Schule, Hochschule, Beruf. Frankfurt am Main, S.187–201.

Perrin, D. (2013): The Linguistics of Newswriting. Amsterdam, New York.

Putnam, L. L./Nicotera, A. M. (Hrsg.) (2009): Building Theories of Organization. The Constitutive Role of Communication. New York, London.

Quinn, St. (2005): What is convergence and how will it affect my life? In: Ders./Filak, V. F. (Hrsg.): Convergent journalism: An introduction. Amsterdam, S. 3–20.

Röttger, U./Preusse, J./Schmitt, J. (2011): Grundlagen der Public Relations. Eine kommunikationswissenschaftliche Einführung. Wiesbaden

Roth, K. S./Spitzmüller, J. (Hrsg.) (2007): Textdesign und Textwirkung in der massenmedialen Kommunikation. Konstanz.

Röttger, U. (2005): Aufgabenfelder. In: Bentele, G. et al. (Hrsg.): Handbuch der Public Relations. Wissenschaftliche Grundlagen und berufliches Handeln. Wiesbaden, S. 498–507.

Rühl, M. (1999): Publizieren. Eine Sinngeschichte der öffentlichen Kommunikation. Wiesbaden.

Ryfe, D. M. (2009): Broader and deeper: A study of newsroom culture in a time of change. In: Journalism, 10(2), S. 197–216.

Scheuermann, U. (2012): Schreibdenken. Schreiben als Denk- und Lernwerkzeug nutzen und vermitteln. Opladen, Toronto.

Schmidt, S. J. (1994): Die Wirklichkeit des Beobachters. In: Merten, K./Ders./Weischenberg, S. (Hrsg.): Die Wirklichkeit der Medien. Eine Einführung in die Kommunikationswissenschaft. Wiesbaden, S. 3–19.

Stöber, R. (2003): Mediengeschichte. Die Evolution »neuer« Medien von Gutenberg bis Gates. Eine Einführung, 2 Bde. Wiesbaden.

Stücheli-Herlach, P./Urbahn, K./Heinicke, N. (2012): Corporate Language – wie Sprache Unternehmensidentität stiftet. In: Münch, P./Ziese, H. (Hrsg.): Corporate Identity – wie die Unternehmensidentität entwickelt, aufgebaut und rechtlich abgesichert wird. Zürich, S. 17–32.

Szyzska, P. (2005): Botschaft. In: Bentele, G. et al. (Hrsg.): Handbuch der Public Relations. Wissenschaftliche Grundlagen und berufliches Handeln. Wiesbaden, S. 578.

Taylor, J. R. (2011): The Situated Organization: Case Studies in the Pragmatics of Communication Research. New York.

Thier, K. (2006): Storytelling. Eine narrative Managementmethode. Heidelberg.

Toulmin, St. E. (2003): The Uses of Argument. Updated Edition. Cambridge.

Viehöver, W. (2006): Diskurse als Narrationen. In: Keller et al. (Hrsg.): Handbuch Sozialwissenschaftliche Diskursanalyse, Bd. 1. Wiesbaden, S. 179–208.

Warnke, I. H./Spitzmüller, J. (Hrsg.) (2008): Methoden der Diskurslinguistik. Berlin, New York.

Windahl, S./Signitzer, B. H. (with Olsen, J. T.) (2009): The Message. In: Dies.: Using Communication Theory. 2nd Edition. London, S. 169–187.

II SCHREIBEN FÜR DIE PR IN WIRTSCHAFT, POLITIK, WISSENSCHAFT UND MEDIEN

An der Unternehmensidentität und über sie schreiben

PR-Konzepte planen, entwerfen und verbessern

Nicole Rosenberger

Beim Schreiben für die PR schaffen schriftliche Konzepte die Verbindlichkeit, die im Umfeld der digitalisierten Öffentlichkeit für die Identität eines Unternehmens unabdingbar ist (1.). Zu unterscheiden sind Rahmenkonzepte sowie strategische und operative PR-Programme. Deren Herstellung erfordert eine Prozess- und eine Textplanung, wobei mit einem kreisförmigen Prozessmuster von Analyse, Strategiedefinition und Umsetzungsplanung zu rechnen ist (2.). Der Entwurf von Konzepten ist vom interaktiven Vorgehen und der Arbeit mit verschiedenen Textvorlagen geprägt (3.). Für die Verbesserung von Konzeptpapieren gelten besondere Anforderungen an Stringenz und Textgestaltung (4.).

Schlüsselbegriffe: Konzept, Identitätsmanagement, PR-Programme, Analyse/Strategie/Umsetzung/Evaluation, interaktives/intertextuelles Schreiben

1 Grundlagen: Das PR-Konzept als Führungsinstrument

Das Konzept ist ein Plan, nach dem die Zukunft schreibend modelliert wird (lat. *conceptus:* das Erfasste und Verfasste). Es bringt komplexe, zum Teil disparate Aufgaben und Zielsetzungen in eine konsistente Form – in eine Form also, die Bezüge zwischen einzelnen konzeptionellen Elementen schafft. Das ermöglicht die Priorisierung von Zukunftsszenarien und deren Evaluation. Transparenz und Nachvollziehbarkeit sind denn auch wesentliche Kriterien dafür, dass Konzepte als Führungsinstrument und Entscheidungsgrundlage in der PR-Arbeit eingesetzt werden können.

Die Verschriftlichung eines Konzepts ermöglicht es, vorgeschlagene Lösungen und dahinter stehende Prämissen innerhalb von Organisationseinheiten eines Unternehmens und über deren Grenzen hinweg zu diskutieren und weiterzuentwickeln: Schriftliche Konzepte sind demnach Diskursbeiträge, die Verbindlichkeit schaffen; sie haben – zumindest nach ihrer Verabschiedung – eine sogenannte »obligative Funktion« (Brinker 2005: 126 f.).

Diese Steuerungsfunktion ergibt sich einerseits aus dem Inhalt des Konzepttextes selber, so beispielsweise aus Zielformulierungen, die einen spezifischen, terminierten und messbaren Endzustand beschreiben. Andererseits kann sie auch aus dem Handlungs- und Situationskontext hervorgehen, in den das Konzept eingebettet ist – dann beispielsweise, wenn aufgrund eines Konzepts Ressourcen für die PR-Arbeit bewilligt werden.

Das Schreiben von Konzepten für die PR ist entsprechend eine Führungsaufgabe (Perrin 2008); es ist Teil des Identitätsmanagements und beeinflusst dieses mit (Niederhäuser/Rosenberger 2011). Um die ganz unterschiedlichen Bezugsgruppen, mit denen eine Organisation interagiert, gezielt und mit klaren Botschaften zu erreichen, müssen die Schreibprozesse für verschiedene Kommunikationsmittel und -massnahmen koordiniert und aufeinander abgestimmt werden. Effizientes und effektives Schreiben für die PR setzt deshalb verbindliche und überprüfbare, das heisst schriftlich fixierte Konzepte voraus.

Digitalisierung und Globalisierung machen es mehr denn je unabdingbar, dass Botschaften von Organisationen konsistent sind. Jegliches Kommunikationsverhalten basiert heute auf der Tatsache, dass fortlaufend Informationen von und über Organisationen schriftlich akkumuliert, gespeichert und weiterverarbeitet werden (Stücheli-Herlach/Perrin, in diesem Band). Es ist davon auszugehen, dass die daraus erwachsenden Irritations- und Reputationsrisiken durch polyphone Redundanz und Unübersichtlichkeit minimiert werden. So erreicht beispielsweise die Plattform »Sorgim«, die den Schweizer Detailhändler Migros – nach eigenen Angaben – konstruktiv-kritisch thematisiert, dieselbe digitale Öffentlichkeit wie die von Migros selbst betriebene Site »Migipedia«. Die hier publizierten Voten und Themen erringen aber höchst selten massenmediale Resonanz – ein Indiz dafür, dass die skandalisierende Wirkung einer Vielzahl einzelner Äusserungen tendenziell zu verpuffen scheint. In diesem Zusammenhang stellt das Phänomen Wikileaks den vorläufigen Höhepunkt einer Entwicklung des Informationssystems dar, welche durch immer mehr und durch immer stärkere Reize die Bereitschaft zu ständiger Aufmerksamkeit der Empfänger und deren Verarbeitungskapazität zunehmend überfordert.

Umgekehrt, und das wiegt schwerer, werden in diesem neuen, von Beliebigkeit geprägten und allseits zugänglichen Mediensystem Konsistenz und Unverwechselbarkeit wie nie zuvor zu Wettbewerbsfaktoren für Organisationen. Für die Kommunikationstätigkeit wiederum heisst das, dass sie sich konsequent an der Identität der jeweiligen Organisation orientieren muss.

Identität wird hier als Ergebnis der Realisierung organisationspolitischer Eckpunkte verstanden, also der Vision, der Mission, von Werten und von einer Stra-

Abbildung 1 Modell des identitätsorientierten Kommunikationsmanagements

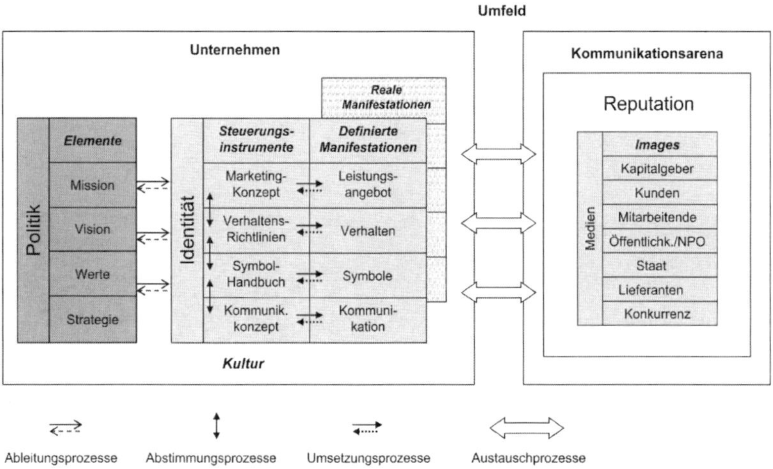

tegie; diese Realisierung erfolgt in den vier Identitätsdimensionen des Leistungsangebots, des Verhaltens, der Symbole und der Kommunikation (Niederhäuser/Rosenberger 2011: 23 ff.). Entsprechend umfasst Identitätsmanagement verschiedene Prozesse der Definition, der Umsetzung, der Vermittlung und der Überprüfung dieser Identität. Insgesamt richtet es das Handeln in der Organisation auf einen gemeinsamen Fluchtpunkt aus und schafft damit eine zentrale Voraussetzung für eine hohe Reputation (Niederhäuser/Rosenberger 2011: 107 ff.).

PR übernimmt im Identitätsmanagement verschiedene Aufgaben. Grundsätzlich prägt sie als eines von vier Identitätselementen (neben dem Leistungsangebot, dem Verhalten und den Symbolen) die Identität mittels eigener Kommunikationsmassnahmen wesentlich mit aus. Als Managementfunktion kommt der PR die Aufgabe zu, die definierte Identität nach innen und aussen zu vermitteln und die Erwartungen und Interessen der Stakeholder in das Führungssystem der Organisation hineinzutragen. Darüber hinaus kann sie die Unternehmensleitung bei der Moderation des internen Identitätsdiskurses unterstützen (Niederhäuser/Rosenberger 2011: 111 f.).

Das Schreiben von PR-Konzepten im identitätsorientierten Kommunikationsmanagement ist damit immer sowohl ein Schreiben an der Identität wie auch ein Schreiben über Identität. Im ersten Fall gestaltet und definiert es die Identität mit, im zweiten adaptiert es die Identität im Hinblick auf die jeweiligen Situationen und Adressaten. In beiden Fällen leistet die schriftliche Konzeption einen wesentlichen Beitrag zur internen Diskussion und Verständigung darüber, was die Organisation über ihren unmittelbaren Zweck hinaus zusammenhält. Indem PR-Konzepte organisationale Verfasstheit gleichsam aus beliebiger Perspektive fokussieren und vermitteln, ist das Schreiben von PR-Konzepten ein geschmeidiges und bewährtes Werkzeug, um Identitätsdiskurse zu führen.

2 Planen: Typen, Phasen, Prozesse, Themen und Struktur eines PR-Konzepts

2.1 Konzepttypen im Identitätsmanagement

Die verschiedenen Aufgaben, die PR im Identitätsmanagement einer Organisation zu erfüllen hat, führen zu spezifischen Konzepttypen mit entsprechenden Inhalten. Mit Zerfass (2010: 346 ff.) kann man drei Konzeptmodi unterscheiden: das Rahmenkonzept, strategische PR-Programme und operative PR-Programme.

Das »Rahmenkonzept« formuliert die prinzipiellen Aufgaben und Leitlinien der Kommunikation, in denen sich die generelle Orientierung der Organisation spiegeln sollte (Zerfass 2010: 346). Es wird in der Praxis oft als »Kommunikationsleitbild« oder als »Communication Policy« bezeichnet oder ist häufig auch Teil des Leitbilds. Auf dieser Konzeptstufe wird in Kommunikation übersetzte Identität in ihren Leitlinien auf der Basis der Unternehmenswerte und der Unternehmensvision grob normiert und definiert. Das Rahmenkonzept wird mit Bedacht grosszügig formuliert, hat im Gegenzug aber einen allgemeingültigen, für alle verpflichtenden Charakter. Es legt die Stossrichtung fest, wie sich Identität über und in Kommunikation ausprägen kann und soll.

Die »strategischen PR-Programme« leiten sich vom »verfassungsgebenden« Rahmenkonzept ab und geben – quasi als »Gesetzgebung« – eine Orientierung für die Vermittlung der Identität nach innen und aussen. Dazu werden Kommunikationsziele, Stossrichtung und Kernelemente zur Unterstützung der Unternehmenspolitik und -strategie formuliert und im Hinblick auf den Effektivitätsaspekt organisiert (Zerfass 2010: 347). In der Praxis werden Rahmenkonzept und strategisches Konzept häufig im sogenannten »Dachkonzept« kombiniert dargestellt.

Die »operativen PR-Programme« schliesslich verdichten die strategischen Zielsetzungen und strategischen Konzepte zu einem realisierbaren PR-Mix. Sie optimieren die nichtstrategischen Aspekte, also die Massnahmen, die Kommunikationsorganisation, die Ressourcen (Personal und Budget) und die Zeitplanung unter dem Gesichtspunkt der Effizienz (Zerfass 2010: 357). Operative PR-Programme dienen primär als Führungsinstrumente für die konkrete Gestaltung der kommunikativen Austauschprozesse zwischen der Organisation und ihren Bezugsgruppen in der Kommunikationsarena. Jahresplanungen oder Einzelkonzepte für ein Kundenevent oder eine Generalversammlung sind hier als typische Beispiele zu nennen.

2.2 Phasen und Prozesse der Konzeption

Jeder Schreibprozess verläuft über die drei Produktionsphasen Planen, Formulieren und Überarbeiten (Perrin/Wildi 2010: 378 f.). Im Planungsprozess wird die Grundlage für die Einordnung der PR-Konzepte in den Identitätsdiskurs der Organisation gelegt. Dabei muss zwischen Prozessplanung und Textplanung (Hayes/Gradwohl 1996: 43) unterschieden werden. In der Prozessplanung legen sich die Konzepter beispielsweise zurecht, welche Recherchen sie zur Lösung ihrer Aufgabe planen, welches Material sie mit welchen Methoden analysieren oder welche Ergebnisse sie mit dem Auftraggeber diskutieren müssen.

Demgegenüber entscheiden die Konzepter in der Textplanung, welche Punkte im Konzept wiedergegeben und damit geregelt werden sollen (»Conceptual Planning«, Hayes/Gradwohl 1996: 43). Dabei müssen domänen-, textsorten- und organisationsspezifische Aspekte berücksichtigt werden. So sind etwa im Strategieteil einer Jahresplanung primär kurzfristige Ziele zu formulieren, während in einem klassischen Dachkonzept die Ziele auf kurz-, mittel- und langfristige Sicht definiert sind. Darüber hinaus haben die Konzepter zu entscheiden, welche Ergebnisse aus Recherche und Analyse in welcher Form im Konzept thematisiert werden sollen. Hier ist auch zu überlegen, welche Sachverhalte visuell dargestellt werden. In der Praxis werden Überlegungen zur Positionierung von Organisationen sehr häufig in der Form eines Positionierungskreuzes und die Analyseergebnisse in einer SWOT-Matrix zusammenfassend abgebildet.

Zur Textplanung gehört ausserdem generisch die Planung der Versprachlichung, also des Formulierens des Konzeptes an sich (»Language Planning«, Hayes/Gradwohl 1996: 43). Dabei werden einzelne Wörter und einige wenige Sätze gedanklich skizziert, bevor sie dann konkret niedergeschrieben werden.

Sowohl bei der Prozessplanung wie bei der Textplanung muss der Konzepter unterschiedliche mentale Prozesse bewältigen. Nach Szyszka sind dies die beiden Denkbewegungen der »Analyse« und des »Entscheidens«, die dem Prinzip der »Selektion« in der Strategieentwicklung folgen, und die Denkbewegung der »Differenzierung«, die bei der Entwicklung von Taktik und Massnahmen nötig ist (Szyszka 2008: 46). Leipziger hingegen betont einen dreifachen, je neuen gedanklichen Ansatz: Beim Konzepten müsse eine »analytische Ordnung« hergestellt werden, aufgrund derer dann »strategische Entscheidungen« fallen. Schliesslich müssen diese Entscheidungen »in operative Handlungen umgesetzt« werden. Die drei Denkprozesse sollten entsprechend chronologisch absolviert werden.

Allerdings kann in einem Konzeptionsprozess der Regelkreis von Analyse, Strategie und Umsetzung mehr als einmal durchlaufen werden. Leipziger hat diesen Kreislauf in zehn Fragen zerlegt, die während des Prozesses beantwortet werden müssen. In der Analyse wird der kommunikative Kontext im Hinblick auf die Organisationsziele, die zu erwartenden kommunikativen Probleme sowie die Chancen und Gefahren der Problemlösung beleuchtet. Die Strategie beantwortet die Frage, was mit der Kommunikation bewirkt, wer angesprochen, welches Meinungsbild vermittelt und wie der Meinungsbildungsprozess gestaltet werden soll. Im Rahmen der operativen Umsetzungsplanung wird definiert, welche Instrumente zu welchem Zweck wo, wann, wie oft und in welchem Umfang eingesetzt werden sollen und wie der Erfolg überprüft wird (Leipziger 2004: 20).

In dieser mehrmals zu wiederholenden kreisförmigen Bewegung im Regelkreis von Analyse, Strategie und Umsetzung wird immer auch der Konzeptionsprozess überdacht und korrigiert. Dieses Steuerungsverfahren wird als formative Evaluation bezeichnet und kommt zum Einsatz, um sowohl die Erstellung des Konzepts wie auch dessen Umsetzung zu überprüfen. Im Gegensatz dazu zielt die summative Evaluation auf die Ergebniskontrolle nach der abgeschlossenen Umsetzung (Besson 2008: 48 f.). Art und Umfang der Instrumente, die für die abschliessende Wirkungskontrolle vorgesehen sind, sind im Konzeptpapier fixiert. Dieses kreisförmige Prozessmuster ist schon bei der Planung des Schreibens zu berücksichtigen; es führt dazu, dass einzelne Arbeitsphasen nicht linear aufgeteilt werden können und dass eine ausgeprägte Arbeitsteilung wohl beim Entwurf einzelner Textteile, nicht aber beim Entwurf und bei der Verbesserung des gesamten Konzeptes sinnvoll ist.

2.3 Themen und Kompetenzen im Konzeptionsprozess

In der ersten Konzeptionsphase, der Analyse, wird die Problemlage erhoben: Der konkrete Anlass für das Konzept respektive das Kommunikationsproblem wird mit der Sichtweise des Auftraggebers in Beziehung gesetzt und in den grösseren Kontext der gesamten Organisation und ihrer Ziele gestellt. Dabei werden mittels Recherchen gezielt Fakten ermittelt und im Hinblick auf die konkrete Aufgabenstellung analysiert. So geht es beispielsweise um die Überprüfung der Kongruenz von Unternehmenspolitik und -identität oder um einen Vergleich von Identität und Image. Die in der Analyse ermittelten Ergebnisse werden geordnet, kategorisiert, bewertet und abschliessend bezüglich ihrer Relevanz selektioniert.

Im Gegensatz zur ersten Phase ist die Strategiephase auf die Entwicklung der Zukunft ausgerichtet und als solche Kernstück des Konzeptionsverfahrens. Für den Entwurf eines angestrebten Endzustands, wie er in den Kommunikationszielen skizziert wird, sind die intellektuellen Leistungen des Projizierens, Priorisierens, Kondensierens und des Systematisierens gefragt. Strebt die Kommunikation beispielsweise eine Veränderung des Organisationsimages an, so ist für die Zielformulierungen konzis zu bestimmen, welches Wissen bestimmte Bezugsgruppen über die Organisation bis zu welchem Zeitpunkt haben sollten, damit sich die erwünschte Wahrnehmung einstellen kann. Nur so können Ziele und Botschaften für die verschiedenen Bezugsgruppen strukturiert und hierarchisiert und damit aufeinander abgestimmt werden.

Im Umsetzungsteil schliesslich müssen die künftigen Aktivitäten in der PR ermittelt werden. Das operative Denken projiziert dabei, was konkret geschehen wird, welche Kommunikationsinstrumente und -massnahmen eingesetzt werden und wie deren Einsatz und Wirkung überprüft werden sollen. Dies erfordert gleichermassen Kreativität wie Konkretisierungskompetenz.

2.4 Grobstruktur eines Konzeptpapiers

Die Herausforderung lautet, die genannten Denkleistungen in ökonomischer und zweckdienlicher Weise zu verschriftlichen. In der Literatur gibt es ganz unterschiedliche Vorschläge, wie die Ergebnisse des konzeptionellen Prozesses dokumentiert und strukturiert werden sollen (Bentele/Nothhaft 2007: 359 ff.). Die verschiedenen Vorgehensweisen folgen jedoch alle demselben Grundmuster: Nach einer Schilderung der Ausgangslage werden die Analyseergebnisse präsentiert und in einer abschliessenden Problembestimmung festgehalten. Daran anknüpfend wird die vorgeschlagene Problemlösung skizziert. Hier werden Aussagen zu Zielsetzungen, Bezugsgruppen, Botschaften und strategischem Vorgehen gemacht. Schliesslich werden die Umsetzung dieser Problemlösung mittels Massnahmen und deren Durchführung bezüglich Organisation und Ressourcen geregelt sowie die Mittel der Erfolgsüberprüfung definiert.

3 Entwerfen: Konzeption als Interaktion und Intertext

3.1 Interaktives Schreiben

Konzepter haben sich während des Schreibprozesses mit unterschiedlichen Akteuren abzustimmen: mit dem Auftraggeber, mit den Führungsverantwortlichen der übergeordneten Projekte, mit internen und externen Informanten und mit Co-Produzenten, die sich in den Phasen von Planung, Formulieren und Durchsicht einbringen können (Van der Gest 1996: 310 f.). Diese liefern dem Autor als Co-Produzenten Informationen und Ideen, sie diskutieren und bewerten konkrete mentale oder bereits verschriftlichte Entwürfe einzelner Teile oder sie bringen sich in Brainstormings zusammen mit dem Autor ein. Auch wenn diese Co-Produzenten im Schreibprozess eine zentrale Rolle spielen, kommt es sehr selten zu einer effektiven Co-Autorschaft. Der Einbezug verschiedener Akteure stellt aber die Einbettung der PR-Konzepte in die übergeordneten Vorgaben des Identitätsmanagements sicher.

Die Beteiligung verschiedener Akteure bei dieser Form des interaktiven Schreibens führt dazu, dass das Schreiben von PR-Konzepten sehr stark in mündliche Kommunikation eingebettet ist. So sollte zu Beginn des Konzeptionsprozesses ein mündliches Briefing mit dem Auftraggeber stattfinden, in dem dessen Erwartungen an das Konzept und dessen Sichtweise auf die Problemstellung in Erfahrung gebracht werden können (Dörrbecker/Fiessenewert-Gossmann 2003: 28 ff.). Zudem empfiehlt es sich bei grösseren strategischen Konzepten, die Ergebnisse der Analyse und unter Umständen auch verschiedene Strategievarianten im Sinne eines Re-Briefings mit dem Auftraggeber während des Konzepterstellungsprozesses zu diskutieren. Diese Diskussionen stellen nicht nur die spätere Genehmigung und Umsetzung des Konzepts sicher. Sie sind auch zentral für die Verständigung über den im Konzept entwickelten Beitrag zum Identitätsdiskurs.

Hinzu kommen je nach Konzeptart Gespräche und Interviews mit Vertretern der verschiedenen Bezugsgruppen oder mit Opinion-Leaders; sei es in der Analysephase und/oder in einer Art »Usability-Test« von möglichen Massnahmen. Einzelne Konzeptschritte, mögliche Lösungsvarianten oder Umsetzungsvorschläge werden zudem oft innerhalb des PR-Teams diskutiert. Das Gespräch der PR-Experten untereinander ist für das Herausbilden einer gemeinsamen Vorstellung und damit letztlich für die spätere Konsistenz der Identitätskonstitution und -vermittlung unverzichtbar. Damit kann das Schreiben eines PR-Konzepts auch als »interaktives Schreiben« bezeichnet werden (Pogner 1999: 106).

3.2 Intertextuelles Schreiben

Für die Konzeption von identitätsorientierter Kommunikation ist nicht nur die Interaktion, sondern auch die Intertextualität charakteristisch. So nährt sich die Analyse mehr oder weniger direkt aus den Werten, die im Leitbild formuliert sind, und aus den Unternehmenszielen, die in der Unternehmensstrategie verankert sind. Dadurch wird das zu lösende Kommunikationsproblem in Bezug zu den beschriebenen unternehmenspolitischen Eckwerten gestellt. Die im Strategieteil formulierten Botschaften stellen letztlich kommunikative und situative Zuspitzungen der Positionierungsbotschaften der Organisation dar. Hinzu kommen intertextuelle Bezüge zu den Steuerungsinstrumenten der Identitätsdimensionen Leistungsangebot, Verhalten und Symbole und zu anderen, bereits bestehenden PR-Konzepten.

Im bewussten Umgang mit dem gegebenen intertextuellen Bezugssystem wird es für Schreibende auch darum gehen, sich im Spannungsfeld zwischen Kreativität respektive Individualität und organisationaler Konsistenz beziehungsweise Konformität intelligent und sinnvoll zu bewegen. Autoren, die sich bewusst mit den unerlässlichen Interdependenzen ihres Kommunikationshandelns und mit dessen Restriktionen auseinandergesetzt haben, wissen auch die stets vorhandene Kontingenz produktiv zu nutzen und Varianten zu bestehenden Bildern zu entwerfen – um im besten Fall den Identitätsdiskurs ihrer Organisation mit neuen, allenfalls überraschenden, aber selbstverständlich unternehmenspolitisch verankerten Elementen anzureichern.

4 Verbessern: Argumentation und Textgestaltung

Für den Prozess des Überprüfens und Verbesserns gilt in der PR-Konzeption dasselbe wie in anderen Domänen des Schreibens. Zu beachten sind insbesondere Orthografie und Semantik, aber auch Argumentation, Plausibilität, Zielorientierung, Kohärenz und Stringenz. Dabei verlaufen die Prozesse des Planens, Produzierens und Durchsehens beim Schreiben von PR-Konzepten nicht linear, sondern rekursiv und iterativ. So wird während des Schreibens bereits korrigiert und die Planung laufend verändert respektive verfeinert (Perrin/Wildi 2010: 378).

Das Sichern von Textkohärenz und -konsistenz stellt für interaktives Schreiben im beruflichen Kontext eine spezifische Herausforderung dar (Pogner 1999: 264), müssen doch die Vorarbeiten und Perspektiven der verschiedenen Akteure in einen einzigen Text einfliessen. Für die Textsorte PR-Konzept stellt sich die Problematik verschärft, denn beim Konzeptpapier handelt es sich um die Verschriftlichung der Resultate der sehr unterschiedlichen mentalen Prozesse von Analyse, Strategie und Umsetzung, welche in je spezifischen Textmustern dargestellt werden müssen. Dies führt zu in sich abgeschlossenen Textmodulen, die sich zugleich auf die anderen beziehen und diese auf einer anderen Ebene weiterentwickeln sollten. Hinzu kommt, dass innerhalb der einzelnen grossen Module Analyse, Strategie und Umsetzung wiederum kleinere, thematisch und funktional klar ausgerichtete Untermodule zu erstellen sind, in denen beispielsweise Zielgruppen oder Botschaften definiert werden müssen. Beim Prozess des Überarbeitens muss gezielt an der Kohärenz und Stringenz dieser verschiedenen Module gearbeitet werden. Zu achten ist dabei auf Verständlichkeit und Eindeutigkeit der Inhalte, auf begriffliche Schärfe und stringente Gedankenführung. Es empfiehlt sich, das Konzept nach einer ersten Überarbeitung von anderen lesen und beurteilen zu lassen und den Text danach nochmals zu überarbeiten.

4.1 Argumentative Stringenz

PR-Konzepte entfalten über die Stringenz von Analyse, Fazit, Strategie und Umsetzung ihre Kernidee. Diese wird argumentativ entwickelt (zu den verschiedenen Möglichkeiten der textlichen Themenentfaltung einer Kernidee Lötscher 2008: 97), wobei Thesen und Argumente auf der Textoberfläche präsent sind. So sollte das Fazit, das die Analyse abschliesst, die Ergebnisse der Analyse priorisieren, verdichten und in eine konzise, fokussierte Problemstellung – eine These – münden.

Die daran anschliessende Zielformulierung, die Zielgruppenbestimmung und die Definition der Botschaften sollten sich darauf beschränken, eine konkrete kommunikative Lösung der vorangegangenen Problembestimmung zu skizzieren. In welchem Rahmen diese zu erzeugen ist, wird mittels strategischer Eckwerte festgelegt. Die Massnahmen, die für die Umsetzung vorgeschlagen werden, sollten sich dann wiederum in diesem in der Strategie vorgegebenen Korridor bewegen. Die Vorschläge für die Massnahmen der summativen Evaluation wiederum sollten sich direkt auf die Ziele beziehen, die im Strategieteil formuliert wurden. Innerhalb des Analysekapitels werden die verschiedenen Sachverhalte mit Vorteil zuerst deskriptiv entfaltet, bevor sie beispielsweise in einer SWOT-Matrix selektioniert und bewertet werden.

4.2 Textgestaltung als Mittel zur Steigerung der Stringenz

Wie in fachsprachlichen Texten generell spielt die visuelle Textgestaltung auch in PR-Konzepten eine wichtige Rolle. Grafiken und Diagramme ermöglichen zum einen eine prägnante und verknappte Darstellung komplexer Inhalte. So kommen etwa im Analysekapitel häufig Positionierungskreuze vor, ebenso verschiedene Formen von Matrizen. Dazu gehört eine Stakeholder-Matrix, also die Einteilung der Stakeholder nach den Kriterien des Einflusses auf die und des Interesses an der Organisation, oder auch eine SWOT-Matrix, mit der Analyseergebnisse bewertet und gewichtet werden. Zum anderen kann mittels grafischer Darstellungen die Kohärenz gestärkt werden. So verdeutlicht eine zusammenfassende Darstellung von Zielen, Zielgruppen und Massnahmen in einer Matrix die Strategiekonformität der Umsetzung. Die Darstellung der verschiedenen Botschaften kann in Form eines Botschaftenbaums veranschaulicht werden, um die Abgestimmtheit und die Bezüge der verschiedenen Botschaften untereinander deutlich zu machen (mit Erweiterungen zur Textplattform, siehe Stücheli-Herlach/Perrin, in diesem Band).

In der mündlichen, aber schriftlich abgestützten Präsentation des PR-Konzepts müssen die verschiedenen Module des Konzepts in eine prägnante Linearität gebracht werden, sei dies über die explikative Darstellung der Konzeptidee am Beispiel von ausgewählten Massnahmen oder sei dies über eine argumentative Kette von Problembestimmung und Lösung. Erst dieser mündliche Anschlusstext garantiert, dass der Transfer der Idee vom Konzepter zum Kunden gelingt.

Fazit

- Das Schreiben von PR-Konzepten ist eine Führungsaufgabe; es ist vom Identitätsmanagement eines Unternehmens beeinflusst – und übt darauf selber einen Einfluss aus.
- PR-Konzepte fügen unterschiedliche Aspekte und Denkformen des Identitätsmanagements eines Unternehmens in den drei Hauptteilen der Analyse, der Strategie und der Umsetzung zusammen, was die besonderen Anforderungen an den Schreibprozess und an die textliche Darstellung erklärt.
- Zu unterscheiden sind Rahmenkonzept sowie strategische und operative PR-Programme mit jeweils unterschiedlichem konzeptionellen Konkretisierungsgrad.
- Besondere Merkmale konzeptionellen Schreibens für die PR sind die Einbettung in mündliche Kommunikation in einem Unternehmen, die daraus folgende Interaktivität der Textplanung sowie die Intertextualität des Schreibprodukts.
- Inhaltliche Stringenz ist das wichtigste Kriterium für PR-Konzeptionen; sie kann durch argumentative und gestalterische Mittel wie Positionierungskreuze und SWOT-Matrizen hergestellt werden.

Übers Schreiben lesen

Rosenberger, N./Perrin, D. (2008): Schreiben im Beruf. Wirksame Texte durch effiziente Arbeitstechnik
Grundlegende Arbeitstechniken und zahlreiche Fallbeispiele für das berufliche Schreiben.

www.uni-due.de/~lge292/trainer
Digitaler Schreibtrainer für wissenschaftliches und berufliches Schreiben: multimediale Umsetzung von Konzepten der Schreibwerkstatt der Universität, behandelt das ganze Spektrum des Schreibens – von der Vorbereitung bis zur Textüberarbeitung.

Literatur

Bentele, G./Nothhaft, H. (2007): Konzeption von Kommunikationsprogrammen. In: Piwinger, M./Zerfass, A. (Hrsg.): Handbuch Unternehmenskommunikation. Wiesbaden, S. 357–380.

Besson, N. A. (2008): Strategische PR-Evaluation. Erfassung, Bewertung und Kontrolle von Öffentlichkeitsarbeit. 3., überarbeitete und erweiterte Aufl. Wiesbaden.

Brinker, K. (2005): Linguistische Textanalyse. Eine Einführung in Grundbegriffe und Methoden. 6. überarbeitete und erweiterte Aufl. Berlin.

Dörrbecker, K./Fissenewert-Gossmann, R. (2003): Wie Profis PR-Konzeptionen entwickeln. 4. Aufl. Frankfurt am Main.

Hayes, J. R./Gradwohl Nash, J. (1996): On the Nature of Planning in Writing. In: Levy, C. M./Ransdell, S. (Hrsg.): The Science of Writing. Theories, Methods, Individual Differences, and Applications. New York, London, S. 29–55.

Leipziger, J. (2004): Konzepte entwickeln. Handfeste Anleitungen für bessere Kommunikation. Frankfurt am Main.

Lötscher, A. (2008): Textsemantische Ansätze. In: Janich, N. (Hrsg.): Textlinguistik. 15 Einführungen. Tübingen, S. 85–111.

Niederhäuser, M./Rosenberger, N. (2011): Unternehmenspolitik, Identität und Kommunikation. Modell – Prozesse – Fallbeispiele. Wiesbaden.

Perrin, D./Wildi, M. (2010): Statistical modeling of writing processes. In: Bazerman, C./Krut, R./Lunsford, K./McLeod, S./Null, S./Rogers, P./Stansell, A. (Hrsg.): Traditions of Writing Research. New York, S. 378–393.

Perrin, D. (2008): Schreiben und Führen. Domänenspezifische Schreibkompetenz für Manager/Leader. In: Jakobs, E.-M./Lehnen, K. (Hrsg.): Berufliches Schreiben. Ausbildung, Training, Coaching. Frankfurt am Main, S. 123–140.

Pogner, K.-H. (1999): Schreiben im Beruf als Handeln im Fach. Tübingen.

Szyszka, P. (2008): Analyse- und Entscheidungsmodell strategischer PR-Planung: Befunde und Entwurf. In: Ders./Dürig, U.-M. (Hrsg.): Strategische Kommunikationsplanung. Konstanz, S. 37–73.

Zerfass, A. (2010): Unternehmenskommunikation und Öffentlichkeitsarbeit. Grundlegung einer Theorie der Unternehmenskommunikation und Public Relations. 3., aktualisierte Aufl. Wiesbaden.

Van der Geest, T. (1996): Studying »real-life« Writing Processes: a Proposal and an Exemple. In: Levy, C. M./Ransdell, S. (Hrsg.): The Science of Writing. Theories, Methods, Individual Differences and Applications. New York, London, S. 309–322.

Mehr über das Geschäft berichten

Schreiben in der Wirtschaftskommunikation

Kaspar Silberschmidt

Das Planen, Entwerfen und Verbessern von Geschäftsberichten ist ein Kernstück der PR-Arbeit für börsennotierte Unternehmen und damit der Wirtschaftskommunikation. Über die vorgeschriebenen geschäftlichen Informationen hinaus ergibt sich die Chance der Positionierung des Unternehmens im breiteren gesellschaftlichen Umfeld (1.). Für die Textplanung bringt das die Anforderung mit sich, sowohl Pflicht- wie Kürteile der Publikation im Zusammenhang zu konzipieren, und zwar für ganz unterschiedliche Leserbedürfnisse (2.). Der Textentwurf findet dann in interdisziplinären Teams in Form eines nichtlinearen Prozesses statt (3.). Zur Verbesserung von Textprodukten empfiehlt es sich, neben den Bedürfnissen des Unternehmens vor allem auch die Sichtweise der Zielgruppen zu berücksichtigen (4.).

Schlüsselbegriffe: Geschäftsbericht, Financial Community, Positionierung, Aktionärsbrief

Alle börsennotierten Publikumsgesellschaften haben gemäss gesetzlichen Vorgaben jedes Jahr einen Geschäftsbericht zu publizieren. Das lässt sich als lästige Pflicht abhaken – oder es lässt sich als eine Chance verstehen, neben bezifferbaren Werten, die das Unternehmen schafft, auch prägende soziale und kulturelle Werte lesbar und damit erlebbar zu machen. Damit ist der Geschäftsbericht mehr als nur ein Instrument der »wertorientierte(n) Kapitalmarktkommunikation« (Palli 2004: 186). Systematisch geplant, multimodal realisiert und multimedial publiziert, kann er aus unterschiedlichen Perspektiven einen differenzierten Einblick in die Verfassung eines Unternehmens sowie in dessen gesellschaftliches Selbstverständnis bieten. Die Konzeption und Realisation eines so verstandenen Geschäftsberichts ist allerdings vergleichsweise anspruchsvoll und aufwendig. Nicht umsonst ist diese Aufgabe schon als Königsdisziplin der PR bezeichnet worden (Keller 2009: 19).

1 Grundlagen: Geschäftsberichte bergen Kommunikationspotenzial

Was einen umfassend verstandenen Geschäftsbericht ausmacht, hat eine ländergreifende Studie über dieses Medium gezeigt (Schlierer 2004: 137). Es sind sowohl aussertextliche wie innertextliche Merkmale, die es zu einem Kernstück der Wirtschaftskommunikation werden lassen.

Im Auftrag eines Unternehmens Texte für einen Geschäftsbericht zu schreiben ist anspruchsvoll und reizvoll zugleich, sofern der Auftraggeber über die gesetzlich vorgeschriebenen Pflichtelemente hinauszugehen bereit ist. Pflichtelemente bilden der Lagebericht, die Bilanz, die Gewinn- und Verlustrechnung, die Übersicht über Unternehmensbeteiligungen und der Bericht der Revisionsstelle. Damit ist das Potenzial eines Geschäftsberichts noch nicht ausgeschöpft. Das Medium bietet die Chance, über den Kreis der Aktionäre hinaus zu kommunizieren und die Tätigkeit sowie das Selbstverständnis des Unternehmens zu erklären.

Entschliesst sich ein Unternehmen dazu, seinen Geschäftsbericht in diesem Sinne breiter anzulegen, steht es vor der Aufgabe, ganz unterschiedlichen Lesererwartungen und Voraussetzungen für das Verständnis der Botschaften gerecht zu werden.

Tabelle 1 Merkmale des Geschäftsberichts (Schlierer 2004: 137)

Typologisierungsebenen	Merkmale des Geschäftsberichts
Textfunktion	▪ Information vermittelnd ▪ dominante Sachorientierung und Objektivität ▪ sekundäre Funktion der Erzeugung von Vertrauen
Handlungsbereich	▪ Kommunikationspartner: Unternehmen und Aktionäre ▪ Untergruppe: interessierte Öffentlichkeit ▪ Interaktionsprozess: gesetzlich festgelegt, deshalb asymmetrisches Machtverhältnis ▪ asymmetrische Wissensverteilung (zugunsten des Unternehmens)
Kommunikationsform	▪ schriftlich, multimedial ▪ jährliche Publikation ▪ monologisch ▪ Rezeption: zeitlich und räumlich unmittelbar
Textthema	▪ Inhaltsanspruch: Geschäftsverlauf und Darstellung der »Lage« ▪ Bestandteile: Lagebericht, Jahresabschluss ▪ zusätzlich: fakultative Angaben
Strukturierungstypen	*a priori* nicht bestimmbar

Tabelle 2 Zielgruppen und Funktionen eines Geschäftsberichts, eigene Darstellung in Anlehnung an Palli (2004)

Zielgruppen	Funktionen des Geschäftsberichts
Financial Community: (potenzielle) Aktionäre, institutionelle Investoren und kompetente Privataktionäre; Kreditgeber (Banken); Meinungsmittler (Analysten und Wirtschaftsjournalisten)	▪ professionelle Anleger und relevante Meinungsmittler informieren ▪ Anlegererwartungen bestätigen, Abweichungen davon erklären ▪ mit Fakten überzeugen ▪ potenzielle Shareholder zu tatsächlichen Shareholdern machen
weitere Zielgruppen: (potenzielle) Privataktionäre ohne besondere Finanzkompetenz; (potenzielle) Mitarbeitende; (potenzielle) Kunden und Lieferanten; Behörden; Medienschaffende	Mit »harten« und »weichen« Fakten bei allen Stakeholdern einen umfassenden und nachhaltig überzeugenden Eindruck des Unternehmens und seiner Marke hinterlassen.

Für die »Financial Community« (Heisters et al. 2004: 88) hat der Geschäftsbericht vorab anlagerelevante, das heisst für den Aktienwert massgebende Informationen zu bieten (Palli 2004: 186 f.). Die ihr zuzuordnenden Rezipienten erwarten umfassende, klare und glaubwürdige Angaben zur finanziellen Verfassung des Unternehmens. Und sie haben an die Darstellung der für den Aktienwert relevanten Fakten eindeutige Ansprüche. Diese lassen sich aus den entsprechenden internationalen Standards beispielsweise für die Rechnungslegung ableiten. Das Unternehmen hat dabei jegliche Art von irreführenden Angaben zu vermeiden.

Den Gestaltungsspielraum für die entsprechenden Teile eines Geschäftsberichts bestimmen also weniger die Schreibenden selber als vielmehr die Finanzfachleute und Juristen. Dasselbe gilt auch für Angaben über die erwartete Entwicklung des Unternehmens und seines Gewinns. Denn diese Angaben können »die Glaubwürdigkeit und das Vertrauen in das Management nachhaltig beeinträchtigen. Es wird […] stets darauf ankommen, Aussagen über die mit einem Realisierungsrisiko behafteten Zukunftserwartungen sorgfältig abzuwägen und im richtigen Kontext zu formulieren« (Palli 2004: 190 f.). Entsprechend schleierhaft können die Angaben im Finanzteil von Geschäftsberichten dann für Wirtschafts- oder Finanzlaien wirken.

Den Ansprüchen der Leserschaft ohne besondere Finanzkompetenz tragen die sogenannten »Imageteile« eines Geschäftsberichts Rechnung. Sie werden teilweise sogar ausgelagert und als separate Publikationen gestaltet. So legt die Bank Sarasin jeweils eine »Geschäftsberichts-Trilogie« vor, bestehend aus den folgenden Titeln: »Unsere Resultate – Geschäftsbericht 2010«, »Unsere Zukunft – Nachhaltigkeitsbericht 2010«, »Unsere Bank – Portrait 2010«. Alle drei Titel werden auf das Markenversprechen bezogen, das wie folgt lautet: »Nachhaltiges Schweizer Private Banking seit 1841.« (www.sarasin.ch)

Auch die Volkswagen Aktiengesellschaft setzt auf mehrere Publikationen für die Berichterstattung. »Vielfalt erfahren« lautet der Haupttitel des insgesamt 340 Seiten umfassenden Geschäftsberichts, der auch als interaktive Onlineversion aufgelegt wird (http://geschaeftsbericht2010.volkswagenag.com). Und Vielfalt ist zugleich das Leitthema des in Form eines Magazins konzipierten, sich über fast 80 Seiten erstreckenden Imageteils. Im Vorjahr wurde »Driving Ideas« zum verbindenden Thema beider Teile gemacht.

Die Kuoni Reisegruppe unterteilt ihre jährliche Berichterstattung in einen »Brand Report«, einen »Marktbericht« und einen »Finanzbericht« (www.kuoni-annualreport.com). Sie führt das Geschäftsberichtsrating 2010 des Schweizer Wirtschaftsmagazins Bilanz an (Bilanz 17/10, 24.09.2010). Die Kür der besten Berichte hat vor allem den Charakter eines Designwettbewerbs. Die Jury wird von einem Kommunikationsdesigner präsidiert. Ihr gehören aber unter anderem auch ein Ordinarius für Banking und Finance, ein Unternehmensberater und Revisionsspezialisten an. Die Bewertungskriterien dieses Wettbewerbs sind deshalb aufschlussreich für die Planung und Realisation von Geschäftsberichten (Bilanz 16/07, 26.09.2007):

Ein guter Geschäftsbericht ...

☑ ... erörtert das Business
☑ ... vermittelt die Unternehmenswerte und -kultur
☑ ... ist glaubwürdig
☑ ... stellt Menschen vor
☑ ... weckt Emotionen
☑ ... ist verständlich
☑ ... bringt Lesegenuss
☑ ... kommt auf den Punkt
☑ ... kann von jeder Stelle aus gelesen werden
☑ ... hängt auch von der Firma ab

Dass Geschäftsberichte sowohl den Berichterstattungskonventionen der Financial Community als auch den vielfältigen Bedürfnissen breiterer Zielgruppen auch in einem einzigen Band entsprechen können, belegt der 166 Seiten umfassende Geschäftsbericht 2010 des Sika-Konzerns (http://www.sika.com/de/group/Publications.html). Er wird den genannten Kriterien des Bilanz-Wettbewerbs über weite Strecken gerecht.

2 Planen: Sorgfalt für Pflicht und Kür

Die Planung eines Geschäftsberichts hat also auch dem Unterschied zwischen Pflicht und Kür, zwischen den vorgeschriebenen Informationen und der individuelleren Positionierung des Unternehmens Rechnung zu tragen. Dies gilt umso mehr, als etliche Rubriken wie der Aktionärsbrief, die Aufstellung der Organe und der Finanzteil jährlich neu aufzulegen sind. Das bringt die Gefahr mit sich, dass sich verschiedene Ausgaben der Publikation inhaltlich kaum voneinander unterscheiden.

2.1 Magazinteile zur Positionierung

Eine Lösung für das Problem besteht darin, magazinartige Teile für die Positionierung des Unternehmens vorzusehen. So hat Sika für den Geschäftsbericht 2010 das Schwerpunktthema »Waterproofing« gewählt. Der Bauchemie-, Abdichtungs- und Klebstoffspezialist führt dieses Thema gleich auf der zweiten Seite der Publikation ein, und zwar mit folgenden Worten: »Dieses Thema wird die Bauwelt immer mehr beschäftigen. Denn hier zahlt sich Nachhaltigkeit doppelt aus: ökologisch und ökonomisch.« Damit positioniert sich das Unternehmen gleich im doppelten Sinn. Es greift den in Wirtschaft, Politik und Kultur geführten Nachhaltigkeitsdiskurs auf. Und es stellt seine Kompetenzen in genau diesen breit relevanten Kontext.

Beispiel

Im Jahr eines Firmenjubiläums bietet der Sika-Geschäftsbericht noch eine andere Lösung, wie sich Pflicht und Kür gegenseitig ergänzen können. Sechs Seiten umfasst der bebilderte Bericht zum Jubiläumsevent. Ihm folgen Doppelseiten, die jeweils am Übergang zwischen einzelnen Teilen des Geschäftsberichts auf einzelne Produkte und ihre Anwendungen hinweisen: Hochleistungsbeton für die Metro Dubai am Übergang zum Teil »Strategie und Marke, Märkte und Produkte«, Dicht- und Kleblösungen am neuen Jaguar XJ am Übergang zum Teil »Konzernstruktur, Organe, Kader und Mitarbeitende«, Dachabdichtung für den neuen Flughafen in Shanghai am Übergang zum Berichtsteil »Innovation und Nachhaltigkeit«, Beton für das Trockendock einer Schiffswerft in Brasilien am Übergang zum Teil »Ziele und Aussichten«. Und vor dem erst auf Seite 84 beginnenden Finanzteil wird der Nutzen der »Waterproofing«-Kompetenz von Sika über zwölf Seiten illustriert – anhand ganz unterschiedlicher Projekte sowie mit Testimonials von Kunden, Anwendern und Mitarbeitenden. Dieser thematische und formale Mix verleiht dem Geschäftsbericht den Charakter eines Publikumsmagazins.

2.2 Verstehen, um verstanden zu werden

Die Textplanung beginnt auch bei Geschäftsberichten immer mit dem Lesen. Denn auf diese Weise findet eine Auseinandersetzung mit den verschiedenen potenziellen Zielgruppen, ihren spezifischen Einstellungen, Meinungen, Sprech- und Handlungsmodi statt. Und diese Auseinandersetzung ist unabdingbar, um Lesegewohnheiten und Rezeptionsmöglichkeiten, also Kommunikationschancen abschätzen zu können. Zentral ist dabei die Erkenntnis, dass ein Geschäftsbericht »normalerweise nicht wie ein Roman von der ersten bis zur letzten Seite gelesen (wird). Er wird überflogen, durchgeblättert und im günstigsten Fall einer kursorischen Lektüre unterzogen« (Keller 2005: 6). Die Hypovereinsbank geht, dieser Erkenntnis entsprechend, bei der Planung ihres Geschäftsberichts von drei unterschiedlichen Lesergruppen aus (Heisters et al. 2004: 97):

- Flüchtiger Leser (3 Minuten)
- Schneller Leser (10 Minuten)
- Gründlicher Leser (1 Stunde)

Eine klare, aber auch abwechslungsreiche Inhaltsstruktur des Geschäftsberichts bildet die Grundlage, um mit diesem unterschiedlichen Bedürfnissen gerecht werden zu können. Auch formale Abwechslung ist empfehlenswert: Narrative und argumentative (Keller 2005: 6), kurze und ausführliche, dramatische und sachliche Teile sollten sich abwechseln.

2.3 Über Themen und Botschaften zum Textgerüst

Das Lesen dient nicht nur dem Zweck, Zielgruppen kennenzulernen, sondern auch der Bestimmung des leitenden Themas für den Kürteil eines Geschäftsberichts. Die Positionierung des Unternehmens in einem für die Zielgruppen relevanten und öffentlich bekannten Diskurs ergibt die Botschaft des Geschäftsberichts (Stücheli-Herlach/Perrin, in diesem Band). Sie ist dann der Dreh- und Angelpunkt für die inhaltliche Textplanung. Schmidbauer unterscheidet dabei zwischen Dachbotschaften als »übergeordnete Richtgrössen, die ganz oben stehen und alle anderen Aussagen, Themen und Storys unter sich vereinigen« (Schmidbauer et al. 2004: 160), einerseits und der Kernbotschaft als »Hauptaussage […]

und emotionalem Türöffner bei der Ansprache der Zielgruppen« andererseits. »Sika auf Kurs« lautet die Kernbotschaft des Aktionärsbriefs im Bericht 2010. Im Geschäftsbericht des VW-Konzerns bringt der Vorstandsvorsitzende die Sache wie folgt auf den Punkt: »Mit unserem Streben nach Innovation, Perfektion und verantwortungsvollem Handeln wollen wir bis 2018 an der Spitze der Automobilindustrie stehen – ökonomisch und ökologisch.«

Je nach anvisiertem Textumfang bedarf die Textplanung mehrerer dieser konkretisierenden Teilbotschaften im Rahmen einer Dachbotschaft. Im Magazinteil des Volkswagen-Geschäftsberichts 2009 bildeten beispielsweise die Themen »Mensch«, »Umwelt« und »Technik« die übergeordnete Struktur für jeweils vier Beiträge mit spezifischen Botschaften. Mit »Kein Gramm zuviel« ist der Beitrag über die Werkstoffforschung und die Reduktion des Fahrgewichts von VW-Autos betitelt. Die Botschaft der ökonomischen wie ökologischen Marktführerschaft ist damit am konkreten Beispiel ausgeführt worden.

3 Entwerfen: Komponieren für unterschiedliche Leser

Mit der Definition einer Botschaft ist noch kein konkreter Text für einen Geschäftsbericht entworfen. Zwischen der Botschaft und einem Text vermittelt eine Idee: Irgendein Anfang muss gemacht werden. Eine solche Idee »kann man nicht planen, man muss sie einfach erst mal haben. Und dazu braucht es Geduld« (Heintzsch 2008: 208). Der Schriftsteller John Irving beginnt einen Roman beim letzten Satz, daraus ergibt sich für ihn der Plan zum Handlungsablauf von hinten nach vorn (so in einem Interview, »Der Spiegel« 20/2010). Wie auch immer: Es gibt keinen Königsweg vom Plan zur Textrealisation. Manchmal gelingt es spontan und intuitiv, manchmal hingegen nicht ohne Anleihe bei Vorbildern.

3.1 Mit Titeln berühren

Geschäftsberichte ertragen im Sinne des Gebots der Glaubwürdigkeit keine direkte Werbesprache. Damit rückt die Frage nach der angemessenen Tonalität des Textes ins Zentrum. Und die muss in erster Linie auf die anvisierten Zielgruppen zugeschnitten sein: Sie muss zu deren Lebens- und Berufswelt passen. Diesem Kriterium entsprechen direkte Selbstdarstellungsbotschaften (»wir sind …«, »wir haben …«, »bei uns kriegen Sie …«) definitiv nicht.

Dem Dilemma zwischen dem Wunsch nach umfassender Information und dem Zwang, sich im Interesse der Schnellleser kurz zu halten, kann entkommen, wer seinen Text auf mehreren Ebenen anlegt. Die Hauptsache muss schon im Titel vermittelt werden: Dadurch bleibt auch beim Schnellleser etwas hängen. Wer bereit ist, sich mehr Zeit zu nehmen, wird eingeladen, auch den Lead, Lauftext, Infoboxen und Statements zu lesen.

Kein Titel steht für sich allein. Hilfreich ist der Entwurf von Titeln über den ganzen Image- respektive Magazinteil des Geschäftsberichts hinweg. Alle Titel zusammen sollten eine Geschichte erzählen. Wem das gelingt, der hat schon einen guten Teil der Textarbeit getan. Dazu sind Hilfsmittel wie Mindmaps oder Cluster hilfreich. Die frühe Zusammenarbeit mit Gestaltern hilft ebenfalls, den Textentwurf zielorientiert zu bewältigen. Geschäftsberichte und ihre Geschichten bestehen ja nicht nur aus Texten, sondern auch aus Bildern und Layouts. Und das Komponieren einer multimodalen Textpartitur (Stücheli-Herlach/Perrin, in diesem Band) ist immer eine Frage interdisziplinärer Zusammenarbeit.

3.2 Abkehr von der Linearität

Ein Geschäftsbericht mit oft hundert oder mehr Seiten muss Leser nicht nur einladen, er hat sie auch zu belohnen. Die multimodale Komposition muss deshalb auf verschiedenen Ebenen Spannung, Abwechslung und ein rhythmisches Leseerlebnis bieten. Gestalter setzen dazu unter anderem auf bilddominante oder durch groß gesetzte Statements geprägte Einstiegs- und Zwischenseiten (Heisters et al. 2004: 82).

Beispiel

Sika leitet seinen Geschäftsbericht mit dem Hauptthema »Waterproofing« ein, vermittelt auf Seite drei dann einen Kurzüberblick und ergänzt diesen mit einem erweiterten Unternehmensporträt. Der VW-Konzern liefert in seinem Geschäftsbericht 2009 zum Einstieg eine Doppelseite mit Zahlen. Darauf folgt zunächst ein klassisches, textlastiges Inhaltsverzeichnis sowie ein solches mit vier doppelseitigen Bildern. Diese effektvolle »Bildstrasse«, ergänzt durch kurze Titel und knappe, das Unternehmen in der Automobilwelt positionierende Botschaften, führt das Leitthema »Vielfalt erfahren« ein. Für Leseanreize und Belohnungen sorgen im Magazinteil emotionalisierende Beitragstitel, narrative Einstiege sowie zahlreiche Bilder, die mit informativen Legenden versehen sind, welche die Bildaussagen nicht beschreiben, sondern diese ergänzen. Dazu kommen überraschende Zahlenbeispiele, aussagekräftige Zitate von Kunden, Marktpartnern und Mitarbeitenden sowie Links zu weiterführenden Informationsangeboten im Internet.

Bei einem medienkonvergent konzipierten Geschäftsbericht darf das Schreiben nicht als eine linear verlaufende Produktionsform verstanden werden. Wer für dieses Medium schreibt, arbeitet in interdisziplinären Teams, vermittelt dort selber Impulse oder reagiert auf andere, entwickelt Anstösse weiter und integriert verschiedene Stimmen in vielfältige Textpartituren. Dies gelingt umso besser, je eindeutiger die Wirkungsabsichten beschrieben und je besser der Austausch zwischen den beteiligten Professionen wie Schreibern, Grafik- und Informationsdesignern sowie Fotografen funktioniert.

4 Verbessern: Die Zielgruppen sind wichtiger als der Auftraggeber

Wer länger an einem Text gearbeitet hat, verliert leicht die nötige kritische Distanz. Vor allem angesichts knapper Abgabetermine empfiehlt sich der Beizug einer ersten externen Prüfinstanz. Auch wenn die anvisierte Spontanwirkung eines Textes durch die gestalterische Aufbereitung in der Regel noch verstärkt wird, ist das Vorlesen eine gute Prüfmethode. Als Zuhörer eignet sich am ehesten eine zur erweiterten Zielgruppe gehörende Person. Deren Reaktionen zeigen, was der Text auf der kognitiven wie affektiven Ebene auslöst – oder allenfalls eben nicht. Aus der Diskussion über diese Reaktionen können dann wertvolle Hinweise zur Optimierung in struktureller oder formulierungstechnischer Hinsicht gewonnen werden.

Als nächste Prüfinstanz ist eine professionell schreibende Person zu empfehlen. Von ihr dürfen qualifizierte Rückmeldungen zur medien- und textsortenadäquaten Wirkung, aber auch zur sprachlichen Detailgestaltung erwartet werden. Mit Vorteil wird also der Auftraggeber nicht zu früh als Prüfinstanz einbezogen. Er neigt rollenbedingt dazu, den Selbstdarstellungsbotschaften besonderes Gewicht zu verleihen. Das kann zu Interventionen zulasten der Attraktivität des Textes für die Zielgruppen führen.

Die in diesem Beitrag erwähnten Beispiele aus Geschäftsberichten zeigen: In diesem Medium kommt ein breites Spektrum an Textsorten zur Anwendung – erst recht, wenn auch Zielgruppen über den Kreis der Financial Community hinaus ins Visier genommen werden. Bei aller Vielfalt sollte dabei das Ziel der Glaubwürdigkeit nicht aus den Augen verloren werden. Übergeordnete Kriterien der Textoptimierung sind deshalb unabdingbar. Reinmuth schlägt dazu vor, die Qualität von PR-Texten und somit auch jene von Geschäftsberichten anhand von vier Glaubwürdigkeitsfaktoren zu ermitteln (Reinmuth 2009: 135 ff.):

- Verständlichkeit/Rezeptionsfreundlichkeit: Textlänge, Satzzeichen und Satzbau, Fachterminologie, Metaphorik, Narrativität
- Kompetenz: sprachliche Korrektheit, Detailgrad, Wortschatz
- Objektivität/Aufrichtigkeit: Detailgrad, Verzicht auf Übertreibungen, Euphemismen und Floskeln
- Sympathie/Attraktivität: Personalisierung, Textduktus

Fazit

- Geschäftsberichte sind vorgeschriebener Teil der Unternehmenskommunikation bei börsennotierten Firmen. Sie bieten gleichzeitig die Chance einer Kommunikation nicht nur mit der Financial Community, sondern auch mit weiter gefassten Zielgruppen.
- Je weiter die Zielgruppen für einen Geschäftsbericht gefasst werden, desto anspruchsvoller werden Konzeption, Textplanung und -produktion in dafür nötigen interdisziplinären Teams.
- Geschäftsberichte werden zielgruppenspezifisch rezipiert, von Schnelllesern wie auch von breiter Interessierten. Dem müssen die inhaltliche Struktur und Dramaturgie sowie die Gestaltung einzelner Beiträge Rechnung tragen.
- Angesichts einer grossen Vielfalt an visuellen und sprachlichen Darstellungsformen darf das Ziel der Glaubwürdigkeit des Unternehmens nicht vergessen gehen. Zur Überprüfung von Texten eignet sich der Beizug von Vertretern der Zielgruppen selber.

Übers Schreiben lesen

http://www.ckdtconsulting.ch/geschaeftsbericht-von-morgen/
Ein Blick in Gegenwart und Zukunft von einer Agentur, die auf Geschäftsberichte und ähnliche Publikationen spezialisiert ist und unter anderem für die Schweizer Unternehmen Swisscom und Migros arbeitet.

http://www.phil-fak.uni-duesseldorf.de/uploads/media/Handreichung_Die_Sprache_des_Geschaeftsberichts.pdf
Praktische Tipps eines Universitätsprofessors zur Planung und Optimierung von Texten für Geschäftsberichte (inkl. Checkliste).

Literatur

Heintzsch, C. (2008): Radio für Kopf und Bauch oder Wie Funkspots entstehen, die nicht nur ins Ohr gehen, sondern auch drin bleiben. In: Winter, J. (Hrsg.): Handbuch Werbetext. Von guten Ideen, erfolgreichen Strategien und treffenden Worten. Frankfurt am Main, S. 207–228.

Heisters, V./Leu, O. (2004): Geschäftsberichte richtig gestalten. Wie Sie Ihre Finanzkommunikation professionell visualisieren – Das Praxishandbuch. Frankfurt am Main.

Keller, R. (2005): Die Sprache des Geschäftsberichts. Eine kurz gefasste Handreichung zur Optimierung von Texten. Düsseldorf.

Keller, R. (2009): Sprache der Geschäftsberichte: Was das Kommunikationsverhalten eines Unternehmens über dessen Geist aussagt. In: Moss, Ch. (Hrsg.): Die Sprache der Wirtschaft. Wiesbaden, S. 19–44.

Palli, M. C. (2004): Wertorientierte Unternehmensführung. Konzeption und empirische Untersuchung zur Ausrichtung der Unternehmung auf den Kapitalmarkt. Wiesbaden.

Reinmuth, M. (2009): Vertrauen und Wirtschaftssprache: Glaubwürdigkeit als Schlüssel für erfolgreiche Unternehmenskommunikation. In: Moss, Ch. (Hrsg.): Die Sprache der Wirtschaft. Wiesbaden, S. 127–146.

Schlierer, H.-J. (2004): Kulturspezifische Stilmerkmale deutscher und französischer Geschäftsberichte. Eine kontrastive Analyse. St. Ingbert.

Schmidbauer, K./Knödler-Bunte, E. (2004): Das Kommunikationskonzept. Konzepte entwickeln und präsentieren. Potsdam.

Winter, J. (2008): Handbuch Werbetext. Von guten Ideen, erfolgreichen Strategien und treffenden Worten. Frankfurt am Main.

Mit Worten streiten – und über sie

Schreiben für die Politikkommunikation

Peter Stücheli-Herlach

Schreiben und Politisieren gehören zusammen: Der Streit über verbindliche Regeln und ihre Umsetzung ist in der Demokratie nicht nur ein Streit mit Worten, sondern auch über sie (1.). Die Planung politischer Texte orientiert sich an eingespielten sprachlichen Mustern der Thematisierung, der Deutung und der Beurteilung politischer Sachverhalte (2.). Für den Textentwurf braucht es Formen des Erzählens zur Vermittlung politischer Programme und Formen der Argumentation für deren Begründung und Verteidigung (3.). Die Verbesserung vorliegender Textentwürfe folgt den Kriterien des Adressatenbezugs und der Profilierung einer Position in einem Meinungsstreit, der sich über verschiedene Phasen erstreckt (4.).

Schlüsselbegriffe: Demokratie, Politik, politisches Programm, Emblem, Metaphern, Marker, Policy Issue Paper, Diskurskoalition, Fahnenwörter, Schlagwortnetz, Storyline, Argumentationsmanagement, FAQ-/Q&A-/NQ-Papier

1 Grundlagen: Demokratische Kommunikation

Reden, Schreiben und Politisieren gehören in einer Demokratie zusammen. Besonders offensichtlich ist diese Tatsache dann, wenn Amtsträger im Nachgang zu Betrugsvorwürfen, sexuellen Affären oder hitzigen Parlamentsdebatten einzelne ihrer Äusserungen öffentlich erklären, begründen oder entschuldigen müssen: Das gezielte Schreiben von Statements und Medienmitteilungen ist dann eine politische Schicksalsfrage. Sie wird nicht nur *mit*, sondern auch *anhand* von Worten entschieden.

Je demokratischer der politische Prozess ausgestaltet ist, desto mehr bezieht sich der Streit nicht nur auf die Sache, sondern auch auf die Art der Kommunikation über sie. Politische Begriffe und Neuprägungen sind deshalb ein wichtiges Thema in Zeitungsspalten, Werbemedien und Webforen; sie werden gezielt lanciert, attackiert, demontiert und neu aufgelegt. Da geht es nicht nur um den einen oder anderen »Ruck« aus Berlin, wie ihn der damalige Bundespräsident Roman Herzog in einer Rede im Jahr 1997 gefordert hatte, sondern auch um den Sinn der »sozialen Marktwirtschaft«, um die Bedeutungen des Wortes »Sicherheit«, um die Reformbedürftigkeit von »Hartz IV« oder den Erfolg der »Agenda 2010« (Wengeler 2005).

1.1 Politisches Wort und politische Tat

Der Streit mit Worten ist also immer auch ein Streit *um* Worte – und genau das ist ein Wesenskern der politischen Kommunikation in einer Demokratie (Lübbe 1975). Deren Grundlage ist der ständige Zwang, Begründungen für politisches Handeln zu liefern und um Zustimmung zu diesen Gründen zu werben (Sarcinelli 1998). Dass Politiker also Schriftsteller und Schriftsteller Politiker sein könnten: Dieser Zusammenhang sei geradezu »der Kern der Sache«, hatte der deutsche Publizist und Politikwissenschaftler Dolf Sternberger einmal resümiert (Sternberger 1967: 130). Den Beweis für die Richtigkeit seiner Behauptung fand Sternberger nicht nur im Wirken von ebenso tatkräftigen wie wortmächtigen Politikern wie Winston Churchill, Charles de Gaulle und John Fitzgerald Kennedy. Er zog zwischen politischer Sprache und politischem Entscheiden auch inhaltliche Parallelen. So seien die Orientierung an Normen und das Erfordernis der Disziplin Gemeinsamkeiten zwischen dem politischen Wort und der politischen Tat.

1.2 Schreiben und Handeln in drei Dimensionen

Politik ist das soziale System, durch das kollektiv verbindliche Entscheidungen für die Gesellschaft vorbereitet, gefällt und umgesetzt werden. Dieses System lässt sich beschreiben in den drei Dimensionen der Normen und institutionellen Strukturen (der »Polity«), der inhaltlich definierten Anliegen, Handlungsfelder und »Ressorts« (der »Policy«) sowie der Prozesse, in denen interessengeleitete Akteure untereinander Konflikte austragen und lösen (den »Politics«) (Meyer 2010). Schreiben in der Domäne der Politik ist also ein Schreiben über politische Regeln, Inhalte und Prozesse sowie eine schreibende Einflussnahme auf sie. So können sich Texte auf Normen beziehen, indem sie solche festlegen (»regulative« Sprachhandlungen) oder deren Änderung fordern (»poskative« Sprachhandlungen). Texte können sich auf Inhalte beziehen, indem sie für konkrete Anliegen werben (»informativ-persuasive« Sprachhandlungen), oder sie können sich auf Prozesse beziehen, indem sie vor allem auf Einigungs- und Integrationswirkungen hin geplant, entworfen und verbessert werden (»integrative« Sprachhandlungen) (Girnth 2002: 38 ff.)

Politisches Schreiben ist also ein Strukturieren und Regeln, ein Informieren und Überzeugen, ein Anbieten und Inszenieren politischer Themen. Entsprechend vielfältig sind die Kommunikationsformen, die Textsorten und der Gebrauch des zur Verfügung stehenden Wortschatzes (Klein 1998a, 2000 und 2005). Um diese Komplexität bewältigen und mit diesen vielfältigen Mitteln in der politischen PR wirkungsvoll arbeiten zu können, ist ein Schreiben mit System unabdingbar: das heisst ein kollaboratives, innovatives und flüssiges Arbeiten mit Textplattformen und entsprechenden strategischen Kernbotschaften (Stücheli-Herlach/Perrin, in diesem Band). Grundlagen für den Umgang mit den spezifischen Eigenheiten der Domäne der Politik hat neben der »Politolinguistik« (Burkhardt 1996) auch die Politikwissenschaft im Zuge ihrer »argumentativen Wende« erarbeitet und verfeinert (Fischer/Forester 1993) – nachdem sie erkannt hatte, dass Politik und Sprache nicht voneinander zu trennen sind (»Public policy is made of language«, Majone nach Fischer/Forester 1993: 1). Über Politik und für die Politik zu schreiben, heisst also nicht nur, sich mit technischen, soziologischen oder statistischen Sachverhalten auseinanderzusetzen. Es heisst in erster Linie, sich mit politischen Diskursen zu beschäftigen und die Kommunikation mittels Erzählungen, Argumentationen und Metaphern erfolgversprechend zu gestalten (Fischer 2003; Viehöver 2006) – also ein Public Storytelling-Management zu betreiben (Stücheli-Herlach/Perrin, in diesem Band).

2 Planen: Politik programmieren

2.1 Programme beschreiben

Kollektiv verbindliche Entscheide fallen aufgrund des Problemdrucks, unter dem das politische System steht, wenn sich in seinem sozialen, wirtschaftlichen, ökologischen oder rechtlichen Umfeld neue Entwicklungen ergeben. Dann werden politische Programme (»Policies«) entworfen und umgesetzt, also beispielsweise eine Verkehrs-, eine Altersvorsorge-, eine Sicherheits- oder eine Finanzpolitik. Solche Programme schreiben aufgrund einer bestimmten Problemlage bestimmte Ziele, Massnahmen und Zuständigkeiten fest und definieren spezifische Steuerungsmittel und Erfolgskriterien (Blum/Schubert 2009). Das Schreiben für die politische PR ist deshalb zunächst einmal ein Aufschreiben, Beschreiben, Fortschreiben und Umschreiben solcher politischer Programme. Die Herausforderung besteht darin, Informationen unterschiedlicher Herkunft und Beschaffenheit sowie Daten aus sozial-, wirtschafts-, umwelt- und technikwissenschaftlichen Stu-

Tabelle 1 Inhaltliche Struktur eines Policy Issue Papers nach Dunn 2004: 476 f., in eigener Zusammenfassung, Formulierung und Darstellung; die Struktur ist stark gestrafft auch für die kürzere Form des Policy Memorandums verwendbar

Auftraggeber:		Autor/-in:	Datum:
Thema und Fazit: Kurze Zusammenfassung:			
Das Problem, das wir lösen wollen.	▪ Auslöser und Anlässe ▪ Überblick ▪ bisherige Massnahmen und ihre Ergebnisse ▪ Thema, Ausmass und Relevanz des neuen Problems ▪ zu klärende Fragen ▪ zusammenfassende Diagnose	**Der Antrag, den wir stellen.**	▪ beantragte Regelungen ▪ behördliche Organisation ▪ Aktionspläne (Steuerung, Budgetierung, Priorisierung) ▪ Evaluationskriterien und -methode
Das Programm, das wir planen.	▪ Ziele ▪ Alternativen ▪ Akteure (Politiknetzwerk) ▪ angestrebte Effekte ▪ Nebenwirkungen ▪ Machbarkeit	**Die Informationen, die Sie benötigen (Anhang).**	▪ Gesetzesvorschläge ▪ Stellungnahmen ▪ Studien ▪ …

dien inhaltlich zu strukturieren, sie dann übersichtlich zusammenzufassen, dabei fachsprachlich vermittelte Informationen in die Sprache der Zielgruppen zu übersetzen und komplexe Zusammenhänge vereinfachend darzustellen, sie allenfalls auch zu visualisieren (Dunn 2004: 432 f.).

Dafür stehen Textsorten unterschiedlicher Länge zur Verfügung; die wichtigsten sind das – umfangreichere und auf langfristigere Analyse ausgerichtete – Policy Issue Paper sowie das – knapper gehaltene, kurzfristiger erstellte – Policy Memorandum (Dunn 2004: 436 ff., siehe auch Tab. 1).

2.2 Diskurskoalitionen entwickeln

Kollektiv verbindliche Entscheide fallen aber nicht nur aufgrund von Programmen, die auf wissenschaftlichen Analysen und institutionellen Beratungen aufbauen. Sie sind in sprachlich vermittelte Diskurse eingebettet – und diese Diskurse prägen die politische Programmierung selber. So haben Forschungen der argumentativen Politikwissenschaft gezeigt, dass wissenschaftlich beschreibbare Phänomene wie kranke Bäume, Temperaturanstiege auf der Erde oder wachsende soziale Ungleichheiten nicht allein zu politischen Auseinandersetzungen und Entscheiden führen. Vielmehr sind es diskursive Embleme und sie konstituierende Metaphern und Erzählverläufe wie der »saure Regen«, der »Klimawandel« oder die »Globalisierung«, die Handlungswillen und Handlungsfähigkeit in der Politik erzeugen (Fischer 2003: 94 ff.). Durch die wiederholte Verwendung solch typischer Sprech- und Schreibmuster (auch »Marker« genannt) entstehen Diskurskoalitionen, die kollektiv verbindliches Entscheiden ermöglichen (Viehöver 2006; Hajer 2008).

2.3 Vier politische Diskurse

Schreiben für die politische PR heisst demnach auch, Diskurskoalitionen zu entwickeln. Wenn bei der Schreibplanung also in einem ersten Schritt Textelemente mit Kommunikationspotenzial identifiziert werden müssen (»Message Design«, siehe Stücheli-Herlach/Perrin, in diesem Band), so geht es konkret um »Marker« politischer Diskurse in Form beispielsweise von Metaphern, Schlagworten und argumentativen »Gemeinplätzen«, die für bestimmte politische Sichtweisen und ihre Anhängerschaften typisch sind.

Dabei sind vier unterschiedliche politische Diskurse und ihre »Marker« zu analysieren (Fischer 1995 und 2003: 191 ff.): Bei den Diskursen über die *problembezogene Bewertung* und die *systemische Rechtfertigung* von Politik geht es um übergeordnete Zielvorstellungen und um Werte, in deren Lichte Tatsachen als Missstände und dagegen gerichtete Massnahmen als gesellschaftlich gerechtfertigt erscheinen. Bei den Diskursen über die *situative Geltung* und den *technischen Nachweis* von Politik geht es um die Voraussetzungen und die Mechanismen der Umsetzung von Handlungsprogrammen, also um Ressourcen, Instrumente, Kompromisse und Ausnahmen. Im Fallbeispiel der Politik für eine Tempo-30-Zone in einem Wohnquartier kann eine so strukturierte Diskursanalyse zu einem Ergebnis führen, wie es Tabelle 2 zeigt.

Bei der Selektion der erfolgversprechenden Textelemente werden sich Schreibende besonders auf Hochwert- beziehungsweise Fahnenwörter konzentrieren, welche eine Rolle als diskursive »Marker« spielen (Klein 2005: 132 ff.). Solche Hochwert- beziehungsweise Fahnenwörter erfüllen gleichzeitig die Funktion der Bezeichnung von Sachverhalten, des Ausdrucks von Bewertungen und des Appells an Adressaten. Sie sind deshalb gut dafür geeignet, als Kristallisationspunkte von Argumentationslinien zu dienen (Klein 2005: 128 und 135). Solche Hochwert-beziehungsweise Fahnenwörter wären in unserem Beispiel »gefährdete Kinder«,

Tabelle 2 Diskurse, Leitfragen und Identifikation diskursiv eingespielter Muster der Thematisierung, der Deutung und des Urteilens (»Marker«) am Beispiel einer Tempo-30-Zone (nach Fischer 1995 und 2003: 193 ff., eigene Übersetzungen, Ergänzungen und Beispiele)

Diskurs	Leitfragen	Thematisierungs-, Deutungs-, Urteilsmuster
Problembezogene Bewertung	Worin bestehen die Probleme und wie sind sie aus ideologischer Sicht zu beurteilen? Warum muss der Staat handeln? Wie lässt sich die Dringlichkeit staatlichen Handelns begründen?	▪ Unfälle, Lärm und Abgase gefährden die Sicherheit und die Lebensqualität ▪ benennbare und nachprüfbare Ereignisse mit angefahrenen Kindern oder durch die Polizei gestoppte nächtliche Rasereien
Systemische Rechtfertigung	Warum passt das Vorhaben in die gesellschaftliche (ideologische, rechtliche, politische) Ordnung? Inwiefern ist der Nutzen höher als die Kosten?	▪ Verfassungsauftrag des Schutzes von Leib und Leben ▪ Vorsorgeprinzip der Umweltschutzgesetzgebung ▪ ethische Norm des friedlichen Nebeneinanders der Verkehrsteilnehmer
Situative Geltung	Welche Voraussetzungen bestehen für eine erfolgreiche Umsetzung? Welche Ausnahmen/Kompromisse sind nötig?	▪ bestehender gesetzlicher Handlungsspielraum und erfolgreiche Vorzeigeprojekte für Tempobeschränkungen (vorbildhafte Städte bzw. Quartiere)
Technischer Nachweis	Wie werden die Massnahmen umgesetzt? Was bewirken sie bei den Adressaten? Gibt es effizientere/effektivere Alternativen? Wie wird der Erfolg festgestellt?	▪ typische Erscheinungsform umgestalteter Strassen (mit Schwellen, Bäumen, Signalisationen usw.) ▪ Stellungnahmen von Automobilisten und Anwohnenden zu den Erfahrungen mit der neuen Regelung

»Lebensqualität«, »Schutz von Leib und Leben«, »Sicherheit«, »vernünftige Lösungen« und »nachhaltige bzw. wirksame Massnahmen«: Es sind sprachliche Kristallisationskerne einer Diskurskoalition für Tempo-30-Zonen.

2.4 Politische Narration und Argumentation

Die politische Schreibplanung findet nun ihre Fortsetzung in der Entwicklung einer narrativen und argumentativen Basis für die späteren Texte. Die narrative Basis ergibt sich aus dem Zusammenhang diskursiver Elemente, die jeweils für eine problembezogene Bewertung, eine systemische Rechtfertigung, eine situative Geltung und den technischen Nachweis eines politischen Vorhabens stehen: »Erzählbar« soll ja der Zusammenhang werden, der zwischen einer bestimmten Problemsicht, einer Handlungslegitimation, einer Handlungssituation und einer Problemlösung besteht. In Bezug auf das genannte Beispiel heisst dies, dass nur jene den Autolärm in einem Wohnquartier als Problem wahrnehmen, die auch an die Notwendigkeit und an die Möglichkeit von dessen Behebung glauben. Und die Konstruktion genau dieses Zusammenhangs ist das einigende Merkmal ihrer Diskurskoalition.

Insgesamt soll die »*Policy Story*« aus einer dreiteiligen Storyline bestehen, die von problematischen Zuständen, politischen Interventionen und daraus resultierenden gesellschaftlichen Auswirkungen erzählt (Fischer 2003: 161 ff.). Dabei sollte die Storyline die politischen Sachverhalte adäquat schildern, als wahrscheinlich einschätzbare Zusammenhänge zwischen Ursachen und Wirkungen konstruieren und das Handeln der Akteure als verlässlich erscheinen lassen. Die Storyline für das Anliegen einer Tempo-30-Zone wird deshalb kaum die folgende Form annehmen: »Um die Lebensqualität zu erhalten, müssen sofort Tempobeschränkungen dekretiert und damit Autofahrer zu vernünftigerem Handeln erzogen werden.« Vielmehr wird sie wie folgt lauten: »Die Stadt XY soll sich für die gefährdeten Kinder stark machen. Mit der Schaffung einer Tempo-30-Zone nach dem Vorbild anderer Städte schützt sie Leib und Leben aller Bewohner und steigert deren Lebensqualität.«

Schliesslich gilt es, eine argumentative Basis für eine solche Storyline zu entwickeln. In der Domäne der Politik ist diese Aufgabe im Rahmen der Entwicklung von Kernbotschaften (Stücheli-Herlach/Perrin, in diesem Band) von entscheidender Bedeutung. Nur argumentativ gestützte Kommunikationsbeiträge erfüllen die »Begründungspflicht«, welche die Demokratie den Akteuren politischer Kommunikation auferlegt (Sarcinelli 1998).

Politische Botschaften sind entsprechend nicht nur das Produkt eines Public Storytelling-Managements (Stücheli-Herlach/Perrin, in diesem Band), sondern auch eines ergänzenden politischen Argumentationsmanagements. Dessen Aufgabe besteht darin, die arbeitsteilige Stützung, Erklärung und Verteidigung politischer Storylines zu koordinieren und sie in Gang zu halten. Dabei ist weder eine an wissenschaftlichen Normen orientierte Rationalität das Ziel, noch geht es nur um das Antrainieren rhetorischer Schlagfertigkeit. Argumentationsmanagement meint, die »diskursive Tendenz« (Wohlrapp 1995) von Kommunikationsangeboten einer Organisation zu überprüfen und nach Möglichkeit zu fördern. Diese diskursive Tendenz ist umso stärker, je häufiger und je expliziter die Kommunikationsbeiträge der Organisation Antworten auf die »Geltungsfrage« enthalten – je weniger sie also nur der Unterhaltung, der reinen Sachinformation oder der Selbstdarstellung dienen (Wohlrapp 1995: 399 f.). Die Geltungsfrage gilt dabei als umso besser beantwortet, je weniger inhaltliche Lücken und Widersprüche die Kommunikationsbeiträge aufweisen (Wohlrapp 1995: 399 f.).

Allerdings ist das schriftliche Argumentieren, dem in der politischen PR-Arbeit eine so entscheidende Bedeutung zukommt, mit besonderen Herausforderungen verbunden (Graefen 2003: 49; van Eeemeren et al. 2002: 157 ff.; Trautmann 2001: 187 ff.). Denn Argumentieren fällt dann leicht, wenn die mündliche Kommunikationssituation dazu führt, dass auf Lücken und Widersprüche hingewiesen wird und dass diese sofort bearbeitet werden können. Beim Schreiben für die PR ist das nicht möglich: Lücken und Widersprüche müssen vielmehr vorgängig identifiziert werden, sie werden dabei gerade durch den Prozess des Schreibens auch immer wieder von neuem hergestellt.

Diesen Nachteilen des argumentativen Schreibens stehen auch Vorteile gegenüber. Die Entwicklung von Textplattformen mit sowohl narrativen wie argumentativen Elementen erlaubt es nämlich, Inhalt, Struktur, Reihenfolge und Formulierung der Argumentation für den späteren Gebrauch sorgfältig zu planen, zu entwerfen und zu verbessern (Graefen 2003: 49). Dabei werden besonders die logischen Zusammenhänge, die Verständlichkeit, der Bezug zu (politischen) Konflikten und zu den Dialogpartnern berücksichtigt (van Eeemeren et al. 2002: 157 ff.). Ein geeignetes Mittel dafür sind grafisch aufbereitete Analysen in Form von Argumentations-»Bäumen« (van Eeemeren et al. 2002: 157 ff.). Diese »Argumentativität zweiter Stufe«, also die vorbereitende, verbessernde, vertiefende, präzisierende, inhaltlich erweiternde Argumentativität (Graefen 2003: 50), die sich beim Schreiben von Textplattformen realisieren lässt, erlaubt es, Argumentationserfahrung von Mitgliedern einer politischen Organisation und aus der laufenden politischen Kommunikation für das Schreiben politischer PR-Texte zu nutzen.

Die schriftliche Entwicklung einer Argumentation und ihrer einzelnen Komponenten gelingt, wenn eine politische Storyline als eine Kette von Thesen gelesen wird, für die nun Erklärungen und Begründungen zu definieren sind. Ziel ist es, den Zusammenhang der Storyline und ihrer Begründungen sowohl »in sich« als auch in ihrem Bezug zum kommunikativen Umfeld kohärent zu gestalten. Kriterium dafür ist die Schlüssigkeit beziehungsweise »Triftigkeit« *(soundness)* der Argumentation (van Eemeren et al. 2002: 91 ff.). Ein geeignetes Modell dafür ist das Argumentations-»Layout« von Toulmin (2003) in einer durch Brinker (2001: 74 ff.) ergänzten Form. Demnach wird eine These mit einem Argument begründet; die Konstruktion des Zusammenhangs zwischen der These und dem Argument folgt dabei einem bestimmten argumentativen »Schema« (van Eemeren et al. 2002: 91 ff.) beziehungsweise einem argumentativen »Muster« in Form einer logisch nachvollziehbaren »Schlussregel« (Kienpointner 1996: 73 ff.). Um die so konstruierte Argumentation in ihrem Kontext verständlich zu machen und zu begründen, können Einbettungen, Stützungen sowie Hinweise auf eine Wertebasis beigefügt werden. Im Beispiel der Textplattform für das Anliegen einer Tempo-30-Zone könnte die Argumentation also wie folgt entwickelt werden:

Tabelle 3 Argumentative Basis für die politische PR zugunsten einer Tempo-30-Zone (nach Brinker 2001 und Kienpointner 1996, mit eigenen Beispielen)

	Faktenbehauptungen	**Normative Behauptungen**	**Bestätigung von Diskurspositionen**	**Widerlegung von Diskurspositionen**
Thesen	Mit einer Tempo-30-Zone im Quartier YZ schützt die Stadt Leib und Leben der Bewohner, …	Die Stadt XY soll sich für gefährdete Kinder starkmachen, …	Wie Bürgerpetitionen zeigen, ist die Tempo-30-Zone dringlich, …	Es stimmt nicht, dass Tempo-30-Zonen die Automobilisten benachteiligen, …
Argumente *inkl. Argumentationsmuster*	… denn diese Massnahme reduziert die Unfallgefahr auf der Strasse. *(Mittel-Zweck-Muster)*	… denn sie leben auch in dieser Stadt und werden ihre Zukunft prägen. *(Einschlussmuster)*	… denn die Zahl der Unfälle ist in letzter Zeit angestiegen. *(Beispielmuster)*	… denn die Tempobeschränkung ist ein verkraftbarer Beitrag für die Sicherheit aller. *(Überordnungsmuster)*
Stützungen	Unfallstatistiken zu bereits realisierten Tempo-30-Zonen	Untersuchungen über die Bedeutung des Spielens und des sozialen Umfelds für eine gesunde kindliche Entwicklung	Polizei- und Medienberichte	Entsprechend argumentierende Stellungnahmen von Automobilverbänden
Einbettungen	Beschreibung von bekannten Pilotprojekten in anderen Städten	Diskussionsbeiträge über Geburtenraten, Zu- und Wegwanderung aus der Stadt X	Hinweis auf besonders tragische Unfälle	Erzählungen von Autofahrern, die sich im Alltag auch als Fussgänger bewegen
Wertebasen	Leben als höchstes ethisches Gut	Verantwortung für die nächste Generation	Demokratische Responsivität der Behörden	»Goldene Regel« und gegenseitiger Respekt im Strassenverkehr

3 Entwerfen: Das Spiel von Frage und Antwort

Beim Entwurf von politischen Texten spielen argumentative Textsorten eine vergleichsweise wichtige Rolle: Der Wechsel von Frage und Antwort, Kritik und Rechtfertigung, Forderung und Nachgiebigkeit, wie er für die Demokratie typisch ist, findet auf diese Weise beim Schreiben für die PR seinen Niederschlag. Von zentraler Bedeutung sind die Textsorten des Argumentariums, des FAQ-Papiers (»Frequently Asked Questions«), der Kurzpräsentation in Wort und Bild (»Factsheets«) sowie des Q&A-Papiers beziehungsweise des NQ-Papiers (»Questions and Answers«; »Nasty Questions«).

3.1 Argumentarium

Bei einem Argumentarium handelt es sich um einen Text, welcher eine politische Position, ein politisches Projekt oder Anliegen in der ganzen inhaltlichen Breite präsentiert, dabei jedoch – im Unterschied zu einem Policy Issue Paper und einem Policy Memorandum – vor allem auf die in der Öffentlichkeit geäusserten Fragen und Bedenken eingeht, auf abweichende Positionen Bezug nimmt und Kritik zu widerlegen versucht. Damit erfüllt diese Textsorte im Unterschied zu einem Policy Issue Paper weniger die Funktion, Politik zu steuern oder eine bestimmte Politik zu fordern. Vielmehr dient sie dazu, eine politische Position in informativer Weise darzustellen und für sie zu werben.

Die Struktur eines Argumentariums kann auf verschiedene Weise gestaltet werden – je nachdem, in welchem Medium es publiziert oder für welche Kommunikationssituation es geschrieben wird. Möglich ist zunächst eine Mischform zwischen Policy Issue Paper und einem Argumentarium. Dabei werden die wichtigsten Inhalte des Issue Papers zusammengefasst, wobei die ausformulierte Storyline den roten Faden dafür abgeben sollte. In übersichtlicher Form, beispielsweise als Liste, werden dann die Hauptargumente für die Politik in den vier Diskursen angefügt.

Möglich ist aber auch die Strukturierung eines Argumentariums nach Massgabe des Interesses einzelner Zielgruppen. In diesem Fall werden zunächst Fragen und Einwendungen einzelner Zielgruppen wie der Behörden, wichtiger Parteien, bestimmter Interessenverbände, Unternehmen oder Bürgerinitiativen explizit gemacht. Daraufhin werden sie der Reihe nach beantwortet, wobei jede Antwort zusätzlich erläutert und begründet werden muss. Von Bedeutung ist, dass keine wichtigen Akteure eines Politikfeldes vergessen gehen: Es sollten also die Fragen und Einwendungen sowohl von Adressaten der Politik wie auch von Benachteiligten, Begünstigten und Betroffenen aufgelistet werden (Blum/Schubert 2009: 52 ff.; Bussmann et al. 1997: 62 ff. und 139 ff.)

Beispiel

Tabelle 4 Auszug aus einem Argumentarium des Verbandes Schweizerischer Elektrizitätsunternehmen (VSE) (www.stromzukunft.ch) (letzte Abfrage Dezember 2010)

»Behauptung 6: ›Atomreaktoren sind höchst riskant‹
Die Tschernobyl-Katastrophe hat deutlich gemacht, dass Atomkraftwerke gefährlich sind. Immer wieder kommt es zu brenzligen Situationen, beispielsweise im schwedischen Atomkraftwerk Forsmark: Als dort im Juli 2006 der Notstrom ausfiel und alle Anzeigen im Kontrollraum erloschen, befand sich die Reaktormannschaft im Blindflug. Haarscharf nur segelte sie an einer Katastrophe vorbei.
Argumente

- In der westlichen Welt ist bei der friedlichen Nutzung der Kernenergie noch nie ein Unfall passiert, bei dem Mensch oder Umwelt ausserhalb einer Anlage zu Schaden gekommen sind. Wichtig ist aber, dass diese Sicherheitskultur immer wieder überprüft und gelebt wird. In den letzten Jahrzehnten hat die Zuverlässigkeit der Kernkraftwerke weltweit weiter zugenommen, unter anderem auch dank vieler Modernisierungen der Anlagen.
- Der zur Sowjetzeit konzipierte Kraftwerkstyp von Tschernobyl unterscheidet sich fundamental von denjenigen in der westlichen Welt. Wegen ihrer gravierenden Sicherheitsmängel wären solche Anlagen hier niemals bewilligt worden. (…)
- Der Vorfall im schwedischen Kernkraftwerk Forsmarkt im Sommer 2006 bedrohte Mensch und Umwelt nicht. Er entsprach der zweittiefsten Stufe der internationalen Bewertungsskala (…)«

3.2 FAQ-Papier

Ein FAQ-Papier (»Frequently Asked Questions«) stützt sich sowohl auf die narrativen wie auch auf die argumentativen Strukturen der Textplattform. Auf Fragen wie »Worum geht es?« oder »Worin besteht das Anliegen Ihrer Organisation?« kann in dieser Textsorte mit der Ausführung der Storyline sowie mit dazugehörenden Erläuterungen, Vertiefungen und Ergänzungen geantwortet werden. In digitalen Medien empfiehlt sich die Verlinkung zu weiterführenden Informationen. Auf kritische Fragen zu einzelnen Elementen der Politik (»Ist das Anliegen nicht viel zu riskant?«) kann mit Ausformulierungen der auf der Textplattform bereitgestellten Argumente geantwortet werden.

Beispiel

Tabelle 5 Auszug aus einem FAQ-Papier des Verbandes Schweizerischer Elektrizitätsunternehmen (VSE) (www.stromzukunft.ch) (letzte Abfrage Dezember 2010)

»Geht uns bald der Strom aus?
Stromkapazitäten Nein, so schnell geht es nicht. Die Schweiz ist eng verknüpft mit dem europäischen Stromnetz. Dank des internationalen Stromaustauschs können regionale Engpässe und Überschüsse aufgefangen werden. Ab dem Winterhalbjahr 2018 rechnet der Bund allerdings mit einer Stromknappheit in der Schweiz. Ab diesem Zeitpunkt … usw.«

3.3 Q&A-Papier und NQ-Papier

Ein Q&A-Papier (»Questions and Answers«) schliesslich entsteht im fortschreitenden Prozess politischer Kommunikation einer Organisation. Mitwirkende sammeln laufend Fragen, Zweifel, Kritik und Verurteilungen aus dem Publikum und der politischen Gegnerschaft. Gezielt können auch besonders kritische, böswillige oder provokative Fragen gesammelt und bearbeitet werden (NQ-Papier, »Nasty Questions«). Im Rahmen des Argumentationsmanagements werden dann im Zusammenspiel von Fach-, Kommunikations- und Leitungsverantwortlichen entsprechende Argumentationen entwickelt beziehungsweise weiterentwickelt. Auf dem Q&A- beziehungsweise dem NQ-Papier sind die gesammelten Einwände sowie die dazugehörenden Argumente der Organisation in knapper, eindeutiger Form aufgelistet.

4 Verbessern: Arbeit an der Sprache und im politischen Prozess

Sind Texte für die politische PR einmal entworfen, so sind auch Verbesserungen sowohl im Laufe des Schreibprozesses wie auch im Laufe des politischen Entscheidungsprozesses möglich. Letzteres geschieht insbesondere unter Rückgriff auf die Textplattform der politischen Organisation, die im Verlauf von PR-Prozessen laufend weiterentwickelt werden kann (Stücheli-Herlach/Perrin, in diesem Band).

4.1 Sprachstrategische Verbesserungen

Kriterien für die Optimierung von Formulierungen für die politische PR können sich an unterschiedlichen »Strategietypen« orientieren, wie sie Klein (1998b) identifiziert hat. Am wichtigsten ist dabei die Berücksichtigung der »Basisstrategien« der Adressatenorientierung, der Auf- beziehungsweise der Abwertung und der Mediengerechtigkeit. So werden Texte zu den bereits genannten Beispielen der Tempo-30-Zonen oder der Stromversorgungspolitik nicht den Duktus und die Begrifflichkeit von fachwissenschaftlichen Texten aus Strassenbau, Unfallpsychologie, Physik und Volkswirtschaftslehre übernehmen. Vielmehr wird man sich einer einfachen, knappen, möglichst auch bildlichen und personalisierten Sprache bedienen (Klein 1998b: 377). Da es im System der Politik um Entscheidungen zwischen Alternativen geht, ist darauf zu achten, dass die Alternativen möglichst klar und in einer Weise benannt werden, welche die Präferenz der Schreibenden zum Ausdruck bringt. Politische Texte arbeiten deshalb vorzugsweise mit Hochwertwörtern wie »Nachhaltigkeit«, »Sicherheit«, »Lebensqualität« oder »Versorgungssicherheit« beziehungsweise mit ganzen, daraus hergeleiteten »Schlagwortnetzen« (Klein 1998b: 380). Umgekehrt wird die Gegenposition mit möglichst negativ konnotierten Formulierungen beschrieben, wobei hierbei die demokratischen Normen des Respekts und der Argumentation klare Grenzen setzen.

Um in der demokratischen Meinungskonkurrenz bestehen zu können, ist es wichtig, begriffsstrategische Entscheidungen der Textplattform auch bei der Textoptimierung einzuhalten. Dies erfolgt nicht nur durch das »Besetzen« von Begriffen, sondern auch durch deren »Verteidigung« und die Kritik an Begriffen der politischen Gegenseite (Klein 1998b: 389 f.). So werden Verfechter einer Tempo-30-Zone den Begriff der »Lebensqualität« keinesfalls auf eine völlig ungehinderte Mobilität beziehen wollen, sondern in einem Schlagwortnetz zusammen etwa mit »Sicherheit«, »Aufenthaltsqualität« und »Verkehrsfluss« für sich in Anspruch nehmen. Begriffe zu besetzen gelingt auch durch die Kreation eigener Komposita oder gar gänzlich neuer Begriffe, wie es die Stromwirtschaft in den genannten Beispielen mit dem Begriff der »Stromzukunft«, aber auch mit Begriffen wie »Schlüsselenergie« und »Brückentechnologie« (für die Kernenergie) gemacht hat.

Auch das Kaschieren von Lücken und Widersprüchen ist Teil eines Optimierungsprozesses; es kann durch die Verwendung von Verallgemeinerungen, Allgemeinplätzen oder fachsprachlichen Elementen geschehen (Klein 1998b: 382 ff.). In einer Demokratie sollte allerdings zu solchen Mitteln nur in Notfällen und nicht bei zentralen Elementen eines Kommunikationsbeitrags gegriffen werden.

4.2 Prozessbezogene Verbesserungen

Die Verbesserung besonders der argumentativen Texte und Textteile für die politische Kommunikation hat der Tatsache Rechnung zu tragen, dass ein demokratischer Prozess verschiedene Phasen durchläuft. Sie können als Phasen der »Verständigung« (Burkart 2005) oder der Lösung von Meinungsdifferenzen (van Eemeren/Houtlosser 2005) beschrieben werden. Die Argumentation orientiert sich dabei an den Zielsetzungen und Merkmalen jeder einzelnen Phase. Unterscheiden lassen sich die Konfrontationsphase (Definition der strittigen Meinungsdifferenz zwischen den Kommunikationspartnern), die Eröffnungsphase (Verteilung der Beweis- beziehungsweise der Argumentationslast), die eigentliche Argumentationsphase (Vortragen oder Einfordern einer möglichst schlüssigen Argumentation) und die Schlussphase (Explizieren und Verteidigen einer Beurteilung des Prozesses und seiner Ergebnisse) (van Eemeren/Houtlosser 2005). Je nach Kommunikationsphase sind unterschiedliche Themen, Grade der Konkretisierung und Kriterien der Wortwahl zu berücksichtigen; bestehende Argumentarien müssen entsprechend laufend ergänzt werden. Je länger dieser Prozess dauert und je mehr Akteure beteiligt sind, desto wichtiger werden dabei die Argumentationsstrukturen der Texte und ihre Schlüssigkeit. Hilfreich ist es, darauf zu achten, dass keine Fehl- beziehungsweise Trugschlüsse entstehen (van Eemeren et al. 2002: 109 ff.; Kienpointner 1996: 25 ff.). Beim Schreiben für die politische PR geht es dabei vor allem darum, explizite und implizite Behauptungen und Prämissen in eigenen Texten zu identifizieren und zu begründen, auf Kommunikationsbeiträge anderer Akteure in einer redlichen und akkuraten Weise Bezug zu nehmen, Angriffe auf die Persönlichkeit Andersdenkender zu vermeiden, Argumentationen nach logisch nachvollziehbaren Mustern zu entwickeln und sie möglichst klar und verständlich darzulegen.

Fazit

- Politisieren und Schreiben gehören eng zusammen: Der Streit mit Worten ist in einer Demokratie immer auch ein Streit um Worte.
- Politik wird nicht nur sprachlich vermittelt, sondern auch sprachlich konstruiert. Dies geschieht mittels unterschiedlicher Diskurse, welche sich auf Problemsichten, Legitimationsweisen, Handlungssituationen und Umsetzungsmechanismen der Politik beziehen.
- Bei der Entwicklung von Textplattformen für die politische PR gilt es, Politik-»Storys« zu entwickeln, welche für eine bestimmte Problemsicht und Legitimationsweise, aber auch für einen Situationsbezug und für die Vorstellung

eines Umsetzungsmechanismus stehen. Jedes Element einer Politikstory wird dann als Ausgangspunkt einer politischen Argumentationskette behandelt.

- Wichtige Textformen politischen Schreibens in der Demokratie sind Policy Memos, Argumentarien, FAQ- und Q&A-Papiere, die im Laufe eines politischen Prozesses ständig weiterentwickelt und verfeinert werden.
- Die Verbesserung politischer PR-Texte erfolgt nach den Kriterien des Adressatenbezugs und der politischen Meinungskonkurrenz. Die Abfolge mehrerer Phasen des Meinungsstreits erfordert es, die Texte laufend zu überprüfen.

Übers Schreiben lesen

https://www.btg-bestellservice.de/pdf/40351000.pdf
www.parlament.ch/d/wissen/parlamentswoerterbuch/Seiten/default.aspx
Die Parlamentswörterbücher des Deutschen Bundestages und der Schweizerischen Bundesversammlung, die Begriffe erklären, die beim Schreiben über politische Normen (»Polity«) und politische Prozesse (»Politics«) häufig gebraucht werden.

http://dipbt.bundestag.de/dip21.web/welcome.do?resetNav=y
www.parlament.ch/d/dokumentation/dossiers/Seiten/dossier-a-z.aspx
Dossiers des Deutschen Bundestages und der Schweizerischen Bundesversammlung, die offizielle Dokumente und zahlreiche Materialien unterschiedlicher Quellen enthalten; diese sind willkommene Grundlagen beim Schreiben über politische Programme (»Policies«), etwa wenn es darum geht, eine Diskursanalyse zur Entwicklung einer Kernbotschaft (»Message Design«) vorzunehmen.

Fischer, F. (2003): Reframing Public Policy
Eine umfassende Darstellung der argumentativen Politikanalyse von ihren Anfängen bis zum Beginn des neuen Jahrtausends mit vielen Hinweisen zum sprachzentrierten Verständnis politischer Kommunikation.

www.policyonline.org
Website zum 1981 erstmals aufgelegten Buch »Policy Analysis« von William Dunn. Sie enthält Präsentationsfolien zur Politikanalyse und ihrer argumentativen Vermittlung und gibt Einblick in dieses Grundlagenwerk argumentativer Politikanalyse.

Literatur

Blum, S./Schubert, K. (2009): Politikfeldanalyse. Wiesbaden.
Brinker, K. (2001): Linguistische Textanalyse: eine Einführung in Grundbegriffe und Methoden. 5., durchgesehene und ergänzte Aufl. Berlin.
Burckhardt, A. (1996): Politolinguistik. Versuch einer Ortsbestimmung. In: Klein, J./ Diekmannshenke, H. (Hrsg.): Sprachstrategien und Dialogblockaden. Berlin, S. 75–100.
Burkart, R. (2005): Verständigungsorientierte Öffentlichkeitsarbeit. In: Bentele, G./ Frohlich, R./Szyszka, P. (Hrsg.): Handbuch der Public Relations. Wissenschaftliche Grundlagen und berufliches Handeln. Mit Lexikon. Wiesbaden, S. 223–240.
Bussmann, W./Klöti, U./Knoepfel, P. (Hrsg.) (1997): Einführung in die Politikevaluation. Basel, Frankfurt am Main.
Dunn, W. N. (2004): Public Policy Analysis. An Introduction. 3rd Edition. Upper Saddle River.
van Eemeren, F. H./Grootendorst, R./Snoeck Henkemans, F. (2002): Argumentation. Analysis, Evaluation, Presentation. London.
van Eemeren, F. H./Houtlosser, P. (2005): Strategic Manoeuvring. In: Dascal, M./van Eemeren, F. H./Rigotti, E./Stati, S./Rocci, A. (Hrsg.): Studies in Communication Sciences. Special Issue: Argumentation in Dialogic Interaction. Lugano, S. 23 ff.
Fischer, F./Forester, J. (Hrsg.) (1993): The Argumentative Turn in Policy Analysis and Planning. Durham, London.
Fischer, F. (1995): Evaluating Public Policy. o. O. (Wadsworth Group).
Fischer, F. (2003): Reframing Public Policy. Oxford.
Girnth, H. (2002): Sprache und Sprachverwendung in der Politik. Eine Einführung in die linguistische Analyse öffentlich-politischer Kommunikation. Tübingen.
Graefen, G. (2003): Schreiben und Argumentieren. Konnektoren als Spuren des Denkens. In: Perrin, D./Böttcher, I./Kruse, O./Wrobel, A. (Hrsg.): Schreiben. Von intuitiven zu professionellen Schreibstrategien. 2., überarbeitete Aufl. Wiesbaden, S. 47–62.
Hajer, M. A. (2008): Diskursanalyse in der Praxis: Koalitionen, Praktiken und Bedeutung. In: Janning, F./Toens, K. (Hrsg.): Die Zukunft der Policy-Forschung. Theorien, Methoden, Anwendungen. Wiesbaden, S. 211–222.
Kienpointner, M. (1996): Vernünftig argumentieren. Regeln und Techniken der Diskussion. Reinbek bei Hamburg.
Klein, J. (1996): Dialogblockaden. Dysfunktionale Wirkungen von Sprachstrategien auf dem Markt der politischen Kommunikation. In: Ders./Diekmannshenke, H. (Hrsg.): Sprachstrategien und Dialogblockaden. Linguistische und politikwissenschaftliche Studien zur politischen Kommunikation. Berlin, S. 3–29.
Klein, J. (1998a) und (1998b): Politische Kommunikation – Sprachwissenschaftliche Perspektiven (a)/Politische Kommunikation als Sprachstrategie (b). In: Jarren, O./Sarcinelli, U./Saxer, U. (Hrsg.): Politische Kommunikation in der demokratischen Gesellschaft. Wiesbaden, S. 186–211/S. 376–395.

Klein, J. (2000): Textsorten im Bereich politischer Institutionen. In: Brinker, K. et al. (Hrsg.): Text- und Gesprächslinguistik, Bd. 1. Berlin, New York, S. 732–755.
Klein, J. (2005): Demokratischer Wortschatz und Wortgebrauch. In: Kilian, J. (Hrsg.): Sprache und Politik. Deutsch im demokratischen Staat. Mannheim, S. 128–140.
Lübbe, H. (1975): Der Streit um Worte. Sprache und Politik. In: Kaltenbrunner, G.-K. (Hrsg.): Sprache und Herrschaft. Die umfunktionierten Wörter. München, S. 87–111.
Meyer, Th. (2010): Was ist Politik? 3., aktualisierte und ergänzte Aufl. Wiesbaden.
Sarcinelli, U. (1998): Legitimität. In: Jarren, O./Ders./Saxer, U. (Hrsg.): Politische Kommunikation in der demokratischen Gesellschaft. Wiesbaden, S. 253–267.
Sternberger, D. (1967): Der Staatsmann als Rhetor und Literat. In: Ders.: »Ich wünschte ein Bürger zu sein«: Neun Versuche über den Staat. Frankfurt am Main, S. 114–130.
Toulmin, St. (2003): The Uses of Argument. Updated Edition. Cambridge.
Trautmann, C. (2001): Argumentieren. Funktional-pragmatische Analysen praktischer und wissenschaftlicher Diskurse. Frankfurt am Main.
Viehöver, W. (2006): Diskurse als Narrationen. In: Keller, R. et al. (Hrsg.): Handbuch Sozialwissenschaftliche Diskursanalyse, S. 179–208.
Wengeler, M. (2005): »Streit um Worte« und »Begriffe besetzen« als Indizien demokratischer Streitkultur. In: Kilian, J. (Hrsg.): Sprache und Politik. Deutsch im demokratischen Staat. Mannheim, S. 177–194.
Wohlrapp, H. (1995): Die diskursive Tendenz. In: Ders. (Hrsg.): Wege der Argumentationsforschung. Stuttgart, S. 395 ff.

Den Wissensdurst stillen

Schreiben in der Wissenschaftskommunikation

Helga Kessler

Schreiben für die Wissenschaftskommunikation bringt besondere Herausforderungen mit sich. Schreibende bewältigen sie mit publizistischen Methoden wie dem Storytelling und dem besonderen Rollenverständnis des »PR-Journalisten« (1.). Die Planung von Texten für die Wissenschaftskommunikation umfasst dabei nicht nur die Bestimmung von Zielen und Form, sondern auch die Recherche wissenschaftlicher Themen, die vor allem über Gespräche mit Wissenschaftlern erfolgt (2.). Der Textentwurf folgt dem Ziel der informativen, fachlich korrekten und doch anschaulichen Vermittlung (3.). Für die Verbesserung ist das Gegenlesen durch Wissenschaftler zentral (4.).

Schlüsselbegriffe: Wissenschafts-PR, Storytelling, PR-Journalist, Recherche

1 Grundlagen: Wissenschaft als Thema

Wer über Wissenschaft schreibt, darf darauf hoffen, dass die Texte gelesen werden. Laut Umfragen ist das Interesse an Themen aus der Wissenschaft gross. Besonders Themen aus der Medizin kommen beim Publikum an – 89 Prozent Zustimmung hat eine Umfrage der Universität Lausanne aus dem Jahr 2010 ermittelt.

Für den Autor ist das erfreulich, eine Garantie für eine zahlreiche Leserschaft ist es aber nicht. Leser konsumieren die meisten dieser Texte in ihrer Freizeit, aus freien Stücken, weil sie neugierig sind, dazulernen möchten – aber nur in Massen. Die Konsequenz für das Schreiben liegt auf der Hand: Auch Texte über Medizin oder andere Wissenschaftsthemen sollten so geschrieben sein, dass sie zum Lesen animieren, von der ersten bis zur letzten Zeile. Ein Patentrezept, wie das gelingen kann, gibt es nicht. Eine Variante ist es, eine Story zu erzählen:

»Dass sie Kinder wollten, stand für Susanna Maurer und ihren Mann Daniel ausser Frage. Doch sie wussten auch, dass das kein einfacher Wunsch war. Susannas Familie ist mit einer erblichen Muskelkrankheit belastet. Der Vater litt unter

Myotoner Dystrophie und starb bereits mit 45 Jahren an einer Komplikation, ihre beiden Brüder sind schwer behindert, zwei Cousins waren früh auf Gehhilfen angewiesen und sind mit Mitte 40 an Herzversagen gestorben. Sie selbst ist ebenfalls betroffen, wenn auch körperlich kaum eingeschränkt. Das Risiko, dass sie das fehlerhafte Gen auf ihre Nachkommen überträgt, liegt bei 50 Prozent.«

So beginnt ein Text über ein hochkompliziertes Thema wie das neue Verfahren der Polkörperdiagnostik, das eine genetische Untersuchung von Eizellen ermöglicht. Mit der Methode konnte 2008 erstmals in der Schweiz einem Paar mit einer schweren Erbkrankheit zu einem gesunden Kind verholfen werden. Das war der aktuelle Aufhänger für die Geschichte, die im Jahresbericht 2008 des Universitätsspitals Zürich erschienen ist (USZ-Jahresbericht 2008: 20 f.). Implizit verbunden mit dem Auftrag war der Wunsch der Kommunikationsabteilung, die umstrittene Methode der Gendiagnostik vor der Geburt positiv zu thematisieren und so den Lesern die Gelegenheit zu geben, ihre Werthaltungen zu überprüfen.

1.1 Publizistische Kompetenz

Der Text, der für die interne wie die externe Kommunikation gedacht ist, arbeitet mit Akteuren, Schauplätzen und einer konkreten Handlung und versucht so, seine Leserschaft zu fesseln. Er kombiniert die Geschichte einer Familie mit Informationen über eine neue Methode, die für Familien mit einer ähnlichen Fragestellung von hohem Nutzwert ist. Er greift ethische Fragen auf und trägt damit zur Meinungsbildung bei.

Die Methode des Storytellings, die im Journalismus und in der PR zum Einsatz kommt, bedient sich narrativer und deskriptiver beziehungsweise argumentativer Elemente, die miteinander verknüpft werden (Frenzel 2006). Sie wird eingesetzt, um »Aufmerksamkeit zu wecken, Verstehen zu lenken und Sinn zu erzeugen« (Perrin et al. 2010). Die Komplexität von Forschungsthemen lässt sich mithilfe von Storys anschaulich abbilden. Davon profitiert sowohl der Leser als auch die PR: Anschlusskommunikation, wie sie bei Forschungsfragen häufig gewünscht wird, ist nur dann möglich, wenn der Inhalt verstanden wurde.

Die Wissenschafts-PR ist in besonderem Mass auf Autoren angewiesen, die komplexe Themen vermitteln können und dabei auch neue Formen der Aufbereitung wissenschaftlicher Neuigkeiten nutzen. Dies kommt daher, dass die Wissenschaft im Vergleich zu Politik, Wirtschaft, Religion und Sport »alltagsfern« ist, da »der Normalbürger in ihr keine Rolle« hat (Peters 2008: 109). Hinzu kommt, dass sich das wissenschaftliche Denken und Publizieren ihrer Protagonisten in der Kommunikation niederschlägt: Für Laien ist der wissenschaftliche Jargon kaum verständlich. Zudem sind sie »häufig durch die Menge und Komplexität wissenschaftlicher Informationen überfordert« (Femers 2006: 221).

Deshalb holt sich die PR für die Vermittlung von Themen aus der Wissenschaft gerne publizistische Kompetenz – und die findet sie bei Wissenschaftsjournalisten. »PR-Agenturen haben einen hohen Bedarf an gut ausgebildeten Journalisten, die genau das tun sollen, was sie können, also zum Beispiel für Kunden wie Pharmafirmen Texte zu schreiben« (Koch/Stollorz 2008: 399). Wenn PR-Verantwortliche für solche Aufgaben Journalisten einsetzen, erhoffen sie sich davon eine besonders hohe Glaubwürdigkeit und einen damit verbundenen Imagegewinn. Zudem können sie so direkt mit ihren Zielgruppen kommunizieren, ohne den Umweg über die Medien nehmen zu müssen.

1.2 Diskutiert und kritisiert

Der Publizistik- und Kommunikationswissenschaftler Peter Szyszka bezeichnet Personen, die »zwar journalistisches Handwerk anwenden, dies aber im Dienst der Selbstdarstellung eines Unternehmens oder einer anderen Organisation tun«, als »PR-Journalisten« (Szyszka 2004: 181). Praktiziert wird diese Form der publizistischen Betätigung häufig von freien Journalisten, die so ihr Budget aufbessern. Dieser Umstand wird viel diskutiert und kritisiert, da Journalismus und PR infolge einer solchen Tätigkeit nicht mehr klar zu trennen sind. Doch wo liegen die Grenzen? Winfried Göpfert findet den Rückgriff auf das journalistisch arbeitende Personal »legitim, solange es nur um die Beschäftigung eines renommierten Autors, etwa zur Gestaltung einer Firmenbroschüre geht«. Dagegen hält er die Beschäftigung von Journalisten für »illegitim, wenn dadurch Einfluss auf deren Berichterstattung genommen werden soll« (Göpfert 2006: 249).

Das ist eine valable Möglichkeit zur Abgrenzung. Zentral ist, dass sich der PR-Journalist über seine Rolle im Klaren ist. Während Journalisten für die breite Öffentlichkeit arbeiten und möglichst wahrheitsgetreu und ausgewogen informieren sollen, sind PR-Akteure dem jeweiligen Auftraggeber und seinen Interessen verpflichtet, nicht dem Gemeinwohl. »Einseitig zu sein ist Teil des Auftrags. Das bedeutet fast zwangsläufig eine verzerrte Perspektive« (Koch/Stollorz 2008: 400).

Wer als Journalist Aufträge aus der PR annimmt, tut gut daran, Rollenkonflikte zu vermeiden und transparent zu kommunizieren, indem er die jeweiligen Auftraggeber über seine Doppelfunktion informiert. Konkret bedeutet das, dass man ein Thema, das in einem PR-Text verarbeitet wurde, nicht auch noch einer Zeitung anbietet – in einer Umfrage der deutschen Wissenschaftspressekonferenz lehnen 61 Prozent der Befragten solche Praktiken ab.

2 Planen: Komplexe und umstrittene Themen

Die Produktion von Texten in der Wissenschafts-PR erfordert eine gründliche Planung: Ziele und Zielgruppen müssen geklärt, Wissenschaftsthemen recherchiert und Gespräche mit Wissenschaftlern gesucht, Inhalt und Form der Texte festgelegt werden.

2.1 Ziele und Adressaten

Wissenschafts-PR erfordert den publizistischen Denkansatz bereits bei der Planung von Texten. Da die Produkte meist Texte über komplexe und nicht selten umstrittene Themen sind, ist die Frage nach Zielen und Zielgruppen besonders wichtig. Zentral ist einerseits, ob eher die Interessen der wissenschaftlichen Forschung oder die der Organisation vertreten werden sollen, und andererseits, ob die Adressaten Menschen mit Vorkenntnissen oder Laien sind oder ob es sich um ein heterogenes Publikum handelt.

Eine Interviewstudie mit Wissenschaftlern mehrerer Disziplinen ergab, dass die Wissenschaftskommunikation unterschiedliche, sich teilweise überlagernde Ziele verfolgt: Mal sieht sie sich im Dienst von Bildung und Aufklärung, etwa in der Philosophie, der Archäologie und den Geschichtswissenschaften. Dann wieder steht die Wissenschaftskommunikation vor der Herausforderung, auf Anfragen aus der Öffentlichkeit reagieren zu müssen; sei es, weil sie auf ein kritisches Publikum stösst (Gentechnik), weil Rat gefragt ist (Tier- und Humanmedizin) oder weil das Thema spannende Unterhaltung verspricht (Robotik). Generell steht sie unter dem Druck, wissenschaftliche Arbeit legitimieren zu müssen, zumal diese mit öffentlichen Geldern finanziert wird. Neue Ergebnisse aus der Forschung, komplexe wissenschaftliche Befunde und Fragestellungen sowie neue Forschungs- und Technikfelder müssen deshalb nicht nur einem kleinen Expertenpublikum, sondern auch nichtspezialisierten Mitgliedern der eigenen und fremder Disziplinen und erst recht einem fachfremden Publikum zugänglich gemacht werden (Kessler/Kruse 2005: 179 ff.).

Dabei geht es nicht nur um Imagepflege und -aufbau, sondern generell um politische, wirtschaftliche und gesellschaftliche Zustimmung und Unterstützung für Forschung und Technik, um die Veränderung von Meinungen, Einstellungen und Verhalten. Bei kontrovers diskutierten Themen wie Atomenergie, Nanotechnologie, Gentechnologie, Stammzellenforschung oder Forschung an Menschen gilt es, unterschiedliche Stakeholder adäquat anzusprechen: Mitarbeitende, Forschende anderer Institute, politische Entscheidungsträger, Unternehmen, Gewerkschaften, Medien, Interessenverbände oder Kirchen. Neben der Bereitstellung von Information geht es hier auch darum, einen argumentativen Austausch herbeizuführen und so Akzeptanz oder Toleranz zu gewinnen.

Abhängig von Zielen und Zielgruppen muss die passende Publikation gewählt werden: eine Broschüre, ein Flyer, eine Mitarbeiterzeitung, ein Jahresbericht, eine Jubiläumsschrift, Kampagnentexte, Texte für die Website, ein Buch und anderes mehr. Davon hängt wiederum ab, welche Textumfänge und Textsorten realisierbar sind und ob es Fotos, Tabellen und/oder Infografiken gibt. Wird die Publikation online gestellt, sind Links, Videos, Bildstrecken und andere Formen möglich. Textpartituren, welche die verschiedenen Elemente verknüpfen, erleichtern die Produktion multimedialer Publikationen (Stücheli-Herlach/Perrin, in diesem Band).

Sorgfältige Abklärungen über Ziele, Zielgruppen, Medien und Textsorten helfen, die Recherche effizient zu planen und zu gestalten.

2.2 Recherche und Gespräch

Bei der Recherche von Wissenschaftsthemen bewährt es sich, wenn man den jeweiligen Wissenschaftler zunächst via E-Mail kontaktiert und um Unterlagen zum Thema bittet. So kann man sich einlesen, Fragen notieren und dann einen Termin für ein Gespräch vereinbaren. Bei grösseren Texten oder sensiblen Themen ist ein Gespräch vor Ort besser geeignet als ein Telefongespräch.

Das Gespräch mit dem Wissenschaftler ist das zentrale Rechercheelement in der Wissenschafts-PR – um das Thema aus Sicht der auftraggebenden Institution und der Forschung verstehen zu können, braucht es die erläuternden Kommentare des Wissenschaftlers. Natürlich dient das Gespräch auch dazu, Zitate zu gewinnen.

Die Kommunikation zwischen Wissenschaftlern und Journalisten gilt als schwierig. Als Grund wird angeführt, dass Wissenschaftler am liebsten ihre Ruhe hätten, um in der abgeschlossenen Fachwelt mit anderen Experten diskutieren zu können. Die breite Öffentlichkeit mit ihren Publikumsmedien komme für sie als Dialogpartner kaum infrage, weil sie ihr die sachgerechte Bewertung wissenschaftlicher Projekte und Vorhaben gar nicht zutrauten. Auch passten ihre Arbeitswelt und die der Medien nicht zusammen, weil sie kaum etwas gemein hätten (Wess 2005: 5 ff.). Häufig fehle die Einsicht, dass Wissenschafts-PR mehr sei als die Weitergabe laienverständlich aufbereiteter Information über Forschungsergebnisse. Und es fehle das Verständnis dafür, dass die Öffentlichkeit einen Anspruch darauf habe, zu erfahren, was die Wissenschaft mache, wie sie denke und vorgehe (Kreutzberg 2005: 39).

Dieses Bild ist jedoch veraltet. Tatsächlich läuft die Kommunikation zwischen Wissenschaftlern und Journalisten meist zur beidseitigen Zufriedenheit. Das bestätigt eine Umfrage unter rund 1300 biomedizinischen Forschern aus fünf Ländern (Peters 2008: 266 ff.). Während 75 Prozent der Befragten ihre Erfahrungen als gut beurteilten, werteten sie nur 3 Prozent als »vorwiegend schlecht«. Die Wissenschaftler sind zwar nicht gerade begeistert über Kontakte zu Medien, sie stellen sich aber zur Verfügung, weil sie die Erfahrung gemacht haben, dass der Nutzen überwiegt. So glauben sie, dazu beitragen zu können, dass die Wissenschaft mehr Aufmerksamkeit und mehr Wertschätzung in einer besser informierten Bevölkerung geniesst (Peters 2008: 204).

Dennoch können Gespräche mit Wissenschaftlern höchst mühsam beginnen. Zum Beispiel so: »Ich sage Ihnen jetzt mal, wie ich mir unser Gespräch vorstelle …« oder so: »Bevor wir anfangen, möchte ich Ihnen gerne einen Hintergrund geben, damit Sie das Gesagte auch einordnen können …« – und dann wendet sich das Gespräch den 80er Jahren zu. Für viele Wissenschaftler sind solche Gespräche eine Art des Dozierens: »Wie bei einem Vortrag scheint es nicht zuletzt darum zu gehen, das Publikum mit fachlicher Kompetenz und wissenschaftlichem Duktus zu beeinflussen« (Wormer 2008: 367).

Aufgabe der recherchierenden Person in solchen Situationen ist es, sich auf den Gesprächspartner einzustellen, ohne das Heft aus der Hand zu geben. Das ist dadurch möglich, dass der Journalist beziehungsweise die Journalistin sagt, wie sie sich das Gespräch vorstellt, diesem eine klare Struktur gibt und einen begrenzten Zeitrahmen nennt. Letzteres kommt auch dem häufig knappen Zeitbudget von Wissenschaftlern entgegen. Zudem gilt es, den Auftrag deutlich zu machen: Was ist das Ziel des Gesprächs, welche Publikation ist geplant und für welches Publikum? Ist es ein Laienpublikum, sollte man den Wissenschaftler im Laufe des Gesprächs darum bitten, Fachbegriffe anschaulich zu erklären, komplexe Inhalte aufzuzeichnen oder mit Bildmaterial zu illustrieren. Die meisten kommen dieser Bitte gerne nach.

Schon bei der Recherche hört man häufig, dass es »leider nur Publikationen auf Englisch« gebe oder nur Publikationen aus Fachjournalen. Da hilft es, wenn man selbst einen entsprechenden Hintergrund hat, ein naturwissenschaftliches Hochschulstudium etwa, und das auch erwähnt. In diesem Fall kann es angezeigt sein, im Gespräch den einen oder anderen Fachbegriff fallen zu lassen. Allerdings muss man dann aufpassen, dass das Gespräch nicht zur Fachsimpelei verkommt und man später die ganze Übersetzungsarbeit selbst übernehmen muss. Auf das Gespräch sollte man gut vorbereitet sein, die wichtigsten Fakten verstanden und elementare Fragen notiert haben – das erspart Nachfragen und -recherchen. Zuhören sollte man auch dann, wenn das Gegenüber überheblich wird, sonst erfährt man womöglich gar nichts.

Wissenschaftler selbst schätzen, wenn sie von ihrem Gesprächspartner respektvoll behandelt werden, der Journalist eine angenehme Atmosphäre schafft, die richtigen Fragen stellt und wirklich zuhört und später bei der Publikation wichtige Informationen wiedergibt, Forschung gut erklärt und Statements nicht verdreht (Peters 2008: 205).

Bei der Vorbereitung hilft es, die gewonnenen Fakten zusammenzutragen, mit Zitaten und genauer Angabe von Quellen. Als Factsheets können sie später gut archiviert werden und das persönliche Themenarchiv erweitern. Lässt man ein Aufnahmegerät mitlaufen, kann man während des Gesprächs besser zuhören, statt sich aufs Mitschreiben konzentrieren zu müssen. Wer später nicht das ganze Gespräch noch mal anhören möchte, tut gut daran, Stichworte zu notieren, am besten mit Zeitangabe auf dem Band. Gerade bei Zitaten empfiehlt es sich, diese noch mal anzuhören. Manchmal ist ein Aufnahmegerät aber nachteilig: Gewisse Personen hemmt es beim Reden, weil sie das Gefühl haben, druckfertige Sätze formulieren zu müssen. Hier hilft nur eines: Abschalten, warten, das Gegenüber reden lassen und unmittelbar nach dem Gespräch alles notieren, was haften geblieben ist.

Oft kommen die spannendsten Aussagen erst auf die Frage, ob irgendein wichtiger Aspekt nicht angesprochen wurde. Die »Joker-Frage« wird häufig als Einladung verstanden, Wichtiges noch einmal zu sagen oder Nichtthematisiertes zu ergänzen.

2.3 Inhalt und Form

Eigentlich verfolgt das Schreiben über Wissenschaft ein einfaches Ziel: Es geht darum herauszufinden, was neu und faszinierend oder was neu und nützlich ist, und es geht darum, dies schön zu erzählen in einer Sprache, die auch Nichtwissenschaftler verstehen (Blum 2006: 258).

Ohne Planung geht das nicht: Je mehr Ideen die Autorin vor dem Schreiben entwickelt und je besser sie diese sortiert, umso einfacher gestaltet sich der Schreibprozess. Wer zu wenig plant, muss das Geschriebene immer wieder überarbeiten beziehungsweise später nochmals von Neuem beginnen. Perrin gliedert deshalb den Schreibprozess in vier Phasen: erstens die Gedanken assoziativ bündeln, zweitens den Aufbau rational planen, drittens den Schreibfluss durchziehen und viertens den Text überdenken (Perrin 2000: 10 f., siehe auch Stücheli-Herlach, in diesem Band).

Zuerst gilt es, Ideen fürs Schreiben zu entwickeln: Was ist neu, was wichtig, in welchem Kontext spielt sich die Forschung ab, was sind die treibenden Fragen, warum sollten sich die Leser dafür interessieren, welchen Nutzen können sie daraus ziehen? Was müssen sie wissen, was sollten sie lernen? Welche Stossrichtung weist der Text auf? In Bezug auf das »Message Design« (Stücheli-Herlach/Perrin, in diesem Band) besteht eine gute Methode darin, unmittelbar nach dem Gespräch zu notieren, welches die Kernbotschaften des Wissenschaftlers waren und welche Details oder Geschichten den grössten Eindruck machten. Daraus entsteht häufig eine erste Idee, wie der Text geschrieben werden könnte. Die Textidee muss später darauf geprüft werden, ob sie konform zur PR-Strategie ist.

Wissenschafts-PR hat häufig den Vorteil, dass die Auftraggeber nicht vorab bestimmen, in welcher Form oder Textsorte ein Thema präsentiert werden soll – Redaktionen sind meist viel rigider. Hat man die Möglichkeit, über die Form selbst zu entscheiden, ist der beste Zeitpunkt dafür unmittelbar nach dem Gespräch. Kann jemand das Thema nicht auf den Punkt bringen, nicht gut formulieren oder schweift ständig ab, ist ein Interview nicht die geeignete Form. Jemand, der nicht gerne Persönliches preisgibt, eignet sich kaum für ein Porträt oder eine Ich-Story. Wer als Schreibender die Form wählen kann, die am besten zu Thema und Person passt, hat es beim Schreiben wesentlich leichter.

Bei der Wahl der Textsorte spielt auch die Form der Publikation eine Rolle. Ist ein Jahresbericht geplant, eine mehrseitige Sonderpublikation oder gar ein Buch, empfiehlt sich allenfalls ein Sorten-Mix, um genügend Abwechslung für den Leser und für den Schreibenden zu schaffen.

3 Entwerfen: Von der Idee zum Text

Wissenschaftspublizistische Texte erfordern eine auf das Ziel und den Umfang hin ausgerichtete Struktur, zurückhaltende Formulierungen und Vermittlungsformen, mittels derer Wissenschaftliches informativ und fachlich korrekt dargestellt werden kann. Wissenschaftliche Inhalte müssen vereinfacht und für Laien verständlich aufbereitet werden – idealerweise unter Einbezug des Wissenschaftlers.

3.1 Strukturiert und sachlich

Mit dem Blick auf das Ziel und den angestrebten Umfang entwickelt sich die Struktur: Was wird wann erklärt, was in eine Box ausgelagert (Erklärung von Begriffen, Nebenaspekte, Experteninterviews, Infos zu Personen)? Was wird ausgelassen? Und ganz zentral ist die Frage: Wie erzähle ich die Geschichte? Hier gilt es häufig, einen Spagat zu schaffen: Der Text soll so sein, dass er den wenig sachkundigen Lesern gerecht wird, ohne dabei die Wissenschaftler zu verärgern.

Will man später nicht endlose Diskussionen über den Text führen, empfiehlt sich eine gewisse Zurückhaltung beim Formulieren. Wer regelmässig mit Wissenschaftlern zu tun hat, weiss, dass für sie nicht die Anerkennung ihrer Arbeit durch die breite Öffentlichkeit im Vordergrund steht, sondern der Austausch mit Fachkollegen – deshalb legen sie Wert auf exakte Formulierungen und eine genaue Schilderung von Prozessen. Wie sie es aus ihrer wissenschaftlichen Denk- und Arbeitsweise gewohnt sind, stellen sie Themen gerne in einen grösseren Zusammenhang und weisen auf die Vorläufigkeit von wissenschaftlichen Erkenntnissen hin: »Bisher noch eine Hypothese, noch nicht verifiziert, weitere Forschungen nötig, ...« Das erklärt ihre Scheu vor spekulativen und spektakulären Aussagen, auch vor Zuspitzungen und frischen Formulierungen. Der Leser andererseits will nicht nur korrekt und verständlich informiert, sondern auch unterhalten werden. Beiden Ansprüchen gilt es Rechnung zu tragen.

Um Wissenschaftliches informativ zu machen, müssen geeignete Vermittlungsformen gewählt werden. Eine Variante ist, eine nützliche Beziehung zwischen der Alltagswelt des Publikums und der Wissenschaft herzustellen (Lehmkuhl 2008: 178). Je grösser der Nutzwert ist, zum Beispiel die Information über eine neue medizinische Diagnose- oder Therapiemethode, umso spannender ist der Text für den Leser. Eine andere Variante ist, Forschungsergebnisse in eine (Kranken-)Geschichte einzubinden oder eine Person, zum Beispiel einen Forscher, ins Zentrum zu stellen.

Beispiel

»Der Grundstein für die Entwicklung von monoklonalen Antikörpern wurde im Jahre 1974 in Basel am Institut für Immunologie gelegt. Dort forschte ein junger Immunologe namens Georges Köhler. Er entdeckte zum ersten Mal, wie es möglich ist, so genannte monoklonale Antikörper herzustellen. Die Idee kam Köhler eines Nachts kurz vor dem Einschlafen, und auf einmal war er hellwach: ›Ich fusioniere eine Zelllinie, die Antikörper produziert, mit einer Krebszelllinie, die unsterblich ist. Dadurch könnte doch eine unsterbliche Zelllinie entstehen, welche die immergleichen Antikörper produziert.‹ Im Oktober 1974 konnte er seinen nächtlichen Gedankenblitz in die Tat umsetzen. Aber würden seine neu kreierten Zellen wirklich die Eigenschaften besitzen, die er sich erhofft hatte? Köhler zweifelte zunächst daran. Immer wieder verschob er den Test, der beweisen sollte, ob das Experiment geglückt war. Erst kurz vor Weihnachten wollte er wissen, was tatsächlich Sache war. Er nahm seine Frau Claudia mit ins Labor. Wenn das Resultat negativ sein sollte, müsste sie ihn über die Enttäuschung hinwegtrösten. Aber: Es gab nichts zu trösten. Im Gegenteil: Georges Köhler und sein Kollege Cesar Milstein erhielten im Jahre 1984 den Nobelpreis.« (Adrian Heuss in: Dossier Gesundheit, Oktober 2008)

3.2 Korrekt und anschaulich

Wissenschaftspublizistische Texte wollen Informationen bieten, Hintergründe liefern, Zusammenhänge aufzeigen, und das wahrheitsgemäss, ohne Übertreibungen und Wortgeklingel. Das funktioniert auch dann, wenn wie im obigen Beispiel eine Geschichte erzählt wird: beschreibend, ohne wertende Adjektive oder Interpretationen. Wissenschafts-PR ist dann glaubwürdig, wenn sie fachlich korrekt informiert und eine werbende Sprache vermeidet. Auf Euphemismen wie »Durchbruch« oder »Paradigmenwechsel« sollte man verzichten oder sie höchst sparsam einsetzen, und nur dann, wenn sie tatsächlich angebracht sind. Echte Sensationen sind selten. Wie oft schon wurde der Krebs besiegt, wie oft schon stand die Entwicklung eines Impfstoffs gegen Aids bevor? Die Inflation derartiger Superlative unterminiert die Glaubwürdigkeit der Texte (Göpfert 2006: 235).

Die Wissenschafts-PR sollte sogar noch zurückhaltender sein, um das grosse Vertrauen, das Wissenschaftler geniessen, nicht zu beschädigen. Universitäten und Forschungseinrichtungen müssen als Orte wahrgenommen werden, denen man trauen kann, wo die Wissenschaftler für das Allgemeinwohl arbeiten und Rechtschaffenheit der Schlüssel zum Erfolg ist (Holland 2006: 270). Es wäre fahrlässig, die Glaubwürdigkeit einer wissenschaftlichen Einrichtung durch falsche Informationen oder übertriebene Formulierungen aufs Spiel zu setzen. Zurückhaltende, aber argumentativ starke Texte vermögen viel stärker zu überzeugen als Wortgeklingel.

Der Transfer von wissenschaftlicher Fachsprache in eine für Laien verständliche Sprache ist eine zentrale Aufgabe der Wissenschafts-PR. Da die äquivalenten Begriffe in der Alltagssprache meist fehlen, ist eine Übersetzung nur selten möglich: dann wird aus Protein Eiweiss, aus Lipid Fett, aus Metastase das Tochtergeschwür und aus Geothermie Erdwärme. Häufig muss neu formuliert werden, wenn Fachbegriffe eingeführt oder erklärt werden sollen. Ein »autosomal-rezessiver Erbgang« lässt sich so erklären: Damit die Erkrankung ausbricht, müssen beide Elternteile die Veränderung im Erbgut (Mutation) an das Kind weitergegeben haben.

Besonders hilfreich sind geeignete Metaphern (das Klavier, das nur schwarze Tasten hat, als Metapher für Depression) und Vergleiche (ein Nanometer ist etwa so gross wie der millionste Teil eines Stecknadelkopfs) oder anschauliche Beschreibungen: »Wie von Geisterhand gesteuert, bewegt sich der Rollstuhl, vorbei an künstlichen Hindernissen, durch eine Halle an der ETH Lausanne. Im Stuhl sitzt der Doktorand Michele Tavella. Eine Kappe auf seinem Kopf misst die Hirnströme. Allein kraft seiner Gedanken gibt er damit dem Rollstuhl die Richtung vor – links oder rechts. Unterstützung erhält er dabei vom Rollstuhl selber. Dieser registriert mit seinen zwei ›Augen‹ – zwei Billigkameras – Hindernisse auf dem Weg und berechnet aus den Signalen die nötigen Ausweichmanöver.« (Nik Walter in der SonntagsZeitung über einen intelligenten Rollstuhl für Ganzkörpergelähmte)

Die Kunst der Wissenschaftskommunikation besteht darin, Inhalte zu vereinfachen, ohne sie zu verfälschen. Bei der Neuformulierung lohnt es sich, den Wissenschaftler zu beteiligen. Beherrscht der PR-Journalist das Fachvokabular, kann er bereits im Recherchegespräch Vorschläge für einfachere Formulierungen machen und diese autorisieren lassen.

Infografiken können erheblich zum besseren Verständnis beitragen – die meisten Menschen können über Bilder Inhalte schneller erfassen als über Texte. Mit Balken- und Säulengrafiken lassen sich Zahlen gut darstellen und vergleichen, beispielsweise Zahlen zur Organspende. Tabellen präsentieren Bilder, Zahlen und Texte übersichtlich und auf knappem Raum, etwa eine Zeitschiene zur Schweinegrippe. Sequenzen oder Kombinationen von Text, Bild und Grafik können komplexe Geschehensabläufe wie etwa die Ölförderung im Meer visualisieren. Wichtig ist, nicht zu viele Informationen in eine Infografik zu packen – das schreckt den Leser eher ab.

4 Verbessern: Qualität und Kompromiss

Ist der Text geschrieben, gilt es Arbeit und Text zu überdenken, und zwar auf drei Ebenen:

- Grundsätzlich: Passt der Text zu den Zielen des Auftraggebers und zur Publikation?
- Dramaturgisch: Ist der rote Faden erkennbar? Funktioniert der Wechsel von narrativen und argumentativen Elementen? Sind Einstieg und Ausstieg geglückt?
- Inhaltlich und sprachlich: Sind die gemachten Aussagen korrekt und sind sie verständlich?

Es lohnt sich, für diesen Prozess genug Zeit einzuplanen. Jedem Text tut es gut, wenn er mit dem Abstand von ein paar Stunden, besser Tagen, neu gelesen wird. Mängel – Sinnbrüche zwischen Wörtern, Sätzen und Textteilen – entdeckt man leichter, wenn man den Text in einer anderen Schrift, mit anderer Zeichengrösse, anderem Zeilenabstand und neuer Zeilenbreite ausdruckt (Perrin 2000: 107 ff.).

In der Wissenschafts-PR ist es selbstverständlich, dass die Texte von den beteiligten Wissenschaftlern gegengelesen werden. Massive Eingriffe sind selten, umso weniger, je sach- und personengerechter der Text ist. Sie können aber vorkommen – und sorgen dann für Ärger auf beiden Seiten.

Ursache sind unterschiedliche Kommunikationsnormen und Qualitätskriterien in Wissenschaft und Journalismus/PR-Journalismus: Journalisten bevorzugen einen unterhaltenden Stil, vereinfachen Sachverhalte und illustrieren sie mit Bildern und Vergleichen. Sie sehen sich als verantwortliche Autoren ihrer Berichte, in denen sie Forscher als Informationsquellen nutzen. Wissenschaftler dagegen tendieren zu einem seriösen, sachlichen, vorsichtigen und belehrenden Stil. Vom Journalisten erwarten sie, dass er als ihr Sprachrohr fungiert, sie bei der Durchsetzung ihrer Interessen unterstützt und ihnen die Kontrolle über ihre Kommunikation mit der Öffentlichkeit überlässt (Peters/Jung 2006: 25 ff.).

Um solche Konflikte lösen zu können, braucht es Kompromissfähigkeit von beiden Seiten. Will der PR-Journalist eine Lösung finden, muss er Verständnis entwickeln für die Angst der Wissenschaftler, falsch zitiert zu werden und sich vor den Fachkollegen zu blamieren. Andererseits benötigt der Wissenschaftler die Einsicht, dass er zur Vermittlung seiner Themen auf kompetente Interpreten angewiesen ist. Es lohnt sich, nach Formulierungen zu suchen, mit denen beide Beteiligten gut leben können.

Tatsächlich antizipieren viele Wissenschaftler inzwischen die medialen Darstellungsregeln für Wissenschaft (Peters/Jung 2006: 35). Peters führt dies darauf zurück, dass der Druck auf Wissenschaftler, über ihre Arbeit zu kommunizieren, während der letzten 30 Jahre stark gestiegen ist. Mehr als früher müssen sie heute ihre Arbeit legitimieren, sich im Wettbewerb mit anderen Einrichtungen durchsetzen und sich um ein »Public Understanding of Science« bemühen. Damit verbunden war der Ausbau von Kommunikationsabteilungen an Universitäten und anderen Forschungseinrichtungen.

Durch Medientrainings und die Unterstützung der PR-Abteilungen konnten die Wissenschaftler ihre kommunikativen Fähigkeiten verbessern, was zu mehr und positiverer Berichterstattung in den Medien führte. Damit stieg bei den Wissenschaftlern die Wertschätzung für Wissenschafts-PR. Parallel, so Peters, haben auch Wissenschaftsjournalisten dazugelernt und berichten heute akkurater und zudem wohlwollender und weniger kritisch (Peters 2008: 270 ff.). Dadurch hat sich das Verhältnis zwischen Journalisten und Wissenschaftlern deutlich verbessert. Die Wissenschafts-PR profitiert von dieser Entwicklung.

Fazit

- Themen aus Forschung und Technik sollten nicht nur einem kleinen Expertenpublikum, sondern auch nichtspezialisierten Mitgliedern der eigenen und fremder Disziplinen und erst recht einem fachfremden Publikum zugänglich gemacht werden.

- Das erfordert eine sorgfältige Abklärung von Kommunikationszielen und Adressaten sowie eine gründliche Recherche.
- Die Texte sollten so verfasst sein, dass sie den wenig sachkundigen Lesern gerecht werden, ohne die Wissenschaftler zu verärgern.
- Es gilt, korrekt und zurückhaltend zu formulieren, gleichzeitig anschaulich und unterhaltsam.

Übers Schreiben lesen

www.ejo.ch
Europäisches Journalisten-Observatorium: diverse Beiträge zur Wissenschaftskommunikation.

www.science-journalism.ch
Klub der Schweizer Wissenschaftsjournalisten (SKWJ), Mitglieder sind Wissenschaftsjournalisten wie PR-Journalisten und Redakteure.

www.wpk.org
Deutsche Wissenschaftspressekonferenz: Beiträge zum Selbstverständnis von Wissenschaftsjournalisten.

Literatur

Blum, D./Knudson, M./Henig, R. M. (2006): A Field Guide for Science Writers. Oxford.
DFJV (2004): Fachjournalismus. Expertenwissen professionell vermitteln. Konstanz.
Femers, S. (2006): Wirtschaftskommunikation. Rinteln.
Frenzel, K./Müller, M./Sottong, H. (2006): Storytelling. Das Praxisbuch. München.
Göpfert, W. (2006): Wissenschafts-Journalismus. Ein Handbuch für Ausbildung und Praxis. Berlin.
Haller, M. (2000): Recherchieren. Konstanz.
Hettwer, H./Lehmkuhl, M./Wormer, H./Zotta, F. (2008): WissensWelten. Wissenschaftsjournalismus in Theorie und Praxis. Gütersloh.
Holland, E. (2006): Universities. In: Blum, D./Knudson, M./ Henig, R. M. (Hrsg.): A Field Guide for Science Writers. Oxford, S. 267–272.
Jakobs, E.-M./Lehnen, K./Schindler, K. (2005): Schreiben am Arbeitsplatz. Wiesbaden.

Kessler, H./Kruse, O. (2005): Diskursfelder der Wissenschaftskommunikation. In: Jakobs, E.-M./Lehnen K./Schindler, K (Hrsg.): Schreiben am Arbeitsplatz. Wiesbaden, S. 179–198.
Koch, K./Stollorz, V. (2008): PR-Arbeiter und Journalist: Geht beides? In: Hettwer, H. et al. (Hrsg.): WissensWelten. Wissenschaftsjournalismus in Theorie und Praxis. Gütersloh, S. 399–407.
Kreutzberg, G. W. (2005): Glaubwürdigkeit auf dem Marktplatz der Meinungen. In: von Aretin, K./Wess, G. (Hrsg.): Wissenschaft erfolgreich kommunizieren. Weinheim, S. 31–43.
Lehmkuhl, M. (2008): Typologie des Wissenschaftsjournalismus. In: Hettwer, H. et al. (Hrsg.): WissensWelten. Wissenschaftsjournalismus in Theorie und Praxis. Gütersloh, S. 176–196.
o. A.: Dossier Gesundheit, unter: www.interpharma.ch/de/forschung/Dossier-Gesundheit.asp. Stand 01/2011.
o. A.: USZ-Jahresbericht 2008: www.usz.ch/SiteCollectionDocuments/Jahresbericht/2008/JB2008_Thema_Mutter_Kind.pdf. Stand 01/2011.
o. A.: USZ-Forschungsbeilage 2010: http://www.usz.ch/SiteCollectionDocuments/Medienmitteilungen/Sonderbeilagen/100227_USZ_NZZ.pdf. Stand 01/2011.
Perrin, D. (2000): Schreiben ohne Reibungsverlust. Zürich.
Perrin, D./Stücheli-Herlach, P./Weber, W. (2010): Public Storytelling in konvergenten Medien: Produktionsmuster reflektieren, variieren und weiterentwickeln lernen. In: Jakobs, E.-M. (Hrsg.): Schreiben und Medien. Schule, Hochschule, Beruf. Frankfurt am Main, S. 187–201.
Peters, H. P./Jung, A. (2006): Wissenschaftler und Journalisten – ein Beispiel unwahrscheinlicher Co-Orientierung. In: Göpfert, W. (Hrsg.): Wissenschafts-Journalismus. Ein Handbuch für Ausbildung und Praxis. Berlin, S. 25–36.
Peters, H. P. (2008): Erfolgreich trotz Konfliktpotenzial – Wissenschaftler als Informationsquellen des Journalismus. In: Hettwer, H. et al. (Hrsg.): WissensWelten. Wissenschaftsjournalismus in Theorie und Praxis. Gütersloh, S. 108–130.
Peters, H. P./Brossard, D./De Cheveigné, S./Dunwoody, S./Kallfass, M./Miller, S./Tsuchida, S. (2008): Science-media interface: It's time to reconsider. In: Science Communication 30/2, S. 266–276.
Peters, H. P./Brossard, D./De Cheveigné, S./Dunwoody, S./Kallfass, M./Miller, S./Tsuchida, S. (2008): Interactions with the Mass Media. In: Science, Vol. 321, S. 204–205.
Röttger, U./Hoffmann, J./Jarren, O. (2003): Public Relations in der Schweiz. Eine empirische Studie zum Berufsfeld Öffentlichkeitsarbeit. Konstanz.
Szyszka, P. (2004): Fachjournalisten als Absatzhelfer des Marketings? In: DFJV: Fachjournalismus. Expertenwissen professionell vermitteln. Konstanz, S. 181–195.
Wess, G./von Aretin, K. (2005): Wissenschaft erfolgreich kommunizieren. Weinheim.
Wormer, H. (2008): Google ist Silber, Zuhören ist Gold! Wer seinen Gesprächsstil an verschiedene Typen von Wissenschaftlern anpassen kann, erfährt (und versteht) mehr als andere. In: Hettwer, H. et al. (Hrsg.): WissensWelten. Wissenschaftsjournalismus in Theorie und Praxis. Gütersloh, S. 363–376.

In eigener Sache

Schreiben für Kunden- und Mitarbeiterzeitschriften

Peter Stücheli-Herlach und Colette Schneider Stingelin

Der Trend bei den Unternehmen, eigene Kunden- und Mitarbeiterzeitschriften herauszugeben (Corporate Publishing), hat die Anforderungen an das Schreiben für die PR nochmals ansteigen lassen: Der Wettbewerb um Aufmerksamkeit hat sich verschärft, Medienkonvergenz ist wichtiger geworden. Beim Schreiben für Corporate-Publishing(CP)-Medien müssen sowohl kommunikationsstrategische wie publizistische Anforderungen erfüllt werden. Sie werden im Corporate-Publishing-Code zusammengefasst (1.). Grundlage jeder Planung von CP-Produkten ist die Konkurrenzanalyse und eine ebenso stringente wie leserfreundliche Konzeption des Mediums (2.). Beim Entwurf von CP-Beiträgen sind nicht nur die Unternehmensmarke und die Gestaltung einer Kundenbeziehung, sondern auch die relevante und transparente Aufbereitung der Themen und die Gestaltung der Leserbeziehung leitende Kriterien (3.). Da in dieser Domäne neben den Schreibprofis auch häufig Fachpersonen, Unternehmens- oder Abteilungsverantwortliche als Autoren fungieren, kommt der Korrekturphase eine grosse Bedeutung zu (4.).

Schlüsselbegriffe: Corporate Publishing, Brand-Journalismus, Corporate-Publishing-Code, redaktionelle Planung, Marken-/Thementransfer, Kundenbeziehungsmanagement

1 Grundlagen: Ein Trend mit Tücken

Kunden-, Mitglieder- und Mitarbeiterzeitschriften liegen im Trend. Glaubt man den Erhebungen der wichtigsten deutschsprachigen Branchenorganisation, dem Forum Corporate Publishing (FCP), dann sind die entsprechenden Budgets selbst zur Zeit der letzten Finanz- und Wirtschaftskrise nicht reduziert worden (FCP 2009). Demnach sollen fast alle Unternehmen mit mehr als 250 Mitarbeitenden periodische Publikationen für Kunden, Mitarbeitende, Investoren und andere Anspruchsgruppen in Eigenregie herausgeben. Sie betreiben Corporate Publishing (CP).

Allerdings garantiert das Mitgehen mit dem Trend noch keinen Kommunikationserfolg – ganz im Gegenteil: Je mehr Zeitschriften auf dem Tisch der Kunden landen, je regelmässiger Mitarbeitende mit Informationen aus dem Unternehmen bedient werden, desto härter wird der Wettbewerb um deren Aufmerksamkeit (Mast/Huck/Güller 2005: 179). Das hat zur Folge, dass die Anforderungen beim Schreiben für CP-Medien steigen. Weder eine undifferenzierte Massenproduktion noch ein simples Kopieren von Textmustern aus Promotion, Medienarbeit oder Journalismus führen zum Ziel (Hasenbeck 2005). Gefragt sind spezifische, medien- und zielgerechte Schreibstrategien.

1.1 Strategie und Publizistik

Texte für CP müssen mehrere Funktionen gleichzeitig erfüllen – es genügt also nicht, wenn diese Texte allein nach »journalistischen« oder allein nach »PR«-technischen Kriterien produziert werden. Der Erfolg ergibt sich erst durch die Verbindung beider Ansprüche. Verschiedene Autoren sehen darin sogar das Definitionsmerkmal dieser Publikationsform (Weichler 2007: 444; Giovanelli 2004). Konkret heisst das: Schreibende müssen beim CP nicht nur das leisten, was Journalisten in der Regel gut können, nämlich informieren und unterhalten. Sie müssen gleichzeitig auch das leisten, was PR-Fachleute gut können, nämlich integrieren und interagieren (Weichler 2007: 444 f.; Weichler/Endrös 2005: 27).

Die Aufgabe, die sich hier stellt, ist »Brand-Journalismus« genannt worden (Hasenbeck 2005: 26). Der Begriff bezeichnet sehr präzis die Aufgabe, um die es hier geht, nämlich die Verschmelzung kommunikationsstrategischer Zielvorgaben mit publizistischen Qualitätsnormen. Erst das erlaubt die Ansprache von Kunden in ihrer Rolle als Leser – und von Lesern in ihrer Rolle als Kunden. Vertrauen in eine Marke und ein markengerechtes Image sind nur zu haben, wenn breite Aufmerksamkeit für die entsprechenden Informationen erzeugt werden kann – und wenn diese Aufmerksamkeit dann auch mit Unterhaltungs- und Nutzwerten belohnt wird. Übersetzt auf eine gesellschaftliche Ebene lässt sich sogar sagen: Zielführend ist nur die Kombination von wirtschaftsorientiertem Unternehmertum und gesellschaftspolitischem Engagement (Röttger nach Weichler 2007: 445 f.)

1.2 Medienkonvergentes Corporate Publishing

In den letzten Jahren ist auch der »Brand-Journalismus« zu einem multimedialen Tätigkeitsfeld geworden (IPMZ 2002). Das hat zu Auseinandersetzungen um die »Hoheiten« von Abteilungen im Bereich von Marketing und PR geführt: Wer bestimmt die Schwerpunktthemen des Kundenmagazins, wenn sie auch für den Webauftritt bestimmend sein sollten? Wer hat Zugang zu den elektronisch gespeicherten Kundendaten und deren abgespeicherten Feedbacks? Wer darf sie nutzen, um Kunden anzusprechen? Die »Erbhof«-Mentalität zwischen Abteilungen ist in Bedrängnis geraten (Hasenbeck 2005: 21). Ohne »Content-Plattformen«, auf denen unter zentraler Regie und abteilungsübergreifend Informationen gesammelt, selektioniert und strukturiert werden, ist nun auch Corporate Publishing nicht mehr denkbar (Hasenbeck 2005: 24).

Die grundlegende Frage des »Brand-Journalismus« ist damit aber noch nicht beantwortet, vielmehr stellt sie sich nun erneut: Wie lauten die konkreten Kriterien, nach denen Themen, Geschichten und Argumente für solche »Content-Plattformen« ausgewählt werden? Und nach welchen Regeln sollen diese Themen, Geschichten und Argumente dann in mediengerechte Beiträge übersetzt werden?

1.3 Ein Bündel von Kriterien

Aus dem Versuch, die Selektions- und Gestaltungskriterien für das Schreiben in unternehmenseigenen Medien zu bestimmen, ist der Corporate-Publishing-Code entstanden. Er kann als Leitlinie für die Konzeption von CP-Medien und ihrer Beiträge wie auch zu deren Evaluation dienen. Hervorgegangen ist er aus der jahrelangen Tätigkeit der Autoren in der Beratung und Evaluation von Corporate-Publishing-Projekten aus Wirtschaftsunternehmen, Non-Profit-Organisationen und Verbänden.

Bei der Entwicklung dieses Arbeitsinstruments sind wir einerseits davon ausgegangen, dass CP nur durch eine Kombination von PR-strategischen und publizistischen Kriterien erfolgversprechend ist. Andererseits legten wir die These zugrunde, dass diese Kombination dazu führen muss, dass nicht nur ganze Medienkonzepte, sondern auch einzelne Beiträge in Wort und Bild beiden Kriterien entsprechen – und damit anhand beider Kriterien produziert werden sollten. »Corporate«- und »Publishing«-Kriterien sind also für alle Aspekte einer Produktionsstrategie entscheidend: Sie gelten sowohl für formale und inhaltliche wie auch für funktionale Eigenschaften von CP-Texten – und sie gelten während des ganzen Prozesses der Textproduktion. Es handelt sich also um erfolgsentscheidende Kriterien für das gesamte Textdesign (Bucher 2007: 51) beziehungsweise um solche für umfassende »Textdesignstrategien« (Perrin 2007: 17).

Tabelle 1 Der Corporate-Publishing-Code

	»Corporate«-Kriterien	»Publishing«-Kriterien
Form	**Konzeption**	**Sprach-/Textdesign**
	Differenzierung der Zielgruppen-ansprache	Sprachliche Korrektheit und Angemessenheit
	Folgerichtigkeit der Rubrizierung	Sprachliche Erschliessungshilfen
	Einmaliger Fokus	Visuelle Erschliessungshilfen
Inhalt	**Markentransfer**	**Thementransfer**
	Einbettung der Wort-/Bildmarke	Thematische Vielfalt
	Einbettung der Produkt-/Bereichs-symbolik	Relevanz durch Nachrichtenwertigkeit
	Thematisierung des Kundennutzens	Transparenz bezüglich Autoren und Quellen
Funktion	**Kundenbeziehung**	**Leserbeziehung**
	Ermöglichung eines Erstkontakts	Erfassbarkeit der Informationen
	Thematisierung von Kundenzufriedenheit	Eröffnen von Dialogchancen
	Unterstützung von Kundenbindung	Verstärkung von Selbstreferentialität (Public Storytelling)

2 Planen: Vorbereitung in mehreren Arbeitsphasen

2.1 Von der Analyse zur Konzeption

Die redaktionelle Planung einer Kundenzeitschrift wie einer Mitarbeiterzeitschrift erfolgt über mehrere Phasen. In der Konzeptionsphase gilt es zunächst, die Anforderungen des CP-Codes auf die eigene Aufgabenstellung zu beziehen und Leitlinien für spätere Planungsphasen festzulegen. Das kann dadurch geschehen, dass Angebote, welche bei den gleichen Zielgruppen um Aufmerksamkeit werben (also Zeitschriften der direkten Konkurrenten, von Branchenorganisationen und journalistischen Fachmedien), in Bezug auf die Anforderungen analysiert werden, wie sie im CP-Code zusammengefasst sind. Zu diesem Zweck werden zunächst die Merkmalsausprägungen der Konkurrenz in Bezug auf die Kriterien des CP-Codes analysiert. Im Anschluss werden mögliche Merkmalsausprägungen des eigenen

Abbildung 1 Prototypische Darstellung der Ergebnisse einer Konkurrenzanalyse und konzeptioneller Szenarien für CP-Medien

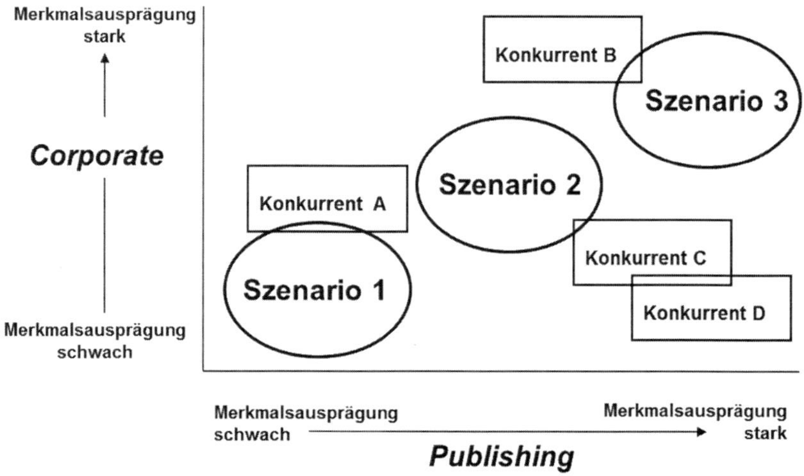

Mediums in Form von Szenarien entworfen. Meistens ergibt sich eine Differenzierung der konzeptionellen Szenarien nach voraussichtlichen Aufwendungen und dem erforderlichen Fachwissen von links unten nach rechts oben. In der Darstellung von Abbildung 1 wären also für Szenario 1 die geringsten, für Szenario 3 die höchsten Aufwendungen zu erwarten.

2.2 Strategische Konzeption: Differenzierung, Folgerichtigkeit und Einmaligkeit

Konzeptionelle Szenarien lassen sich konkretisieren und beurteilen mithilfe des ersten Kriterienbündels des CP-Codes. Dabei geht es im Wesentlichen darum, die Zielgruppendefinition und den Inhalt der Publikation miteinander in Übereinstimmung zu bringen.

In Bezug auf die Definition der Zielgruppen sind Differenzierungsgrad und Systematik wichtige Kriterien. Entsprechende Probleme stellen sich besonders bei Mitarbeiterzeitschriften: Bei der Zielgruppe »Mitarbeitende« handelt es sich ja in der Regel um ein sehr heterogenes Kollektiv mit sehr unterschiedlichen Interessen, sozialen und beruflichen Positionen sowie demografischen Merkmalen (Mast/Fiedler 2004: 28 f.). Diesen Unterschieden steht lediglich die Gemeinsamkeit gegenüber, beim selben Unternehmen tätig zu sein. Trotzdem erwarten Arbeitnehmer eine auf sie zugeschnittene Information. Sich in der Mitarbeiterzeitschrift eines sehr grossen Unternehmens an »Mitarbeitende« wenden zu wollen (zum Beispiel in Form eines Editorial-Titels »Liebe Mitarbeiterinnen und Mitarbeiter« oder eines Rubriktitels »Mitarbeiter-Info«), wäre demnach ein zu pauschales, also zu wenig differenziertes Vorgehen. Unterschiedliche Hierarchiestufen, Filialen, Berufsgruppen und Altersgruppen wollen individueller und explizit angesprochen werden. Dabei ist die Systematik wichtig: Keine der Zielgruppen darf vergessen gehen, und deren Interessen sollten sich im Inhalt der Publikation spiegeln. Das Gleiche gilt sinngemäss auch für die Ansprache von Kundengruppen.

Was das heissen kann, zeigte sich an einer Hochschule, die in ihrer Zeitschrift eine Rubrik mit dem Titel »Next Generation« für ihre Studierenden schaffen wollte. Angesichts der Tatsache, dass sich die an einer Hochschule studierenden jungen Menschen als eine »aktuelle« Generation verstehen (und nicht als die »nächste«) und dass sie sich selber als eine bereits in der Gegenwart sehr wichtige Generation fühlen und die gegenwärtigen »Kunden« der Hochschule sind, befriedigt dieser Titelvorschlag nicht. Tatsächlich wäre es hingegen möglich, zusätzlich eine Rubrik für Studieneinsteiger oder Absolventen zu schaffen. Ein grosses Dienstleistungsunternehmen fand eigene Lösungen für eine zielgruppenspezifische Ansprache: In einer festen Rubrik wurden kleine Filialen mit ihren unterschiedlichen Mitarbeitenden porträtiert. In einer anderen Rubrik wurden Weiterbildungen für verschiedene Stufen vorgestellt.

Ein zweites Kriterium ist die *Folgerichtigkeit* der redaktionellen Struktur, insbesondere der Rubrizierung. Rubriken einer Zeitschrift sollten es erlauben, möglichst vielfältige Informationen in möglichst vielfältiger Form zu vermitteln; gleichzeitig sollten sie eine gewisse Stringenz nach Massgabe der Unternehmensidentität, der anzusprechenden Zielgruppen und der inhaltlichen Dramaturgie einer Publikation aufweisen. Das Redaktionsteam eines Mitgliedermagazins hat bei neu auftretenden Themen jeweils gleich auch neue Rubriktitel geschaffen. Das spricht für die Kreativität dieses Teams, ist aber nicht folgerichtig: Die Wiedererkennbarkeit der Publikation ist dadurch eingeschränkt, die Leserführung erschwert. Ein Business-to-Business-Kundenmagazin klärt hingegen mit wiederholt verwendeten, unspektakulären, dafür aber angemessenen Rubriktiteln rasch, was Leser jeweils erwarten dürfen (»News & Tools«, »In eigener Sache«, »Teilnehmen und gewinnen«). Das Magazin einer Schule operiert gleichermassen abwechslungsreich und folgerichtig mit den jeweils in dieser Reihenfolge publizierten Rubriken »Schulleben«, »Schulteam«, »Zoom«, »Schwarzes Brett«, »Tipps« und »Happy End«.

Als drittes Kriterium für CP-Konzeptionen lohnt es sich, auf die *Einmaligkeit* im Konkurrenzvergleich zu achten. Diese Einmaligkeit ergibt sich nicht nur aus der präzisen Zielgruppendefinition und der strukturellen Folgerichtigkeit, sondern auch aus der unverwechselbaren Symbolisierung dieser konzeptionellen Eigenheiten. Abzulesen ist sie häufig schon an der Wahl des Magazintitels beziehungsweise des Zeitschriftentitels: Dieser sollte immer sowohl eine Bezeichnung der Herausgeber und seiner inhaltlichen Struktur wie auch ein unverwechselbares, dabei einlösbares Nutzversprechen für die Zielgruppen enthalten. Titel wie »Impact«, »Forum«, »Info« oder »Magazin« eignen sich daher nur noch in Kombination mit dem Namen der Organisation oder zusammen mit einer Domänenbezeichnung (beispielsweise »Info Post« oder »Forschungsmagazin«). Der Schlüssel zur Symbolisierung von Einmaligkeit liegt also in der Kombination von Namen, Bezeichnungen und Hinweisen im Kopf des CP-Mediums. Gut gelungen ist das beispielsweise in diesem Fall: »1414 – Gönnermagazin der Schweizerischen Rettungsflugwacht«. Beim Publikationstitel handelt es sich um die Notrufnummer, die naturgemäss nur genau für diese Organisation kennzeichnend ist und das Versprechen schneller Hilfe aus der Luft symbolisiert. Die Beiträge des benannten Heftes drehen sich über weite Strecken um die Frage, wer wann warum und mit welchem Effekt diese Nummer gewählt hat und sie wählen wird. Im Fall des Schuhanbieters »Waldviertler« ist der Markenname so unverwechselbar und sprechend, dass er gleich als Titel des Magazins verwendet werden kann. Wieder anders verhält es sich beim traditionsreichen Magazin der Schweizer Bank Credit Suisse. Dieses trägt seinen Namen seit jeher und kann daher stolz auf seine eigene unverwechselbare Geschichte verweisen: »bulletin – Seit 1895 das Magazin der Credit Suisse«.

2.3 Sprach- und Textdesign: Rechtschreibung und Erschliessung

Bei der Planung der künftigen Textgestalt einer unternehmenseigenen Publikation sind sowohl Aspekte der sprachlichen Korrektheit wie der sprachlichen und visuellen Erschliessung von Bedeutung.

Wichtig ist es, die verbindlichen Regeln der Rechtschreibung festzulegen. Das führt zur Notwendigkeit, die Spielräume der neuen deutschen Rechtschreibung einzugrenzen. Nur so können Regeln sprachlicher *Korrektheit* verbindlich festgelegt werden. Wichtig ist es aber auch, die Textgestalt so zu konzipieren, dass nicht nur Informationen vermittelt werden können, sondern dass sich Leser in der Publikation orientieren können. Bucher (2007: 61 f.) spricht diesbezüglich von verschiedenen zu lösenden »*Erschliessungsproblemen*«.

So hat das Textdesign einer Kundenzeitschrift zu gewährleisten, dass die Leserschaft das Informationsangebot *identifizieren* kann, das heisst, dass sie den Absender, dessen Motive und den Zeitpunkt der Publikation erkennen können. Typischerweise erfolgt dies nicht nur durch die Eingliederung in das Erscheinungsbild des Unternehmens, sondern auch durch die explizite Etikettierung beispielsweise als »Kundenmagazin«, als »Die Zeitschrift für Kunden« oder als »Kaderbrief«. Und es erfolgt durch Datierung und Nummerierung nicht nur auf dem Cover, sondern auch auf den Innenseiten der Publikation.

Zu lösen sind auch die Aufgaben der Orientierung und Hierarchisierung, der Navigation und Rahmung sowie der Sequenzierung und Einordnung. *Orientierung* verschaffen Inhaltsverzeichnisse, welche durch typografische Mittel und Rubrikbezeichnungen zum Ausdruck bringen, welche Bedeutung einzelne Informationsangebote im Kontext der Publikation und des Unternehmens, aber auch für die Leserschaft haben.

Die *Hierarchie* unterschiedlicher Informationen im Innern der Publikation wird dann durch typografische und grafische Mittel wie Schrifttypen und -grössen, Farben und Formen, aber auch durch die dramaturgisch sinnvolle Platzierung der Informationen innerhalb der Publikation transparent gemacht. So stehen Hauptbeiträge weder ganz am Anfang noch ganz am Schluss, um für einen Spannungsbogen im Lektüreablauf zu sorgen (Fasel 2000).

Auf *Navigation* und *Rahmung* ist die Leserschaft angewiesen, um zwischen den einzelnen Beiträgen blättern und mit dem Auge hin- und herspringen zu können. Verweise, Links, Navigationsleisten, aber auch Kästen und Trennstriche erleichtern diese Art der Lektüre.

Sequenzierung und *Einordnung* werden vor allem dadurch ermöglicht, dass einzelne Beiträge jeweils mit einem Lead eingeleitet werden, der die Zusammenhänge zwischen dem Text und dem aktuellen Geschehen oder anderen Beiträgen in der Publikation herstellt und das Wichtigste in Kürze zusammenfasst. Zudem sollten Lead-Texte so geschrieben sein, dass sie zum Weiterlesen animieren, etwa durch den packenden Beginn einer Erzählung oder durch das Stellen einer relevanten Frage. Ein häufig verwendetes Mittel, um die Leserschaft gut durch eine Publikation zu navigieren, sind Farbcodes für einzelne Rubriken. Das bedingt, dass erstens das Magazin nicht zu viele Rubriken aufweist – respektive dass die Rubriken gebündelt werden – und dass zweitens farbliche Bezüge zum Corporate Design des Unternehmens geschaffen werden können. So tritt beispielsweise das »Magazin« des WWF Schweiz in der grafischen Gestaltung vierfarbig auf: Rot steht für Themen im Fokus, Blau für Wissen, Orange für Leben (Tipps zum ökologischen Leben) und Grün für dialogorientierte Gefässe. Die genannten Farben ziehen sich dabei auch durch die WWF-Webformate hindurch. Sie werden auf der Frontseite des Magazins eingeführt, im Inhaltsverzeichnis wieder aufgenommen und im gesamten Innenteil durchgezogen.

2.4 Die Phasen redaktioneller Planung

Steht das eigene Publikationskonzept, geht es an die Erarbeitung eines »Prototyps«. Meist handelt es sich dabei um eine »Nullnummer«, die als Erstausgabe publiziert werden könnte, aber so früh erarbeitet wird, dass auch mehrere Versionen davon entstehen können, bis das Resultat für die Publikation befriedigt. Die Herstellung einer solchen »Nullnummer« erfolgt in den Phasen, die auch für den späteren regelmässigen Publikationsbetrieb kennzeichnend sind. Unterscheiden lassen sich die Phasen der Planung, der Produktion und der Evaluation. Die Berücksichtigung des entsprechenden Zeitbedarfs und das Organisieren eines dafür nötigen Teams aus unterschiedlichen Spezialisten und Abteilungsvertretungen ist für die Planung im CP-Bereich von grundlegender Bedeutung.

Tabelle 2 Redaktionsphasen für ein CP-Printmedium

A Konzeptionsphase
B Planungsphase
▪ Jahresplanung ▪ Ausgabenplanung ▪ Auftragsvergabe mit Hinweisen auf Publikationskonzept, Rubriken, Textsorten, Textlänge, Themen, Quellen, Liefertermin und Entschädigung
C Produktionsphase
▪ Recherchen ▪ Textplanung und -entwurf ▪ Textverbesserung durch Gegenlesen, Verifizieren, Korrigieren ▪ Textgestaltung nach den Vorgaben der Konzeption
D Evaluations- und Revisionsphase
▪ Erstredaktion (Prüfen der Auftragsgerechtigkeit, Prüfen und nötigenfalls Herstellen der Kohärenz mit dem Publikationskonzept, Verfassen von Zusatztexten wie Bildlegenden, Anrissen für Cover und Inhaltsverzeichnis) ▪ Layout (Anpassung einzelner Textelemente an Typografie und Seitengestaltung, Komponieren der Text-Bild-Partitur) ▪ Schlussredaktion (Korrektorat, gut zum Druck)

3 Entwerfen: Inhalte vermitteln und Funktionalität gewährleisten

Sind die formalen Grundzüge eines Mediums definiert und die einzelnen Arbeitsphasen geplant, muss das Konzept in die Tat umgesetzt werden.

3.1 Markentransfer: Einbettung von Wort- und Bildmarken

Eine wichtige Konkretisierung ergibt sich aus der Anforderung, die Identitätsmerkmale eines Unternehmens durch ein CP-Medium zu vermitteln (Rosenberger, in diesem Band) beziehungsweise die Wort- und die Bildmarke im Medium mit wichtigen Aussagen zu verbinden, also mit bestimmten Vorstellungen gezielt aufzuladen. Entsprechend müssen Schreibende die *Wortmarke* in die Erzählungen und Argumentationen ihrer Beiträge einbetten – und zwar an jenen Stellen, an denen auch wichtige Identitätsmerkmale des Unternehmens zur Sprache kommen. Wenn der Name einer Bank immer nur dann erwähnt wird, wenn diese Bank Geschäftszahlen publiziert oder neue Angebote lanciert, nicht aber auch dann, wenn vom Vertrauen und von Risikoerwägungen von Kunden die Rede ist, sind die Voraussetzungen für einen erfolgreichen Markentransfer nicht gegeben. Häufig werden einzelne Begriffe als Schlüsselmerkmale einer Marke definiert (beispielsweise »Partnerschaft«, »Internationalität«, »Innovation«). In solchen Fällen gilt es, die Beiträge entlang solcher Themen zu entfalten, ohne die Begriffe selber stereotyp zu verwenden.

Bei dieser Einbettung der Marke stellt sich unweigerlich auch die Frage nach dem syntaktischen Umgang mit der Wortmarke. Diese Frage stellt sich beim Schreiben von CP-Beiträgen aufgrund der oben beschriebenen Einbettung sehr häufig. Das Unternehmen ist Subjekt und Objekt zugleich, sein Name soll einmal betont und ein anderes Mal nur beiläufig erwähnt werden. Ein abwechslungsreicher, dabei stets korrekter Umgang mit Markennamen und Abkürzungen drängt sich deshalb auf. So ist beispielsweise bei den Schweizerischen Bundesbahnen zu klären, ob es jeweils »bei der SBB« oder »bei den SBB« heissen soll. Und es muss eine Regel geben für die Frage, ob von »UBS AG« oder von »*der* UBS AG« die Rede sein soll. Im Zweifelsfall empfiehlt es sich, entsprechende Vorgaben des Corporate Design im Lichte des Schreib- und Leseflusses auch kritisch zu hinterfragen.

Die Einbettung der *Bildmarke* ist eine Frage, die Schreibende in Zusammenarbeit mit Layoutern und Fotografen klären sollten. Meist wird bereits konzeptionell festgeschrieben, ob die Bildmarke ein wiederkehrendes Element der Heftgestaltung oder nur eines auf dem Cover sein soll. Im Entwurf ist dann aber auch zu entscheiden, ob – und wenn ja wie – die Bildmarke auf Fotografien und in Infografiken auftauchen soll. Die Redaktion eines Business-to-Business-Magazins beispielsweise hat sich entschieden, die Bildmarke selber (das »Logo«) nur auf der Frontseite zu verwenden. Im Innern des Magazins platziert sie das Logo nicht als grafisches Element, sondern als Bestandteil dokumentarischer Bilder – dann nämlich, wenn beispielsweise ein Messeauftritt oder ein Transportwagen mit entsprechender Bemalung gezeigt wird. So steht die Bildmarke als eine Art visuelles »Motto« am Anfang des Magazins, im Heftinhalt aber spielt sie eine untergeordnete Rolle, was die visuelle und narrative Vermittlung vielfältiger Themen erleichtert.

Ähnliches wie für die Wort- und Bildmarken des Unternehmens könnte von für die *Produktnamen,* die *Bereichs-* und *Funktionsbezeichnungen* gesagt werden. Auch diesbezüglich stellt sich einerseits die Aufgabe, die Unternehmensstruktur mit ihren Angeboten und Ansprechpartnern transparent zu machen. Andererseits sollten die Bezeichnungen in sinnfälligen Zusammenhängen auftauchen. In einem Mitarbeitermagazin einer grossen Unternehmung sind zum Beispiel die Bilder von Mitarbeitenden nicht nur mit deren Namen, sondern auch mit Funktions- und Abteilungsbezeichnungen jeweils in den einzelnen Beiträgen platziert. Das wäre auch dann möglich, wenn diese Mitarbeitenden nicht als Autoren fungieren, sondern beispielsweise Expertenauskünfte gegeben haben. Entscheidend ist allerdings, dass der Nutzen thematisiert wird, der aus der Kompetenz der Mitarbeitenden sowie aus den Produkten und Dienstleistungen des Unternehmens für Kunden erwächst. Das kann in verschiedenen Formen geschehen. Kundenporträts oder Kundenstatements, Berichte über Produkttests oder Rankings sind ein Anlass, entsprechende Informationen zu vermitteln.

3.2 Thementransfer: Vielfalt, Relevanz und Transparenz

Damit eine Leserschaft ein Kunden- oder Mitarbeitermagazin auch nutzen will, braucht es noch mehr; eine günstige formale Gestaltung und die Einbettung von Informationen über die Unternehmensmarke sind notwendige, aber nicht hinreichende Voraussetzungen dafür. Die thematische Entfaltung der Beiträge muss sich an Kriterien publizistischer Themenvermittlung orientieren (Fabris 2000) – als die wichtigsten für den Bereich des Corporate Publishing erachten wir Vielfalt, Relevanz und Transparenz. Die *Vielfalt* kann sich dabei auf die Perspektiven der Darstellung wie auf die dargestellten Themen selber beziehen. Stammen alle Beiträge aus der Feder des Kundendienstes oder der PR-Abteilung, dürfte die Selektion der Informationen zu eng und die Art der Darstellung zu monoton ausfallen. Finden sich hingegen auch Verantwortungsträger, Serviceleute von der Front, auswärtige Experten und Journalisten unter den Autoren, kann das Interesse der Leserschaft eher gefesselt werden: Begeisterte und kritisch-distanzierte, engagierte und gelassene, fachliche und unvoreingenommene Stimmen werden sich dann abwechseln und ein buntes Gesamtbild der Themen zeichnen.

Um die *Relevanz* des Informationsangebotes für die Leserschaft zu beurteilen, bietet es sich an, Erkenntnisse aus der Nachrichtenwertforschung zu nutzen (u.a. Kepplinger 1998; Maier/Stengel/Marschall 2010). Nachrichtenwerte spielen nicht nur für die journalistische Selektion von Informationen, sondern auch für die Rezeption durch die Leserschaft eine wichtige Rolle. Als Nachrichtenwerte gelten etwa zeitliche Qualitäten von Themen (Aktualität, Überraschung, Intensität), die räumliche, politische oder kulturelle Nähe eines Themas, der soziale Status von Akteuren, die Valenz (Konflikt, Schaden, Erfolg) oder die Möglichkeit zur Identifikation (Personalisierung, Emotionalisierung) (in Anlehnung an Galtung/Ruge 1965).

Diese Nachrichtenwerte können als Kriterien herangezogen werden bei der Selektion von Informationen und beim Entwurf zentraler Textelemente wie Titel oder Leads von CP-Beiträgen. Wählen Autoren den folgenden Titel, sind die genannten Kriterien wenig berücksichtigt: »Der Faktor Mensch gewinnt wieder an Bedeutung«. Denn diese Feststellung ist nicht nur sehr abstrakt und wenig identifikationsträchtig, sondern auch wenig überraschend, lässt sich doch schwer vorstellen, dass der »Faktor Mensch« eine geringe Bedeutung gehabt haben soll – zumal in der Dienstleistungsbranche, aus der das betreffende Kundenmagazin stammt. Für das Editorial einer Kundenzeitschrift eines Energieunternehmens zum Thema Gasversorgung aus den ehemaligen Sowjetstaaten wurde folgender Titel vorgeschlagen: »Erdgasversorgung gesichert«. Diese Variante zeichnet sich nicht nur durch eine umständliche Formulierung, sondern auch durch eine sehr geringe Valenz aus. Besser wäre in diesem Fall der Titel »Von Russland unabhängig«: Die Nennung der häufig als Bedrohung wahrgenommenen Elitenation und der Verweis auf die in der Schweiz für äusserst erstrebenswert gehaltene Unabhängigkeit sind Gründe dafür, weshalb der zweite Vorschlag der bessere ist. Für einen Beitrag über Förderbeiträge für energieeffiziente Beleuchtungen eines Energieversorgers eignete sich die Formulierung »Die Lichter der Grossstadt« weniger gut als die mit mehr Nachrichtenwert aufgeladene Variante »Mehr Licht – mehr Geld!«

Ein letztes zentrales Kriterium für die publizistische Vermittlung von Themen ist die *Transparenz* der Information. Sie muss sowohl bezüglich der Autorschaft wie auch bezüglich der Quellen gewährleistet sein, damit Leser Informationen einordnen, gewichten und bewerten können. Diese Transparenz stellt besonders dann Probleme, wenn interne Stellen oder externe Dienstleister den Grossteil der Beiträge für eine Publikation verfassen. Dann kann ein ausführliches Impressum mit der Angabe der Zuständigkeiten in Verbindung mit Autorenkürzeln der Weg sein, Transparenz zu schaffen, ohne repetitiv die gleichen Namen aufführen zu müssen. Die Transparenz bezüglich der Quellen ist ebenso wichtig. Leser unternehmenseigener Publikationen möchten wissen, ob die Texte auf vorselektioniertem Material der PR-Abteilung beruhen oder ob beispielsweise auch interne Experten und Fachstellen oder gar externe Studien und Stellungnahmen verwendet worden sind. Das dient dem Zweck, vielfältige Perspektiven und vertiefende Informationen zu den angebotenen Themen zu offerieren und damit die Attraktivität und Verständlichkeit der Publikation zu erhöhen.

3.3 Kundenbeziehung: Eingehen auf sich wandelnde Bedürfnisse

Die Leserschaft eines Kundenmagazins ist die Kundschaft eines Unternehmens. Soll die Kommunikation mittels dieses Mediums zielführend sein, so muss sie sich an den Bedürfnissen einer Kundenbeziehung orientieren. Diese Bedürfnisse wandeln sich je nachdem, ob es sich um noch frische oder bereits ältere und stabilisierte Beziehungen geht. Entsprechend rät die Wissenschaft des Kundenbeziehungsmanagements, sowohl vergangene Verhaltensweisen wie auch auf die Zukunft bezogene Absichten von Kunden zu berücksichtigen, um die Beziehung stabilisieren und weiterentwickeln zu können (Bruhn 2003: 8). Es lassen sich die Phasen des Erstkontakts, der Urteilsbildung, der Entstehung von Loyalität und Bindung sowie der Steigerung des beiderseitigen ökonomischen Nutzens unterscheiden.

Kundenmagazine sollten Kommunikationsangebote für alle diese Phasen enthalten. Für den *Erstkontakt* eignen sich Informationen über gesponserte Kultur- und Sportevents ebenso wie über Erstanlaufstellen und Beratungsangebote: Der Einstieg soll so einfach wie möglich sein und auch aufgrund individueller Interessen künftiger Kunden zustande kommen. Die später einsetzende Bildung von Urteilen über das Unternehmen und seine Leistungen kann unterstützt werden durch Kundenporträts und Erfahrungsberichte von Kunden. Je weiter fortgeschritten eine Kundenbeziehung dann ist, desto eher benötigt sie Informationen nicht nur über die *Kundenzufriedenheit,* sondern auch über negative Aspekte. Kundenporträts sollten deshalb auch Schilderungen über vergangene kritische Phasen der Kundenbeziehung, über Probleme und Enttäuschungen enthalten. Erst dadurch kann gezeigt werden, dass sich Beziehungen vertiefen können und auch angesichts von Schwierigkeiten tragfähig sind. Informationen über Treue-Rabatte, Kundenclubs und -events dienen schliesslich der Pflege sehr weit fortgeschrittener Kundenbeziehungen und der Steigerung von *Kundenbindung* und gegenseitigem Nutzen.

3.4 Leserbeziehung: Erfassbarkeit von Information und Dialogchancen

Die Beziehung eines Unternehmens zu bestimmten Anspruchsgruppen wird durch Corporate Publishing als eine Beziehung zwischen Lesern und einer Redaktion gestaltet. Medienbezogene Einstellungen sind jetzt mitentscheidend für die Kunden- und Mitarbeiterbeziehung. Nehmen die Leser die Publikation gerne zur Hand – oder tun sie es aus Pflichtgefühl oder Langeweile? Warten sie auf die neue Ausgabe oder entsorgen sie diese bald nach dem Eintreffen zusammen mit anderem Werbematerial? Leserspezifische Bedürfnisse sollten also nicht nur bei der Planung, sondern auch beim Entwurf von CP-Texten berücksichtigt werden. Die besten Clubangebote bleiben ungenutzt, wenn sie nicht im CP-Medium in textlicher Form lesergerecht vermittelt werden können.

Grundlegend ist dabei die inhaltliche *Erfassbarkeit* der Informationen. Sie wird durch die konsequente Anwendung der publizistischen Regel gewährleistet, wonach zu Beginn von Beiträgen die W-Fragen zu beantworten sind (Wer tut was, wo, wann, wie und warum?). Darüber hinaus braucht es Chancen zum *Dialog:* Das können beispielsweise E-Mail-Adressen für Feedbacks auf einzelne Beiträge, Seiten mit Auszügen aus solchen Leserreaktionen, ein Leserforum im Web oder auch Stellungnahmen der Redaktion zu Bedürfnissen der Leserschaft sein. Schliesslich entsteht Vertrauen zur Publikation und Bindung an sie auch dann, wenn diese verlässlich für eine bestimmte und verständliche Botschaft steht, wenn es also eine bekannte Rahmen- oder Basiserzählung gibt (Public Storytelling). Beim genannten Magazin der Rettungsflugwacht ist es das Basis-Narrativ der engelsgleichen »Retter aus den Lüften«, das vielfach variiert und immer wieder neu erzählt wird. Auch Mitarbeiterzeitschriften kennen solche wiederkehrenden Sinnmuster – etwa wenn es darum geht, durch die Schilderung von Herausforderungen und ihrer gemeinsamen Bewältigung einen »Einigkeitsdiskurs« in Zeiten von Globalisierung und verschärftem Wettbewerb zu etablieren (Hartz/Habscheid 2008).

4 Verbessern: Titel und Lead als Schlüsselelemente

Kunden- und Mitarbeiterzeitschriften zeichnen sich unter anderem dadurch aus, dass deren Beiträge nicht immer von Schreibprofis verfasst werden. Angesichts der Anforderung, eine Vielfalt an Themen und Perspektiven anbieten zu können, ist dies nicht nur eine ökonomisch bedingte, sondern auch unter qualitativen Gesichtspunkten erwünschte Praxis. Nicht nur den Aufträgen in der Planungsphase, sondern auch der Überprüfung und Verbesserung bereits geschriebener Texte kommt deshalb eine grosse Bedeutung zu. Dabei stellt sich häufig die Aufgabe, eingegangene Manuskripte, die zwangsläufig nicht die erforderliche Qualität aufweisen, innert nützlicher Frist an das Publikationskonzept und die Anforderungen des Corporate Publishing anzupassen.

Die Textteile, bei denen mit dem besten Verhältnis von Aufwand und Ertrag korrigiert werden kann, sind die Titel, Leads und Einstiege. Dabei können diese Textteile anhand aller Kriterien des CP-Codes unter die Lupe genommen werden – und am effizientesten und effektivsten sind Korrekturen, die Verbesserungen in gleich mehrfacher Hinsicht bringen. Der Textentwurf in den ersten Teilen aus dem Kundenmagazin eines Energieunternehmens (nachfolgend EUn) in einer grösseren Stadt (nachfolgenden XY) lautete wie folgt:

Beispiel

Titel:
»Ein Beitrag an die Qualität der Luft«

Untertitel:
»Immer mehr Unternehmen in XY setzen auf Erdgasfahrzeuge«

Lead:
»Die Lungenliga XY ist eine von rund 20 lokalen Firmen, die mit umweltschonenden Erdgasfahrzeugen unterwegs sind. Das EUn unterstützt die Anschaffung mit Förderbeiträgen.«

Einstieg:
»›Aufgrund unseres Auftrags liegt uns die Qualität der Luft ganz besonders am Herzen‹, berichtet YZ, Geschäftsführer der Lungenliga XY. ›Deshalb haben wir für unsere Mitarbeitenden im Aussendienst die Anschaffung von zwei Erdgasfahrzeugen beschlossen.‹ (…)«

Dieses Manuskript kann gleich in mehrfacher Hinsicht verbessert werden: Formale wie inhaltliche Kriterien sind zu wenig beachtet worden. So ist nicht klar, ob es sich um das Porträt der Lungenliga oder um einen übergeordneten Bericht zum Thema handelt, spricht doch der Titel von einem »Beitrag an die Qualität der Luft« im Singular, der Untertitel aber weist im Plural auf eine wachsende Zahl von Unternehmen hin, die der Leser unweigerlich als die Urheber eines »Beitrags an die Qualität der Luft« identifiziert. Die Zitate im Einstieg lassen offen, ob sie beispielhaft-dokumentarisch wie in einem Feature oder szenisch wie in einer Reportage gemeint sind. Es fehlt eine Autorenzeile, um Transparenz bezüglich der

Autorschaft herzustellen. Die Relevanz des Themas kommt nicht deutlich genug zum Ausdruck, wäre doch lediglich »ein« Beitrag an die Luftqualität etwas wenig. Dass die Lungenliga XY offensichtlich zu den Kunden des EUn gehört, wird nicht explizit gemacht. Und die Erfassbarkeit dessen, worum es in der Geschichte im Wesentlichen geht, ist dadurch beeinträchtigt, dass die W-Fragen nicht beantwortet werden.

Ein Vorschlag für die Korrektur könnte also lauten:

Beispiel

Titel:
»Wachsendes Engagement für saubere Luft«

Untertitel:
»Förderbeiträge für Erdgasautos am Beispiel der Lungenliga«

Lead:
»Immer mehr Firmen setzen auf Erdgasautos. Sie profitieren von Sonderkonditionen – und leisten einen Beitrag für die Umwelt. Zu ihnen gehört unter anderem die Lungenliga XY. Ein Gespräch mit dem Geschäftsführer zeigt: Das Engagement für eine saubere Luft lohnt sich gleich doppelt.«

Einstieg:
»›Aufgrund der Ziele unserer Organisation liegt uns die Luftqualität besonders am Herzen‹, sagt YZ und atmet tief durch. Er gehört zu einem der inzwischen mehr als 20 Unternehmen in XY, die sich für Erdgasautos entschieden haben. Sie profitieren von den Förderbeiträgen, welche das EUn seit drei Jahren für saubere Firmenautos auszahlt. (…)«

Auf diese Weise erlaubt es die Anwendung des CP-Codes auch in der Phase der Verbesserung von Texten, den Anforderungen an das Schreiben in dieser Domäne gerecht zu werden – und sowohl strategisch wie publizistisch einen wirkungsvollen Beitrag an die PR zu leisten.

Fazit

- Das Schreiben für Kundenzeitschriften und Mitarbeiterzeitschriften folgt sowohl PR-orientierten wie publizistischen Strategien: Die unternehmens- und die publikumsbezogenen Kriterien miteinander in Übereinstimmung zu bringen, ist die hauptsächliche Anforderung in dieser Domäne. Diesem Zweck dient der Corporate-Publishing-Code.

- Kommunikationsstrategische Ziele von Corporate-Publishing-Medien ergeben sich aus der Konzeption, aus der Unternehmensmarke und aus den unterschiedlichen Bedürfnissen von Kunden. Publizistische Anforderungen betreffen unter anderem die Erschliessung des Inhalts einer Publikation, die Relevanz und Transparenz der angebotenen Themen sowie die Erfassbarkeit von Informationen für die Leserschaft.
- Die Kriterien des Corporate-Publishing-Codes sollten in den Phasen der Konzeption und Planung wie des Entwurfs und der Verbesserung von Beiträgen angewendet werden.
- Die Verbesserung von Textentwürfen ist im Corporate Publishing eine wichtige Aufgabe, da Manuskripte häufig von Fachpersonen oder Verantwortlichen beigesteuert werden, die nicht Schreibprofis sind. Die Korrektur wichtiger Textteile wie Titel, Lead und Einstieg bringt dabei das beste Verhältnis von Aufwand und Ertrag.

Übers Schreiben lesen

www.forum-corporate-publishing.de/
Die Branchenorganisation im deutschsprachigen Raum mit vielfältigen Hinweisen zu Akteuren, Kriterien und Best Practice.

www.deutschepost.de/dpag?xmlFile=44582&lang=de_DE
Themenseiten der Deutschen Post mit einschlägigen Marktinformationen, Analysetools und Bezugsmöglichkeiten.

Literatur

Bruhn, M. (2007): Kundenorientierung: Bausteine für ein exzellentes Customer Relationship Management (CRM). 3., überarb. Aufl. München.

Bucher, H.-J. (2007): Textdesign und Multimodalität. Zur Semantik und Pragmatik medialer Gestaltungsformen. In: Roth, S.-K./Spitzmüller, J. (Hrsg.): Textdesign und Textwirkung in der massenmedialen Kommunikation. Konstanz, S. 49–76.

Fabris, H.-H. (2000): Vielfältige Qualität. Theoretische Ansätze und Perspektiven der Diskussion um Qualität im Journalismus. In: Löffelholz, M. (Hrsg.): Theorien des Journalismus. Wiesbaden, S. 363–374.

Fasel, Ch. (2000): Magazin-Dramaturgie: »Das Drama soll eilen …« Was Goethe mit Zeitschriften zu tun hat. Warum ein Blattmacher Lessing gelesen haben sollte. Und wie man Storys mit einer Heftdramaturgie zur journalistischen Makro-Struktur verknüpft. In: Message, Internationale Fachzeitschrift für Journalismus, 2/2000.

Forum Corporate Publishing (2009): CP-Barometer. Zürich, München.

Galtung, J./Ruge, M. H. (1965): The structure of foreign news. The presentation of the Congo, Cuba and Cyprus crises in four foreign newspapers. In: Journal of Peace Research 2, S. 64–91.

Giovanelli, I. (2004): Kundenzeitschriften zwischen Public Relations und Journalismus. Eine Analyse von journalistischen Merkmalen in Schweizer Kundenzeitschriften aus publizistikwissenschaftlicher Perspektive. Zürich.

Hartz, R./Habscheid, St. (2008): Die Konstruktion von Konsens und Einigkeit in Organisationen – am Beispiel der Mitarbeiterzeitung. In: Menz, F./Müller, A. P. (Hrsg.): Organisationskommunikation. Grundlagen und Inszenierung von Organisation. München, Mering, S. 119–139.

Hasenbeck, M. (2005): Chancen neuer Medienwelten in der Unternehmenskommunikation. In: Dörfel, L. (Hrsg.): Strategisches Corporate Publishing. Konzepte, Tools und Innovationen. Berlin, S. 21–31.

IPMZ – Institut für Publizistikwissenschaft und Medienforschung der Universität Zürich (2002): Corporate Publishing in der Schweiz: Instrumente, Strategien und Perspektiven. Eine Studie im Auftrag des Corporate Publishing Forum.

Kepplinger, H. M. (1998): Der Nachrichtenwert der Nachrichtenfaktoren. In: Holtz-Bacha, Ch./Scherer, H./Waldmann, N. (Hrsg.): Wie die Medien die Welt erschaffen und wie wir darin leben. Opladen, S. 19–38.

Kuhn, Th. (2005): Die Zukunft der Massenkommunikation im CP ist crossmedial. In: Dörfel, L. (Hrsg.): Strategisches Corporate Publishing. Konzepte, Tools und Innovationen. Berlin, S. 129 ff.

Mast, C./Huck, S./Güller, K. (2005): Mitarbeiterzeitschriften im Zeitalter des Intranet. Ergebnisse einer Umfrage bei Banken und Versicherungen. Kommunikation und Management, Band 5. Stuttgart.

Mast, C./Huck, S./Güller, K. (2005): Kundenkommunikation. Ein Leitfaden. Stuttgart.

Maier, M./Stengel, K./Marschall, J. (2010): Nachrichtenwerttheorie. Baden-Baden.

Perrin, D. (2007): »Für uns muss eine Meldung einfach gemacht sein«: Textdesignstrategien und Wirkungsvorstellungen untersuchen. In: Roth, S.-K./Spitzmüller, J. (Hrsg.): Textdesign und Textwirkung in der massenmedialen Kommunikation. Konstanz, S. 17–33.

Weichler, K./Endrös, S. (2005): Die Kundenzeitschrift. Konstanz.

Weichler, K. (2007): Corporate Publishing: Publikationen für Kunden und Multiplikatoren. In: Piwinger, M./Zerfass, A. (Hrsg.): Handbuch Unternehmenskommunikation. Wiesbaden, S. 441–451.

Nach Wunsch der Journalisten

Schreiben für die Medienarbeit

Cathrin Christoph

Schreiben für die Medienarbeit erfolgt aus der doppelten Perspektive des Auftraggebers und der journalistischen Redaktionen (1.). Das führt zu einer an Nachrichtenfaktoren orientierten Wahl der Themen (2.). und zu einer leicht lesbaren, gut strukturierten und mit weiterführenden Hinweisen versehenen Textform (3.). Gegenlesen und Redigieren dienen dem Finden von Kompromissen zwischen den unterschiedlichen Perspektiven (4.).

Schlüsselbegriffe: Medienmitteilung, Medienarbeit, Nachrichtenfaktoren/-wert, Briefing, Begleitbrief, Betreffzeile, Überschrift, Vorspann/Lead, journalistische Standards, Unternehmensporträt

1 Grundlagen: Medienarbeit unter doppelter Perspektive

Immer wieder müssen sich PR-Verantwortliche dafür rechtfertigen, dass ihre Texte in den journalistischen Medien keine Beachtung finden. »Warum wird Mitbewerber XY ständig genannt und wir nicht?«, »Wieso werden wir nicht in der Fachpresse erwähnt?«– so oder ähnlich lauten dann die Fragen von Auftraggebern oder Vorgesetzten. Tatsächlich landen in den Redaktionen 80 Prozent aller Medienmitteilungen ungenutzt im Papierkorb – seien sie nun in digitaler oder gedruckter Form dort eingetroffen (Hintermeier 1982: 192; Christoph 2009: 174). Dabei ist das System des Journalismus durchaus auf »Zulieferungen« vonseiten der PR angewiesen: Etwa 50 Prozent aller Medieninhalte gehen auf PR-Arbeit zurück (Bachmann 1997: 237; Baerns 1991: 66). Woran liegt es also, dass manche Medienmitteilungen aufgegriffen und hundertfach veröffentlicht werden, während andere überhaupt keine Resonanz finden? Wieso gibt es Gastautoren, die sich auf mehreren Seiten zu einem Thema äussern dürfen, während andere Experten nie zu Wort kommen?

Wer aufseiten der PR für die Medienarbeit schreibt, der sollte sich zunächst klarmachen, an welcher Stelle im Zusammenspiel der beteiligten gesellschaftlichen Systeme er verortet ist. Da ist zum einen die Organisation, in deren Auftrag die Texte verfasst werden – seien es nun Medienmitteilungen, Exposés, Autorenbeiträge, Hintergrundtexte oder Interviews. Denn um Auftragskommunikation handelt es sich bei der Medienarbeit in den PR auf jeden Fall (Mast 2004: 603). Der Blickwinkel des Auftraggebers verlangt es, Informationen so auszuwählen, dass sie dessen Interessen entsprechen – also auf Themen zu setzen, die das Image der Organisation verbessern oder festigen und so zur Markenbildung beitragen. Auf der anderen Seite hat das System des Journalismus seine eigenen Auswahlkriterien, die ebenfalls berücksichtigt werden müssen. Schreiben für die Medienarbeit heisst also, sich der Codes beider Systeme zu bedienen, um jeweils anschlussfähig zu sein. Denn ohne Anschlussfähigkeit im journalistischen System kommt keine Veröffentlichung zustande. Und ohne Anschlussfähigkeit an die eigene Organisation verfehlt die Medienarbeit ihren Zweck.

Wenn diese doppelte Perspektive den Schreibprozess bestimmt, wird die Medienarbeit ihrer Funktion gerecht, strukturelle Kopplungen zwischen dem »Mutter-System«, das die PR-Arbeit betreibt, und dem System des Journalismus herzustellen. Dabei profitieren beide Systeme voneinander: So erleichtert die journalistische Berichterstattung die Umweltbeobachtung und Legitimation der PR-treibenden Organisation (Hoffjann 2007: 152). Und PR-Arbeit erlaubt es dem Journalismus, die beabsichtigte Selbstdarstellung der Organisationen zu beobachten (Hoffjann 2007: 149).

2 Planen: Weichen stellen bei der Themenwahl

PR-Texte sind dann erfolgversprechend, wenn die Weichen bereits bei der Wahl des Themas richtig gestellt worden sind. Zwar müssen Botschaften vermittelt werden, die im Interesse der Absenderorganisation sind. Positive Geschäftszahlen eignen sich also besser als negative. Und Neuheiten sind attraktiver als das Einstellen der Fabrikation erfolgloser Produkte. Doch längst nicht alles, was aus der Perspektive des Absenders ein spannendes Thema ist, wird auch von journalistischen Medien als ein solches wahrgenommen. Im Gegenteil: Der stark werbliche Charakter von Medienmitteilungen gibt unter Journalisten immer wieder Anlass zur Kritik. Christian Menkhoff stellt in seiner Studie »PM 2006« die Frage, wie viel Prozent der eingehenden Medienmitteilungen in den Augen der Journalistinnen und Journalisten »eher verkappte Werbung als Information« seien – und kommt zu dem Ergebnis, dass ein Drittel der Befragten zwischen 50 und 70 Prozent der eingehenden Medienmitteilungen in dieser Weise negativ einschätzt. Ein

Viertel der Journalistinnen und Journalisten unterstellten sogar zwischen 70 bis 90 Prozent der Medienmitteilungen, eher Werbung als Information zu sein. »Ein vernichtendes Urteil für den Ruf von Pressemitteilungen, deren Sinn es nicht sein kann, kostenlos geschaltete Werbung zu sein«, so Menkhoffs Fazit. Seiner Ansicht nach ist der werbliche Charakter der Texte kontraproduktiv und sorgt dafür, dass die Redaktionen solche Texte nicht für die Berichterstattung verwenden, sondern eher an die Werbeabteilung weiterleiten (Menkhoff 2005: 37).

Allzu werbliche Themen sollten also für PR-Texte tabu sein. Doch was ist nach journalistischem Massstab ein gutes Thema? Glücklicherweise müssen PR-Treibende hier nicht im Dunkeln tappen; vielmehr gibt die Ratgeberliteratur für Journalisten sehr konkret vor, was »ein Thema ist« und was nicht: Entscheidend sind die Nachrichtenfaktoren beziehungsweise der Nachrichtenwert.

2.1 Nachrichtenfaktoren entscheiden über Thema und Instrument

Falkenberg konstatiert in ihrem Buch »Pressemitteilungen schreiben«, dass der Nachrichtenwert das wichtigste Auswahlkriterium für die Veröffentlichung von Medienmitteilungen ist. Allerdings unterscheidet sie zwischen dem Kriterium »Medienrelevanz, also Nachrichtenwert« und dem Kriterium Themenwahl (Falkenberg 2006: 62). Das ist allerdings nicht zwingend: Angesichts seiner überragenden Bedeutung kann man den Nachrichtenwert auch als eine Eigenschaft des Themas verstehen.

In der Literatur wird zwischen zwei Arten von Nachrichten unterschieden: zwischen den »harten Nachrichten« (»Hard News«) einerseits und den »weichen Nachrichten« (»Soft News«) andererseits. Ausschlaggebend für den Nachrichtenwert ist bei den »harten Nachrichten« die Bedeutung eines Ereignisses und bei den »weichen Nachrichten« das Interesse des Publikums. Die Bedeutung eines Ereignisses ergibt sich aus dessen Tragweite und den Konsequenzen: Wie weit erstreckt sich das Ereignis? Wie viele Personen sind betroffen? Welche Folgen werden daraus entstehen?

Das Publikumsinteresse wird durch die Faktoren »Nähe zum Geschehen«, »Prominenz der Beteiligten«, »Human Interest« und schliesslich »Aktualität« bestimmt (Weischenberg 1988: 18 ff.). Dabei wird »Aktualität« über zwei Merkmale definiert: zum einen über »den tatsächlichen Neuigkeitswert und den kurzen Zeitraum zwischen Ereignis und Nachricht; zum anderen aber auch über die Aufgeschlossenheit für ein Thema, die Sensibilisierung für bestimmte Probleme« (Weischenberg 1988: 21). Auf Grundlage der Nachrichtenfaktoren können PR-Verantwortliche nicht erst die Texte, sondern schon die Ereignisse, von denen sie handeln, erfolgsorientiert gestalten. Dazu gehören zum Beispiel Events wie Grundsteinlegungen, Scheckübergaben und Ausstellungseröffnungen (Fröhlich 1992: 42).

Auch die Wahl des PR-Instruments sollte sich an der Stärke der Nachrichtenfaktoren ausrichten: Die Präsentation eines neuen Porsche-Modells rechtfertigt ein aufwendiges Event, während das Statement des Porsche-Vorsitzenden zur Lage der Automobilindustrie besser als Autorenbeitrag oder per Medienmitteilung verbreitet wird. Bei erklärungsintensiven Themen sind möglicherweise Redaktionsbesuche das richtige Instrument, während bei weniger spektakulären Produktneueinführungen ein Musteraussand oder der Versand einer Pressemappe ausreichen.

2.2 Zeitliche Planung

Neben dem Thema und der Auswahl des richtigen PR-Instruments ist das Timing ein wichtiger Erfolgsfaktor beim Schreiben für die Medienarbeit. Vor allem für Wochen- oder Monatstitel muss eine lange Vorlaufzeit eingerechnet werden. Aber auch täglich erscheinende Medien, Nachrichtenagenturen und Online-Medien freuen sich, wenn sie Themen langfristig planen können. Bei plötzlich eintretenden Ereignissen ist das natürlich nicht möglich, aber es gibt viele PR-Themen, die lange im Voraus geplant werden können: Der Valentinstag, Ostern, die Jahreszeiten und Weihnachten kommen jedes Jahr so sicher wie das Amen in der Kirche. Wenn hierzu PR-Aktionen anstehen, sollten sie so früh wie möglich angekündigt werden. So verschicken viele Firmen ihre Pressemappen und Medienmitteilungen zur Weihnachtskollektion bereits im August. Einen Überblick über alle wichtigen Ereignisse, Jahrestage und Messen des Jahres liefern die Themenplaner des Internetportals www.journalismus.com.

2.3 Bedeutung von Briefing und Nachfragen

Das Thema ist klar, das Timing steht und die Beteiligten haben sich auf die richtigen Instrumente geeinigt. Nun müssen die Texte zu Papier gebracht werden. PR-Fachleute sind nicht automatisch Fachleute für das Thema, über das sie schreiben. Deshalb ist ein gutes Briefing entscheidend. Im Gespräch mit dem Kunden, der Geschäftsleitung oder der Fachabteilung gilt also: Lieber einmal zu viel als einmal zu wenig nachfragen. Gerade Details können wichtig sein, werden aber leider oft übersehen. Journalisten werden auf den Cent genau wissen wollen, was das neue Produkt im Handel kosten wird. Sie werden nachfragen, wie sich eine Geschäftsidee rechnet und wie der Gewinn am Ende zustande kommt. Circa-Angaben und ungenaue Formulierungen fallen auf und führen zu Misstrauen. Diese Tatsache sollte bereits beim Briefing beachtet werden. Daneben helfen eigene Recherchen: Was finde ich zum Thema im Internet? Wie fassen die Mitbewerber das Thema an?

2.4 Selektion des Materials

Wenn genügend Quellenmaterial vorliegt, hängt der Erfolg des Schreibprozesses von Entscheidungen über die Wichtigkeit einzelner Informationen ab. Das positive Ranking muss nicht in jeder Medienmitteilung wiedergekäut werden, die Geschäftsentwicklung der letzten zehn Jahre hat in der aktuellen Meldung nichts verloren. Als Entscheidungshilfe, was wichtig ist und was nicht, dient die Frage: »Wem nützt das?« Wenn eine Information nur dazu dient, die Eitelkeit der Geschäftsführung zu befriedigen, für Leser journalistischer Medien aber keinen Nutzen bietet, dann hat sie in einer Medienmitteilung nichts zu suchen. Es gilt also auch hier, den Code des Systems »Journalismus« in den Blick zu nehmen und nicht nur in den Bahnen des Auftraggebers zu denken. Journalisten haben ein feines Gespür dafür, wenn PR-Texte zu kostenloser Werbung umfunktioniert werden, und reagieren allergisch darauf.

Bei der Auswahl der richtigen Information gilt ausserdem der Grundsatz: nur eine Neuigkeit pro Meldung! Was wichtig ist, muss auf den ersten Blick zu erkennen sein. Das kann dann nicht der Fall sein, wenn die zweite wichtige Information erst im dritten Absatz behandelt wird. Wenn also zeitgleich zwei wichtige Themen anstehen, muss jedes für sich mit getrennten PR-Massnahmen bearbeitet werden.

3 Entwerfen: Klarer Fokus und klare Formulierung

Beim Entwurf von PR-Texten bedeutet die Orientierung am journalistischen Code, dass Schreibende daran denken, es den Journalisten so einfach wie möglich zu machen. Dies gilt für die Erfassung der Texte ebenso wie für deren Weiterverarbeitung.

Das meistgenutzte Instrument der PR sind Medienmitteilungen (Christoph 2009: 75). Deshalb wird im Folgenden ihr Aufbau exemplarisch dargestellt. Hieraus lassen sich viele Grundsätze auf die übrigen Textsorten der Medienarbeit übertragen.

3.1 Die Frage des Begleitbriefs

Viele Medienmitteilungen werden immer noch mit Begleitbriefen (auch Anschreiben genannt) verschickt. Die Redaktionen bevorzugen allerdings Medienmitteilungen ohne Anschreiben: In der Studie »PM 2006« gaben 51 Prozent der befragten Journalisten an, dass sie sich kein zusätzliches Anschreiben zur Medienmitteilung wünschen; weiteren 27 Prozent war es egal und nur 23 Prozent wünschten sich ein Anschreiben zu den Medienmitteilungen, die bei ihnen eingehen (Menkhoff 2005: 23). Auch Falkenberg rät davon ab, Begleitschreiben zu verfassen; sie bezeichnet sie als »überflüssig, den Journalisten oft sogar lästig« (Falkenberg 2006: 48). Wenn man bedenkt, dass Redakteure häufig unter Zeitdruck arbeiten, erscheint es also geschickter, ihnen das Lesen eines Anschreibens zu ersparen und direkt zum Punkt zu kommen.

3.2 Betreffzeile

Medienmitteilungen werden heute meist per E-Mail verschickt. Am Arbeitsplatz des Journalisten werden sie also zunächst als Eingang im elektronischen Postfach sichtbar. Hier konkurrieren sie mit einer Vielzahl anderer Texte. Und: Journalisten arbeiten meist unter Zeitdruck, sodass sie nicht die Musse haben, sich lange mit jedem eingehenden Text zu befassen. Deshalb beginnt eine gute Medienmitteilung mit einer aussagekräftigen Betreffzeile. Der Einfachheit halber kann diese zum Beispiel aus dem Wort »Medienmitteilung« und der Überschrift derselben bestehen. So ist auf den ersten Blick ersichtlich, worum es geht, und der Empfänger kann sofort einschätzen, ob ihn das Thema interessiert.

3.3 Textsortenkennzeichnung

Noch vor der Schlagzeile erfolgt die Kennzeichnung der Textsorte. Cornelsen stellt hierzu fest, dass »eine Presseinformation als solche gekennzeichnet sein [muss], also das Wort ›Medienmitteilung‹ oder ›Presse-Info‹ [muss] auftauchen, bevor der Text anfängt« (Cornelsen 2000: 133). So wissen die Empfänger sofort, wie sie den Text zu verstehen haben. Es ist klar, dass es sich erstens nicht um eine exklusive Information handelt und dass sie zweitens die Informationen und sogar den wörtlichen Text kostenfrei für ihre Berichterstattung verwenden können.

3.4 Überschrift

Die Überschrift einer Medienmitteilung, ihre »Headline«, ist für den Kommunikationserfolg von entscheidender Bedeutung. Sie soll Aufmerksamkeit erregen und zum Weiterlesen animieren. Es ist deshalb üblich, die eigentliche Neuigkeit, die den Anlass für die Medienmitteilung liefert, in der Überschrift zu benennen: »Der wichtigste Nachrichtenfaktor gehört unbedingt in die Schlagzeile [...]« (Cornelsen 2000: 133). Zu der Frage, ob die Headline eher sachlich gehalten oder möglichst ausgefeilt formuliert sein soll, bestehen unterschiedliche Auffassungen. Zum einen ist es so, dass Journalisten meistens eine eigene Überschrift formulieren, wenn sie den Text übernehmen. Insofern ist es oft vergebliche Mühe, lange an der Headline zu feilen. Zum anderen können rhetorische Mittel wie Alliterationen, Antithesen und intertextuelle Anspielungen in der Tat das Interesse wecken. Im Zweifelsfall ist es legitim, zusätzlich eine Überschrift sowie eine Dach- oder Unterzeile zu verwenden und diese Varianten nebeneinander beziehungsweise untereinander stehen zu lassen.

3.5 Vorspann

Der nächste Bestandteil einer Medienmitteilung ist der Vorspann (auch »Lead« genannt). Er wird mitunter durch Fettmarkierung oder andere Auffälligkeiten in der Typografie hervorgehoben. Zu seiner Funktion schreibt Cornelsen: »Bereits in der Einleitung, dem sogenannten ›Lead‹, müssen die fünf W-Fragen Wer?, Was?, Wann?, Wo?, Wie? beantwortet werden. Andere Ergänzungen und Hintergrundinformationen kommen später. Die Schlagzeile ist nur der Blickfänger und zählt noch nicht als tatsächliche Information. Die Fakten aus Headline und Subline werden dabei alle noch einmal gegeben, oft sogar mit identischen Worten« (Cornelsen 2000: 133).

Herzog geht ebenfalls von fünf W-Fragen für den vollständigen Vorspann einer Medienmitteilung aus (Herzog 1991: 240). In der Literatur zum Nachrichtenjournalismus werden mitunter noch mehr W-Fragen zugrunde gelegt, die im Vorspann beantwortet werden sollten. Jipp spricht von sechs »W« und fasst darunter auch das »Warum?« (Jipp 1990: 98). Weischenberg geht von sieben »W« aus und nimmt noch die Frage »Welche Quelle?« hinzu (Weischenberg 2001: 136). Wie viele W-Fragen im Lead beantwortet werden, hängt von Thema und Umfang der Medienmitteilung ab. Ort und Zeit werden dabei oft als Spitzmarke vor dem eigentlichen Text eingefügt (»Berlin, 26.08.2010. ...«), wie es auch bei den Meldungen der Nachrichtenagenturen üblich ist.

Als Einstieg in den Lead eignen sich kurze szenische Sätze, Zitate oder Aufzählungen. Je nach Thema kann aber auch ein ganz sachlicher Tonfall sinnvoll sein. Wie für jede Medienmitteilung und jeden PR-Text gilt hier: Das Vokabular richtet sich nach dem Thema und der Zielgruppe. So werden Medienmitteilungen zu neuen Computerspielen eine andere Tonalität haben als Texte zu den Quartalszahlen eines DAX-Konzerns. Ein umgangssprachlicher Stil sollte in der Regel aber vermieden werden.

Insgesamt soll der Lead schnell vermitteln, worum es geht, also den Nachrichtenwert verdeutlichen und damit bereits den Grund dafür liefern, warum diese Information es verdient hat, im redaktionellen Teil der Medien veröffentlicht zu werden. Werbesprache ist hier kontraproduktiv – sie führt eher dazu, dass die Journalisten das Interesse verlieren. Zu häufig haben sie schon Texte gelesen, in denen von »führenden Anbietern«, »einmaligen Ereignissen« oder »innovativen Neuheiten« die Rede war.

3.6 Hauptteil

Nachdem im Vorspann die wichtigsten Informationen zusammengefasst worden sind, wird im Hauptteil einer Medienmitteilung die Neuigkeit ausführlicher behandelt. Laut Cornelsen beantwortet der Hauptteil Detailfragen wie »Warum?«, »Wie genau?«, »Seit wann?«, »In welchem Zusammenhang?« oder »Was sagen die anderen?« (Cornelsen 2000: 136). Der Hauptteil liefert damit die für die deskriptive Themenentfaltung typischen Elemente der Spezifizierung (Aufgliederung) und Situierung (Einordnung) (Christoph 2009: 102 f.). Als strukturgebendes Element können Zwischenüberschriften zum Einsatz kommen.

Für die Sprache gilt: Egal wie komplex das Thema ist – die Medienmitteilung muss verständlich sein. Das bedeutet: möglichst wenig Fachvokabular (auch bei Texten für die Fachpresse), möglichst wenig Fremdwörter und möglichst kurze Sätze. So selbstverständlich es auch scheinen mag: Wer ein Thema selbst noch nicht verstanden hat, sollte nicht darüber schreiben – der Leser wird es merken. Und: Wie im Vorspann ist im Hauptteil der Medienmitteilung Werbesprache zu vermeiden. Wertungen sind allenfalls dann legitim, wenn sie in Zitate verpackt werden. Im Zweifelsfall hilft es, sich als Autor die Frage zu stellen: »Würde ich diesen Text auch so formulieren, wenn ich als Redakteur für Zeitung XY schreiben würde?«

Um dem Code des Journalismus gerecht zu werden und den Arbeitsaufwand in den Redaktionen möglichst gering zu halten, sollten Medienmitteilungen ausserdem die journalistischen Standards erfüllen. Eine Checkliste hierfür liefert Falkenberg (Falkenberg 2006: 90):

☑ Informationsquelle im Text selber nennen
☑ Vorname, Nachname und Position bzw. Qualifikation der Zitierten angeben
☑ Veranstaltungsorte mit Strasse und Hausnummer versehen
☑ Klammern nur bei Einführung von Abkürzungen verwenden
☑ Keine unnötigen Abkürzungen und Zeichen verwenden
☑ Keine optischen Hervorhebungen oder Sonderzeichen anbringen
☑ Zahlen bis zwölf ausschreiben – ausser bei Datenangaben wie Preisen, Datum, Hausnummern
☑ Schreibweise von Zahlenreihen an der Übersichtlichkeit ausrichten
☑ Zahlenreihen vermeiden bzw. übersetzen
☑ Wochentag angeben, Monat ausschreiben, Jahr weglassen
☑ Zeitangabe vor die Ortsangabe setzen
☑ Kosten angeben, Währung nach der Zahl angeben
☑ Bilder und Bildhinweise beilegen

Gute PR-Bilder, die honorarfrei zur Verfügung gestellt werden, erhöhen die Chance auf einen Abdruck. Sofern Bilder vorhanden sind, gehören auch eine Bildunterschrift (Wer oder was ist auf dem Foto zu sehen?) und Hinweise zur Verwendung zu einer guten Medienmitteilung. Wichtig ist ausserdem die Angabe der Quelle beziehungsweise der Urheber des Bildes. Ein Beispiel dazu:

Beispiel

»Verwendung des Bildes mit Angabe der Quelle honorarfrei.
Quelle: XYZ AG

BU: Peter Mustermann, Vorsitzender der XYZ AG, und der Berliner Mäzen Harry Musterknabe im Gespräch bei der Langen Nacht der Museen (v. l. n. r.)«

Wer es perfekt machen möchte, beschriftet seine PR-Bilder nach dem Standard des International Press Telecommunications Council (IPTC). Das heisst, er verknüpft Textinformationen direkt mit der Bilddatei. Hierfür ist eine spezielle Software nötig. Der Vorteil: Auch die Bilddatenbanken der Redaktionen arbeiten mit IPTC und derart beschriftete Bilder werden bei einer Stichwortsuche schneller gefunden. Ausserdem ist auf diese Weise sichergestellt, dass das Bild und die Meta-Informationen zusammenbleiben.

3.7 Downloads und Links

Für Medienmitteilungen ist es heute Standard, weiterführende Informationen anhand von Links zu Websites oder Downloads zur Verfügung zu stellen. Das können zum Beispiel Links zu Bilddatenbanken sein oder auch zu weiterführenden Texten. Insbesondere eignet sich das Einfügen von Download-Links, wenn zum Thema noch umfangreichere Informationen zum Beispiel in Form von Studien oder Geschäftsberichten vorliegen. Wenn mit dem Versand der Medienmitteilung externe Dienstleister beauftragt werden, kann auch auf die Vollversion der Medienmitteilung verlinkt werden, um die Kosten für den Versand zu verringern – denn diese Kosten hängen üblicherweise von der Anzahl der Wörter im Text ab. Sofern vorhanden, bieten sich ausserdem Verlinkungen auf weitere Kommunikationsangebote der Organisation wie zum Beispiel bei Facebook oder Twitter an.

3.8 Unternehmensporträt

Das Unternehmensporträt (auch »Abbinder« oder »Boiler Plate« genannt) ist essenzieller Bestandteil einer Medienmitteilung. Es dient dazu, den Absender kurz vorzustellen. Gerade, wenn die Medienmitteilung von einem relativ unbekannten Absender stammt, ist diese Hintergrundinformation für die Beurteilung und Weiterverarbeitung durch Journalisten wichtig. Das Unternehmensporträt bietet auch die Gelegenheit, noch einmal die Vorzüge des Absenders darzustellen und besondere Erfolge, die nichts mit der aktuellen Mitteilung zu tun haben, zu erwähnen. Hier kann die Sprache ruhig etwas werblicher sein, denn dieser Teil der Medienmitteilung ist nicht zur Veröffentlichung gedacht.

3.9 Medienkontakt

Der letzte Bestandteil einer Medienmitteilung ist die Kontaktadresse für die Medien. Dies kann die Pressestelle des Absenderunternehmens, ein Mitarbeiter der beauftragten Agentur oder auch ein Experte aus einer Fachabteilung des Unternehmens sein. Die Kontaktadresse ist wichtig für den Fall, dass der Journalist weitergehende Informationen braucht, einen Ansprechpartner für ein Interview sucht oder ergänzendes Bildmaterial benötigt.

3.10 Zusammenfassung: Eine Checkliste für Medienmitteilungen

Zusammenfassend gelten folgende Kriterien für das Verfassen erfolgversprechender Medienmitteilungen:

☑ Aussagekräftige Betreffzeile
☑ Textsortenkennzeichnung
☑ Headline, die Aufmerksamkeit erregt
☑ Im Vorspann W-Fragen beantworten, Nachrichtenwert herausheben
☑ Verständliche Sprache: Fachvokabular und Fremdwörter vermeiden
☑ Journalistische Standards beachten
☑ Keine Werbung! Wertungen nur in Zitaten oder im Unternehmensporträt
☑ Bilder und Erläuterungen mitliefern
☑ Weitere Informationen per Link anbieten
☑ Unternehmensporträt mitliefern
☑ Medienkontakt angeben

Kurz: Machen Sie den Redaktionen die Arbeit so einfach wie möglich!

4 Verbessern: Keine Angst vor der Korrekturschleife!

Für alle PR-Texte sollte zumindest das Vier-Augen-Prinzip gelten. Dass ausser dem Verfasser noch andere Personen mit anderen Funktionen das Geschriebene lesen, prüfen und in irgendeiner Form verändern, ist also nicht nur normal, sondern auch zielführend. Auf Änderungswünsche sollten PR-Fachleute also gefasst sein. Sie gehören zur täglichen Routine und sind keinesfalls persönlich gemeint. So kann die Fachabteilung zum Beispiel inhaltliche Fehler aufdecken, oder die PR-Kollegin schlägt einen weiteren Link vor, der für Recherchen nützlich sein könnte.

Problematisch wird es allerdings, wenn Personen, die nicht in erster Linie mit PR betraut sind, den Aufbau oder Formulierungen so verändern, dass der Text gemessen an den professionellen Kriterien an Qualität einbüsst. Dann sind PR-Fachleute gefordert, mit Fingerspitzengefühl zu argumentieren und dagegenzuhalten. »Ich verstehe, worauf Sie hinauswollen, aber auf diese Weise gerät der Nachrichtenwert aus dem Fokus« oder: »Auch wenn das Corporate Wording diese Schreibweise vorgibt – dem journalistischen Standard entspricht sie nicht«. Das sind Argumente, die in solchen Fällen greifen können. Je mehr Erfahrung ein Schreibender in der Medienarbeit hat, desto sicherer wird er seinen Standpunkt verteidigen können. Auf jeden Fall helfen in dieser Situation fundierte theoretische Kenntnisse über die Kommunikation mit den Medien. Denn wer nur aus dem Gefühl heraus schreibt, dem gehen in der Diskussion schnell die stichhaltigen Argumente aus. Es lohnt sich deshalb, wenn sich PR-Fachleute sehr genau mit der Arbeitsweise in den Redaktionen befassen. Sofern sie nicht selbst einmal »auf der anderen Seite« gearbeitet haben, kann dabei die Lektüre von entsprechender Fachliteratur behilflich sein.

In den meisten Fällen ist der Text, der schliesslich in die Redaktionen gelangt, ein Kompromiss zwischen den Vorstellungen der PR-Fachleute und den Wünschen der übrigen beteiligten Stellen – wie gut dieser Kompromiss ist, hängt vom professionellen Können der Schreibenden und von der Qualität der Auseinandersetzung mit den anderen an der Medienarbeit Beteiligten ab.

Fazit

- Das Schreiben von Medienmitteilungen erfolgt aus der doppelten Perspektive des Auftraggebers und der journalistischen Redaktionen: Imagebildung und Kooperation mit den Journalisten gehen dabei Hand in Hand.
- Ein Thema ohne Nachrichtenwert ist kein Thema. Zu den Nachrichtenwerten zählen Aktualität, Nähe zum Geschehen und Prominenz.
- Eine Medienmitteilung sollte jeweils nur eine Neuigkeit enthalten. Das Wichtigste wird an den Anfang gestellt. Die W-Fragen müssen im Lead und im ersten Absatz beantwortet werden.
- Wertungen sollten nur in Zitaten auftauchen, wie es journalistischen Standards entspricht. Hilfreich fürs Schreiben ist die ständig mitlaufende Frage: Würde ich den Text so auch schreiben, wenn ich ihn als Redakteur verfassen würde?
- Wichtig ist es, Bilder mitzuliefern, Downloads anzubieten und Kontaktpersonen zu nennen.
- Änderungsvorschläge während des Schreibprozesses sollten PR-Texter nicht persönlich nehmen. Fundiertes Wissen stärkt ihre Diskussionsposition. Und die Auseinandersetzung mit anderen Perspektiven ist eine Chance, den Text zu optimieren.

Übers Schreiben lesen

www.journalismus.com
Das Portal für Journalistinnen und Journalisten bietet Themenplaner an, die auch für die PR wichtige Informationen enthalten über jene Ereignisse, Jahrestage und Messen, über die im Laufe eines Jahres häufig geschrieben wird.

von La Roche, W. (2008): Einführung in den praktischen Journalismus
Mast, C. (2004): ABC des Journalismus. Ein Handbuch
Zwei praxisbezogene Klassiker über den Journalismus, die sich dazu eignen, sich in die Schreibweisen von Journalistinnen und Journalisten hineinzudenken.

Literatur

Bachmann, C. (1997): Public Relations: Ghostwriting für Medien. Eine linguistische Analyse der journalistischen Leistung bei der Adaption von Pressemitteilungen. Bern.
Baerns, B. (1991): Öffentlichkeitsarbeit oder Journalismus? Zum Einfluss im Mediensystem. 2. Aufl. Köln.
Christoph, C. (2003): Textsorte Pressemitteilung. Zwischen Wirtschaft und Journalismus. Konstanz.
Cornelsen, C. (2000): Das 1×1 der PR. Öffentlichkeitsarbeit leicht gemacht. 2. Aufl. Freiburg.
Falkenberg, V. (2006): Pressemitteilungen schreiben. Zielführend mit der Presse kommunizieren. Mit Checklisten und Übungen zur Kontrolle. 4. Aufl. Frankfurt am Main.
Fröhlich, R. (1992): Qualitativer Einfluss von Pressearbeit auf die Berichterstattung. Die »geheime Verführung« der Presse? In: Publizistik. Vierteljahreshefte zur Kommunikationsforschung, Ausgabe 37, S. 37–49.
Hintermeier, J. (1982): Public Relations im journalistischen Entscheidungsprozess dargestellt am Beispiel einer Wirtschaftsredaktion. Düsseldorf.
Herzog, U. (1991): Text in der Praxis. Treffsicher formulieren in Werbung und PR. Essen.
Hoffjann, O. (2007): Journalismus und Public Relations. Ein Theorieentwurf der Intersystembeziehungen in sozialen Konflikten. 2. Aufl. Wiesbaden.
Jipp, K.-E. (1990): Wie schreibe ich eine Nachricht. Stuttgart.
Lang, H.-J. (1980): Parteipressemitteilungen im Kommunikationsfluss politischer Nachrichten. Eine Fallstudie über den Einfluss politischer Werbung auf Nachrichtentexte. Diss. Universität Tübingen. Frankfurt am Main.
von La Roche, W. (2008): Einführung in den praktischen Journalismus. 18. Aufl. Berlin.
Mast, C. (2004): ABC des Journalismus. Ein Handbuch. 10. Aufl. Konstanz.
Weischenberg, S. (1988): Nachrichtenschreiben. Journalistische Praxis zum Studium und Selbststudium. Opladen.
Weischenberg, S. (2001): Nachrichten-Journalismus. Anleitungen und Qualitäts-Standards für die Medienpraxis. Wiesbaden.

III SCHREIBEN IN BESONDEREN FORMEN UND SITUATIONEN

Vernetzungsmuster: Schreiben fürs Internet

Guido Keel

Die Erwartungen an Online-Texte ändern sich noch immer so rasch, wie sich der Online-Kanal und seine Anwendungen entwickeln. Trotzdem sollten beim Schreiben von Online-Texten einige grundsätzliche Regeln beachtet werden (1.). Wichtig ist, dass Online-Texte immer mehrere Funktionen auf einmal erfüllen (2.). Sie müssen noch übersichtlicher und noch kürzer sein, als dies in Printmedien der Fall ist. Das hat Konsequenzen für die Gestaltung von Titeln, Textteilen und Links sowie für besondere Textsorten wie E-Newsletter und E-Mails (3.). Bei Texten fürs Social Web gelten die gleichen Regeln wie bei der Online-Kommunikation; zusätzlich sollten Aspekte wie Offenheit und Transparenz beachtet werden (4.).

Schlüsselbegriffe: Internet, Website, Social Web, Bildschirm, Überschriften, Suchmaschinen, Hypertextualität, E-Mails, E-Newsletter, Multimedialität

1 Grundlagen: Ein Experiment mit Regeln

Vor rund fünfzehn Jahren wagte die FDP als erste politische Partei der Schweiz den Weg ins virtuelle Zeitalter: Sie publizierte erstmals Informationen auf einer eigenen Website. Heute verfügt die Partei nicht nur über eine umfangreiche Website, sie ist auch im sozialen Netzwerk Facebook präsent, twittert und strahlt über den YouTube-Kanal »Kanal liberal« eigene Kurzfilme aus. Sie nutzt somit nicht nur die Möglichkeiten des Internets, sondern auch diverse Anwendungen, die unter der Bezeichnung Social Web zusammengefasst werden.

Das Beispiel zeigt, wie das Internet in sehr kurzer Zeit zu einem wichtigen Kommunikationskanal nicht nur für private, sondern auch für öffentliche Organisationen geworden ist. Seminarveranstalter und Autoren von Handbüchern und Ratgebern zur Kommunikation im Internet haben deshalb in den letzten Jahren versucht, Eigenheiten der Internetkommunikation zu erkennen und daraus Regeln für das Texten im Internet zu definieren (Grafberger/Horner 2009; Scott

2009; Huber 2008; Ruisinger 2007; Bernet 2006; Perrin 2005; Wieland/Spielkamp 2003; Sauvant 2002).

Zunächst ist zu klären, wovon überhaupt die Rede ist, wenn vom Internet gesprochen wird; das Internet ist nämlich nicht nur ein technischer Kanal, sondern auch eine Informationsplattform. Durch deren Nutzung haben sich bestimmte Kommunikationsweisen, Erwartungen und inhaltliche Anforderungen entwickelt. Texte im Internet besitzen entsprechend vielerlei Funktionen und Eigenschaften. Daraus resultieren unterschiedliche Anforderungen an die Texte, die eine tragende Rolle für verschiedene Anwendungen spielen: Das Spektrum reicht von offiziellen Unternehmenswebsites und E-Newsletters über PR-Blogs bis zu Twitter-News und Diskussionsbeiträgen in sozialen Netzwerken. Im Zentrum der Online-Kommunikation steht jedoch stets die persönliche oder unternehmenseigene Website, welche die Funktion einer Ausgangsplattform oder »Homepage« für die gesamte Online-Kommunikation erfüllt.

Der Online-Kanal spielt mittlerweile eine zentrale Rolle für die öffentliche Kommunikation, obwohl sich das Internet erst in den letzten zehn Jahren von einer Spielwiese für Experimentierfreudige zu einer zentralen Plattform unter anderem für die Unternehmenskommunikation entwickelt hat. Heute zeigt sich, dass beispielsweise Journalisten als eine der wichtigsten Zielgruppen der PR das Internet als bedeutendste Informationsquelle für ihre Arbeit sehen (Bernet/Keel 2009: 11). Auch die neuen Anwendungen des Social Web gewinnen in der öffentlichen Kommunikation an Bedeutung. In einer Umfrage im Jahr 2010 in Deutschland gaben 55 Prozent der befragten Journalisten an, dass Social Media eine hohe oder gar sehr hohe Relevanz für ihre Arbeit haben; bei jüngeren Journalisten liegt dieser Wert sogar bei 75 Prozent (newsaktuell 2010). Die wichtigsten Anwendungen sind dabei die Videoplattform YouTube und die sozialen Netzwerke Xing und Facebook. Man kann demnach konstatieren, dass sich auch diese neuen Anwendungen im journalistischen Feld schnell etabliert haben.

Trotzdem hat die Nutzung des Internets ihren kreativen Charakter nicht verloren: Online-Kommunikation ist nach wie vor experimentell, also eine Frage der Anwendung des »Trial-and-Error«-Prinzips. Dadurch eröffnet dieser Kanal zahlreiche Möglichkeiten, verlangt aber auch die Beachtung kanalspezifischer Regeln. Dies gilt für den Einsatz von Online-Massnahmen im Kommunikationsmix ebenso wie für die konkrete Umsetzung – also für die Art, wie gestaltet und geschrieben wird. Während es in der Vergangenheit bei der Einführung neuer Medienkanäle jeweils Jahrzehnte dauerte, bis sich Regeln und Routinen bezüglich Vermittlung und Nutzung herausgebildet hatten, erlaubt die rasche technische Entwicklung dies heute nicht mehr. Abzuwarten, bis sich eine Form etabliert hat, ist heute weder möglich noch sinnvoll. Stattdessen sind Schreibende aufgefordert, mit neuen Formen zu experimentieren, Erfahrungen zu sammeln und aus Fehlern so rasch wie möglich klüger zu werden. Nach diesem Muster haben sich bereits einige Regeln für erfolgsorientierte Online-Texte etabliert.

Die zentralen Eigenschaften können dabei in den folgenden sechs Punkten zusammengefasst werden:

Überblick

A Information muss nützlich sein
Angesichts des Überflusses an Informationen im Internet werden nur nützliche Angebote beachtet.

B Zeitknappheit und Zeitlosigkeit
Die Internetkommunikation erfolgt schneller als diejenige in anderen Medien. Speziell im Social Web ist damit nicht nur der Anspruch verbunden, schnell zu publizieren, sondern auch schnell zu reagieren. Paradoxerweise hat das Internet die Kommunikation aber auch zeitlos gemacht: Was einmal veröffentlicht wurde, kann dank spezialisierter Suchmaschinen noch jahrelang abgerufen werden, auch wenn es vom Absender längst gelöscht worden ist.

C Interaktivität
Da Nutzer schnell und einfach ihr Feedback geben und Inhalte publizieren können, bietet das Internet zahlreiche Interaktionsmöglichkeiten. Noch nie war es für die PR so einfach, nicht nur für eine unbekannte Öffentlichkeit zu schreiben, sondern auch Antworten auf das Geschriebene zu erhalten.

D Chaotische Kommunikationskultur (Crowding)
Das hohe Tempo, die Interaktionsmöglichkeiten und der dezentrale Charakter des Internets bringen es mit sich, dass sich die Unterscheidung zwischen spezialisierten Kommunizierenden einerseits und dem Publikum andererseits aufgelöst hat. Konversationen im Internet finden zunehmend zwischen grundsätzlich gleichberechtigten Teilnehmern statt.

E Multimedialität
Das Internet ersetzt zwar traditionelle Kanäle und Medienformen nicht. Aber es integriert alle bisherigen Formen der öffentlichen Kommunikation auf einer Plattform, und zwar von einfachen Texten über die Unternehmensbroschüre und den Geschäftsbericht im PDF-Format bis hin zu bewegten Bildern und Tondokumenten. Das Internet ist aber nicht nur eine Plattform für all diese Kom-

munikationsformen. Es dient auch als Instrument zur Verknüpfung der Inhalte durch medienkonvergentes Public Storytelling-Management (Stücheli-Herlach/Perrin, in diesem Band) und bietet dadurch zusätzliche Funktionen.

F Prozess statt Produkt
Kommunikationsmassnahmen im Internet sind nie abgeschlossen. Die grosse Konstante der Online-Kommunikation ist deren kontinuierliche Weiterführung. Dies verursacht einen grossen Aufwand, ist jedoch auch eine Chance, um an der Selbstdarstellung zu arbeiten und Schwächen zu beheben.

2 Funktionen: Vielfalt und Auflösung der Grenzen

In der Theorie werden vier Ziele von Massenkommunikation beschrieben, die auch beim Schreiben für die PR relevant sind: Information, Instruktion, Persuasion und Unterhaltung (Zappala/Carden 2010: 8). Durch das Schreiben für Online-Medien können nicht nur alle diese Ziele erreicht werden, sondern es bietet sich auch die Möglichkeit, neue Formen der Verbindung und Vermischung dieser Ziele zu entwickeln.

Erstens kann das Internet der traditionellen Informationsvermittlung dienen; dabei funktioniert es zunehmend auch als Ersatz für Printmedien. Ein Beispiel für eine aktuelle Entwicklung in diese Richtung sind Online-Geschäftsberichte (Dietz/Rädeker 2004). Darüber hinaus bietet das Internet neue Möglichkeiten zur multimedialen Selbstdarstellung.

Zweitens kann das Internet auch zur Schulung oder Instruktion von Zielgruppen und Zielpersonen eingesetzt werden. Zentral für diese Funktion ist eine andere Schlüsseleigenschaft des Online-Kanals, nämlich die Interaktivität. Dank diverser Anwendungen wie Foren, dynamischer Frequently-Asked-Questions-Listen (FAQ) und Blogs steht der Kommunikation eine Vielzahl dialogischer Formen zur Verfügung, beispielsweise zur Beratung der Kunden. Auch hier bieten Kurzfilme, Bildstrecken oder Tondateien zur Nutzeranleitung Möglichkeiten der multimedialen Erweiterung der Instrumente.

Drittens kann das Internet persuasiv wirken. Dabei bieten vor allem die sogenannten Social Webs Chancen der Mitwirkung in öffentlichen Foren und in Netzwerken, in denen eigene Positionen formuliert, begründet und verhandelt werden können.

Letztlich eröffnet das Internet Chancen zur Unterhaltung des Zielpublikums. Sie reichen von unterhaltenden Kurzfilmen bis zu Online-Spielen. In Form beispielsweise von Quiz und anderen Spielen können Informationen in Textform dramaturgisch aufbereitet und vermittelt werden.

3 Muster: Präzision, Einfachheit, Klarheit

»Schreiben fürs Internet« oder »Schreiben von Websites« bedeutet zunächst nichts anderes als Schreiben für PR generell: Es gelten die gleichen Regeln, die auch für die Erstellung von Offline-Texten gelten. Textprodukte sollen präzise, einfach und klar sein – im Internet sind diese Regeln sogar noch wichtiger geworden. Das hängt mit der Nutzungssituation zusammen: Sie ist geprägt von der Lektüre am Bildschirm oder Display und von der Tatsache, dass ein grenzenloses zusätzliches Informationsangebot per Mausklick zugänglich ist.

Texte für Bildschirme oder Displays zu schreiben heisst, sich darauf einzustellen, dass die Lektüre jeweils mit einem technisch eng begrenzten Blickfeld geschieht und für die Augen anstrengend ist. Anstelle von Tinte oder Druckerschwärze liest man auf Bildschirmen nämlich Licht beziehungsweise fehlendes Licht. Geht man bei gedrucktem Text von einer Zeilenlänge von bis zu 90 Zeichen aus, die einen problemlosen Zeilensprung ermöglichen, sind es bei Bildschirmtexten nur maximal 60 Zeichen. Texte, die über 100 Zeichen pro Zeile aufweisen, wie in folgendem Beispiel, sind deshalb für die Online-Lektüre ungeeignet (http://www.rieter.com/de):

Beispiel

Mediencommuniqués
Archiv 2010
Archiv 2009
Archiv 2008
Archiv 2007
Archiv 2006
Archiv 2005
Archiv 2004
Archiv 2003
Pressemappe
Präsentationen
Fotogalerie
Kalender
Kontakt
Abonnement

Home › Group › Medien › Mediencommuniqués › News Detail

16.06.2010 - RIETER VERKAUFT ITALIENISCHE TOCHTERGESELLSCHAFT IDEA INSTITUTE

Rieter hat einen Vertrag unterzeichnet zur Veräusserung der Idea Institute S.p.A., Turin an die Quantum Kapital AG, St. Gallen. Das
italienische Design-, Modeling- und Engineering-Unternehmen Idea Institute gehört zur Division Automotive Systems von Rieter.
Über den Verkaufspreis wurde Stillschweigen vereinbart. Der Vollzug ist in den nächsten Wochen vorgesehen.

Im Rahmen des laufenden Anpassungs- und Kostensenkungsprogramms und der Konzentration auf die Kernaktivitäten ist Rieter
zum Schluss gekommen, sich von diesem Tätigkeitsgebiet zu trennen. Diese Devestition erlaubt es der Division Automotive Systems,
sich noch besser auf ihr Kerngeschäft zu konzentrieren und den Turnaround rasch zu schaffen.

Die Anteile an Idea Institute werden zu 100% an die Quantum Kapital AG verkauft. Diese übernimmt neben dem Stammhaus
in Italien auch die Niederlassung in China und die Aktivitäten in Brasilien. Quantum ist als industrieller Investor bestens
geeignet, die nachhaltige Geschäftsentwicklung sicherzustellen.

Idea, mit Hauptsitz in Turin, beschäftigt rund 155 Mitarbeitende, davon etwa 130 in Italien. Die Mehrheit sind hoch qualifizierte
Ingenieure, Stylisten und Modellbauer. Idea hat vor allem europäische Kunden, doch in den letzten Jahren wurden zahlreiche Aufträge
für Autohersteller aus den Schwellenländern abgewickelt.

Quantum Kapital AG ist eine industriell geprägte Beteiligungsgesellschaft mit Sitz in Sankt Gallen, Schweiz. Quantum
übernimmt und entwickelt Industrieunternehmen aus den Bereichen Produktion, Handel und Dienstleistung. Bevorzugt werden
internationale Konzerne unterstützt, sich auf ihr Kerngeschäft zu konzentrieren, indem Unternehmen aus den Randbereichen
zu 100% übernommen werden. Quantum wird Idea bei deren erfolgreichen Weiterentwicklung unterstützen.

Für weitere Informationen wenden Sie sich bitte an:

Noch problematischer ist der Zeilensprung bei Aufzählungen und Übersichten, die nur aus Stichwörtern bestehen, wie auf der Website des Internationalen Komitees des Roten Kreuzes (http://www.icrc.org):

Beispiel

Final Act Of the International Peace Conference. The Hague, 29 July 1899.
[Introduction] [Full Text] [Articles] [State signatories - 27]
Convention (II) with Respect to the Laws and Customs of War on Land and its annex: Regulations concerning the Laws and Customs of War on Land. The Hague, 29 July 1899.
[Introduction] [Full Text] [Articles] [State parties - 49]
Declaration (IV,1), to Prohibit, for the Term of Five Years, the Launching of Projectiles and Explosives from Balloons, and Other Methods of Similar Nature. The Hague, 29 July 1899.
[Introduction] [Full Text] [Articles] [State parties - 24] [State signatories - 2]
Declaration (IV,2) concerning Asphyxiating Gases. The Hague, 29 July 1899.
[Introduction] [Full Text] [Articles] [State parties - 31]
Declaration (IV,3) concerning Expanding Bullets. The Hague, 29 July 1899.
[Introduction] [Full Text] [Articles] [State parties - 31]
Final Act of the Second Peace Conference. The Hague, 18 October 1907.
[Introduction] [Full Text] [Articles] [State signatories - 44]
Convention (IV) respecting the Laws and Customs of War on Land and its annex: Regulations concerning the Laws and Customs of War on Land. The Hague, 18 October 1907.
[Introduction] [Full Text] [Articles] [State parties - 35] [State signatories - 15]
Declaration (XIV) Prohibiting the Discharge of Projectiles and Explosives from Balloons. The Hague, 18 October 1907.
[Introduction] [Full Text] [Articles] [State parties - 20] [State signatories - 12]
Treaty relating to the Use of Submarines and Noxious Gases in Warfare. Washington, 6 February 1922.
[Introduction] [Full Text] [Articles] [State parties - 10] [State signatories - 1]
Rules concerning the Control of Wireless Telegraphy in Time of War and Air Warfare. Drafted by a Commission of Jurists at the Hague, December 1922 - February 1923.
[Introduction] [Full Text] [Articles]
Protocol for the Prohibition of the Use of Asphyxiating, Poisonous or Other Gases, and of Bacteriological Methods of Warfare. Geneva, 17 June 1925.
[Introduction] [Full Text] [Articles] [State parties - 136] [State signatories - 1]
Draft Convention for the Protection of Civilian Populations Against New Engines of War. Amsterdam, 1938.
[Introduction] [Full Text] [Articles]
The Distinction between Military Objectives and Non-Military Objectives in General and Particularly the Problems Associated with Weapons of Mass Destruction. Edinburgh, 9 September 1969.

»Lesende« lesen Online-Texte nicht, sondern scannen sie. Dies ist ein erster Grund dafür, dass Online-Texte noch übersichtlicher strukturiert und kürzer sein müssen als gedruckte Texte. Das wiederum bedeutet, dass Sätze und Abschnitte online kürzer sein sollten als in gedruckten Kommunikationsmitteln und dass kurze, selbsterklärende Titel die Navigation durch den Text erleichtern sollten. Bei Übersichten und Aufzählungen hilft den Online-Leserinnen und -Lesern, wenn mit Leerzeilen und Aufzählungszeichen Struktur geschaffen wird.

3.1 Titel und Strukturierung

In der Welt des gedruckten Textes existieren sehr unterschiedliche Formen von Überschriften. In der Online-Welt muss auf diese Vielfalt verzichtet werden. Überschriften im Internet müssen entsprechend der Informations- und Nützlichkeitsoptimierung klar und eindeutig sein. In einem Text im Internet verweilt man kurz, um möglichst schnell informiert zu werden. Vage Titel wie »Effizient in die Zukunft investieren« (http://www.economiesuisse.ch) sind im Internet, wo der Informationsnutzen zentral ist, noch problematischer als in gedrucktem Text. Auch mit Überschriften, die Wortspiele enthalten, muss vorsichtig umgegangen werden. Das atemlose Internet erlaubt keine Zeit für Ratespiele oder Doppeldeutigkeiten, welche vom Leser erst aufgelöst werden müssen. Dies ist nur dann möglich, wenn sich die Website an eine ganz klar umrissene Zielgruppe richtet, die mit diesen Stilformen umzugehen weiss.

Die aussagekräftige Überschrift wird in der Online-Kommunikation idealerweise ergänzt durch einen Vorspann oder einen Lead, der in wenigen Worten die wichtigsten Elemente des eigentlichen Textes zusammenfasst. Diese Übersicht durch Titel und Vorspann ist im Internet noch wichtiger als in der Offline-Kommunikation, denn sie erlaubt es dem Leser, sich schnell ein Bild zu verschaffen und das Informationsangebot effizient gemäss seinen eigenen Vorlieben zu nutzen.

Das Beispiel auf der folgenden Seite zeigt eine Website, auf der die Leser dank klarer Titel und kurzer Texte die von ihnen gesuchten Informationen leicht finden können.

Diese Übersichtlichkeit ist in der Online-Kommunikation auch für den Haupttext unerlässlich. Zwischentitel zur raschen Orientierung sind besonders wichtig, wenn ein Text über mehr als eine Bildschirmseite läuft. Bei längeren Texten empfiehlt es sich zudem, die Zwischentitel eingangs aufzulisten und zu verlinken, damit der Leser auch gezielt einen Abschnitt anklicken kann, ohne zuerst den ganzen Text gelesen zu haben. Gleichzeitig sollte von jedem Unterabschnitt wieder mit einem »nach oben«-Link problemlos auf die Startübersicht zurückgeklickt werden können.

3.2 Modularer Aufbau

Im Gegensatz zu gedruckten Broschüren oder Zeitschriften erfolgt der Lesevorgang bei der Lektüre einer Website nicht linear, sondern modular und chaotisch. Bei Zeitschriftenlesern kann angenommen werden, dass sie sich zunächst für die Ausgabe einer Zeitschrift entscheiden und diese dann entweder von vorne nach hinten oder von hinten nach vorne durchblättern. Wenn einer der Artikel die Leser anspricht, dürften zuerst Titel und Bildlegenden und anschliessend der Lauftext von Beginn an so lange gelesen werden, bis die Lust dazu erschöpft ist.

Online-Leser verhalten sich grundsätzlich anders. Internet-Surfer gelangen via Suchmaschine oder via Verlinkung von einer Webseite auf eine andere und verlassen diese auch wieder, wenn sie das Gesuchte nicht finden. Im Vergleich zu Lesern von gedrucktem Text sind sie aktiver und gestalten den Text durch ihr Nutzungsverhalten selbst mit. Sie entscheiden, ob ein Text weitergehen soll. Dies bedingt, dass Online-Texte modular aufgebaut sein müssen. Die Module müssen erstens als Informationsbausteine einzeln verständlich sein und zweitens nützliche Anknüpfungspunkte im Sinn von weiterführenden Links bieten. Mit dieser Unterstützung können Leser mit dem Textangebot ihre eigene Geschichte schaffen.

Beispiel

Schweiz: deutsch

› Home › Meine Buchungen › Sitemap › Kontakt › Hilfe

ANGEBOTE | BUCHEN | SERVICES | MILES & MORE | ÜBER SWISS | KARRIERE

Feedback

UNTERNEHMEN

- **Zahlen und Fakten**
- Management
- Verwaltungsrat
- Flotte
- SWISS European
- Swiss WorldCargo
- Swiss AviationSoftware
- Swiss AviationTraining
- SWISS PrivateAviation
- Zurück zu ÜBER SWISS

ZAHLEN UND FAKTEN

Hauptsitz
Swiss International Air Lines AG
Postfach
CH-4002 Basel
Schweiz

Telefon: +41 61 582 0000
Fax: +41 61 582 3333

Swiss International Air Lines bedient ab ihrem Hub Zürich und den Landesflughäfen Basel und Genf weltweit 72 Destinationen (Winterflugplan) in 39 Ländern. Die Flotte (Winterflugplan) umfasst 88 Flugzeuge. Die nationale Fluggesellschaft der Schweiz verkörpert typische Schweizer Werte wie „persönliche Betreuung", „Qualität bis ins Detail" und „typische Schweizer Gastfreundschaft" - wer mit SWISS fliegt, soll sich wie Zuhause fühlen.

SWISS engagiert sich auf verschiedenen Ebenen nachhaltig für den sorgsamen Umgang mit Ressourcen und sieht verantwortungsvolles Handeln gegenüber der Umwelt als Bestandteil ihrer Unternehmenskultur. Als Teil des Lufthansa-Konzerns und als Mitglied der Star Alliance hält SWISS an ihrer Mission fest, als Qualitätsairline die Schweiz mit Europa und der Welt zu verbinden.

VISION

Wir wollen die beste Fluggesellschaft in Europa sein.

MISSION

Wir sind die **Schweizer Fluggesellschaft** und verbinden die Schweiz und Europa mit der ganzen Welt.

Unsere Stärken der **persönlichen Betreuung, SWISS Gastfreundschaft und SWISS Qualität** haben ein Ziel: Unsere Gäste fühlen sich wohl wie Zuhause.

Als Teil der Lufthansa Gruppe entwickeln wir SWISS in Selbstverwaltung.

MANAGEMENT BOARD

Präsident des Verwaltungsrates	Bruno Gehrig
Chief Executive Officer	Harry Hohmeister
Chief Financial Officer	Marcel Klaus
Chief Operating Officer	Rainer Hiltebrand
Chief Commercial Officer	Holger Hätty

EXTENDED MANAGEMENT BOARD

Chief Cargo Officer	Oliver Evans
Chief Technical Officer	Peter Wojahn

Hauptsitz
Basel, Schweiz

FLOTTE (WINTERFLUGPLAN 2010/11)

Flugzeugtyp	Anzahl	Durchschnittsalter
Airbus A319	7	13,6
Airbus A320	20	13,3
Airbus A321	7	12,0
Airbus A330-200	2	11,8

Als Grundeinheit für Texte am Bildschirm gilt die Bildschirmgrösse. Sie definiert den Rahmen für die Wiedergabe eines Textes. Sobald ein Text über eine Bildschirmgrösse hinausläuft, sollte Folgendes beachtet werden: Der Sprung via Mausklick auf eine nächste Seite ist für den Online-Leser naheliegender als das Herunterscrollen über den unteren Bildschirmrand hinaus. Texte bestehen deshalb idealerweise aus mehreren bildschirmgrossen Seiten, die sinnvoll miteinander verlinkt sind.

Das folgende Beispiel zeigt, wie die Schweizerischen Bundesbahnen (SBB) ihren ökologischen Leistungsausweis nicht einfach auf einer Seite und in einem langen Text darstellen, sondern kleine Einheiten geschaffen haben, die per Mausklick angewählt und vertieft werden können.

Beispiel

Das Gebot der knappen, sachlichen Darstellungsweise hat auch einen zweiten Hintergrund: Für Internetnutzer ist es dank Suchmaschinen sehr einfach, ihr Informationsbedürfnis schnell mit anderen Informationsquellen zu stillen. Wer sich in einer gedruckten Imagebroschüre über eine Organisation informiert, wird kaum innerhalb Sekunden alternative Quellen beiziehen, um den Inhalt zu überprüfen. Dies ist jedoch im Internet jederzeit möglich und realistisch. Der Nutzer sitzt hier am längeren Hebel und wird sich seine Informationen dort holen, wo er sie findet. Leere Floskeln und langwierige Beschönigungen lassen ihn ebenso von einer

Website wegklicken wie ein unlogischer Seitenaufbau oder eine komplexe Navigationsstruktur. Wenn Schreiben mit System bedeutet, nutzer- und zielorientiert zu schreiben, dann gilt diese Maxime für Online-Kommunikation noch viel stärker.

Damit sind auch neue Chancen für die Kommunizierenden verbunden: Wie die Bedürfnisse der Nutzer aussehen, lässt sich anhand von Nutzungsstatistiken detailliert analysieren. Noch nie war es so einfach herauszufinden, wo Nutzer einsteigen, welche Seiten sie lesen wollen, wie sie sich ihren Weg durch eine Website suchen, auf welchen Seiten sie wie viel Zeit verbringen und wo sie wieder wegklicken. Dieses einfach zugängliche Wissen ist wertvoll und sollte unbedingt einbezogen werden, wenn online kommuniziert wird. So ist es beispielsweise relevant zu wissen, mit welchen Suchbegriffen Nutzer am häufigsten auf die Website finden, da die Orientierung via Suchmaschine die häufigste Art ist, um im Internet Informationen zu finden.

3.3 Links lassen neue Texte entstehen

Eine grundlegend neue Eigenschaft der Online-Kommunikation ist die Hypertextualität. Texte sind keine linearen Angebote mehr. Vielmehr werden sie durch Leser ständig neu und individuell geschaffen, indem sich diese die einzelnen Lesestücke selber zusammensuchen. Zentrale Voraussetzung für eine erfolgreiche Kommunikation mit der Leserschaft ist deshalb eine zielorientierte Verlinkung von Texten und Seiten.

Für die Gestaltung eines Online-Textes stehen drei Arten von Links zur Auswahl:

a) Interne Textlinks, die auf weiterführende Texte innerhalb des eigenen Informationsangebots verweisen. Diese Links erlauben es den Lesern, sich auf der Website zurechtzufinden und sich ihren eigenen Text zu kreieren. Zudem erhöht die Verlinkung der eigenen Seiten auch die Auffindbarkeit über Suchmaschinen. Die Lektüre von Hypertexten wird gebremst, wenn nicht auf eine Website, sondern auf ein Dokument verlinkt wird (beispielsweise auf eines im PDF-Format).
b) Interne Links auf Multimedia-Elemente, mit denen auf begleitende Bild-, Ton- oder Grafikelemente zugegriffen werden kann. Diese Elemente vertiefen das Informationsangebot, machen es anschaulich oder verleihen ihm eine zusätzliche Dimension wie beispielsweise einen emotionalen Zugang.
c) Externe Links, die auf weiterführende Angebote im Internet verweisen, verknüpfen den eigenen Text mit dem World Wide Web. Dies wirkt sich in mehrfacher Hinsicht positiv auf die Qualität des eigenen Textes aus. Zunächst

erhöhen sinnvolle externe Links den Informationsgehalt; weiterhin steigt durch die Verknüpfung mit anderen Quellen auch die Glaubwürdigkeit des Textes. Als Autor öffnet man sich durch externe Links gegenüber anderen Informationsanbietern und Ansichten. Damit gibt man als Informationsanbieter seine Monopolstellung als Informationslieferant auf: Möglicherweise verliert man damit kurzfristig einen Leser an eine andere Website, langfristig gesehen ist diese Offenheit aber ein Qualitätsmerkmal der Online-Kommunikation, das eine höhere Leserbindung verspricht als die Isolation des eigenen Online-Angebots im Internet. Wichtig ist auch, dass Links selbsterklärend sind. Als Leser muss man abschätzen können, was die verlinkte Seite zu bieten hat oder wie sie im Zusammenhang steht mit der aktuell geöffneten.

Links können sowohl im Text selbst angesiedelt werden als auch in Form einer Linkliste am Ende eines Textes oder einer Website. Welche Form besser geeignet ist, um einen Hypertext zu realisieren, ist nicht eindeutig zu beantworten. Links im Text verleiten den Leser dazu, mitten auf einer Seite auf eine andere Website zu wechseln, womit man ihn möglicherweise verliert. Andererseits entsprechen Links im Text eher den Lesegewohnheiten von Internetnutzern, die ihre Inhalte aufgrund ihrer Bedürfnisse rasch finden wollen und nicht bis ans Ende eines Textes lesen.

3.4 Einfach und effektiv: E-Newsletters

Umfragen und Studien zeigen immer wieder: Die wichtigste Kommunikationsform der Online-Welt ist die E-Mail. Befragt nach den wichtigsten Internetanwendungen wählten Schweizer Journalisten 2009 die E-Mail zusammen mit Suchmaschinen an erster Stelle der wichtigsten Kommunikationsmedien – eine Einschätzung, die auch früheren Ergebnissen entspricht (Bernet/Keel 2009). Weder privat noch geschäftlich wäre heute eine Welt ohne E-Mails denkbar. E-Mails haben zwar die Briefkorrespondenz nicht vollständig ersetzt; die Anzahl der versandten Briefe hat in den letzten zehn Jahren nur minim abgenommen und für bestimmte Formen der interpersonalen Kommunikation sind sie immer noch bevorzugtes Kommunikationsmittel. Trotzdem wird geschätzt, dass weltweit täglich rund 250 Milliarden E-Mails verschickt werden (www.radicati.com). Es wird angenommen, dass davon rund 90 Prozent unerwünschte Spam-Mails sind (www.maawg.org), die restlichen 10 Prozent oder 25 Milliarden E-Mails täglich verdeutlichen die enorme Bedeutung dieses Kommunikationskanals. E-Mails spielen für die PR-Arbeit aber nicht nur die Rolle eines Mediums direkter Kommunikation. Auch in der Form von E-Newsletters ist ihre strategische Bedeutung hoch. Für das Verfassen solcher E-Newsletters haben sich über die Jahre hinweg Regeln herausgebildet, wie sie auch für E-Mails ganz allgemein gelten. Im Folgenden werden einige Anforderungen an E-Newsletters beschrieben, die so auch für E-Mails allgemein gelten:

Zunächst sollte man sich vor dem Versenden einer E-Mail an einen grossen Verteiler die Frage stellen, was die E-Mail dem Empfänger nützt. Weil es sehr wenig Aufwand verursacht, eine E-Mail zu verschicken, ist die Flut von E-Mails vielerorts zum Ärgernis geworden. Es ist deshalb die Verantwortung jedes Absenders, vorweg zu klären, ob der Versand eines E-Newsletters wirklich angebracht und sinnvoll ist.

Als Nächstes ist darauf zu achten, dass der Empfänger der E-Mail aufgrund der Betreffzeile schnell erkennen kann, worum es im E-Newsletter geht. Im Gegensatz zur Briefpost spielt die Betreffzeile eine zentrale Rolle. Anhand des Absenders und einer aussagekräftigen Betreffzeile kann der Empfänger effizient entscheiden, ob eine E-Mail für ihn relevant ist. Dies bedingt aber, dass die Betreffzeile auch wirklich in wenigen Worten beschreibt, worum es in der E-Mail geht. Die Betreffzeile hat deshalb keine Teaser-Funktion, die sich erst durch die Lektüre des E-Mail-Inhalts auflöst. Die Organisation International Crisis Watch verschickt beispielsweise regelmässig E-Newsletters mit Sicherheitsupdates für Krisengebiete. Anstatt »Little Stones: Diamonds in the Central African Republic« würde eine aussagekräftige Betreffzeile heissen: »Security Update: Latest Report on Stability in the Central African Republic«.

Inhalte eines E-Newsletters sollten kurz und knapp gehalten sein, denn wie auch beim Schreiben von Websites gilt: Die Bildschirmlektüre ist anstrengend, deshalb muss der Inhalt mit so wenigen Worten wie möglich vermittelt werden können. Das Prinzip der umgekehrten Pyramide, wonach die Informationen von oben nach unten gemäss ihrer Bedeutung geordnet sein sollen, ist einem dramaturgischen Aufbau mit einer Einleitung, einem Hauptteil und einer Konklusion vorzuziehen. Für längere Ausführungen ist es sinnvoll, entweder zu Beginn in Stichworten eine kurze Übersicht zu liefern oder beim Einbezug von anderen Texten und Dokumenten gleich auf entsprechende Websites zu verlinken. Dokumentenanhänge sind wenn möglich zu vermeiden, da sie die E-Mails meist unnötig aufblähen. Zudem sollten die Inhalte so strukturiert sein, dass sie der Leser schnell erfassen kann. Auch E-Mails werden häufig gescannt statt gelesen. Um dies zu ermöglichen, empfiehlt es sich, die zentralen Punkte in Abschnitten von wenigen Sätzen zu strukturieren und diese Abschnitte durch Leerzeilen voneinander zu trennen.

3.5 E-Mails in der geschäftlichen Kommunikation

Oftmals wird vergessen, dass trotz der Einfachheit, mit der E-Mails geschrieben und gesendet werden können, zumindest in der direkten geschäftlichen Kommunikation bestimmte Aspekte beachtet werden müssen. Es gelten zunächst die gleichen Regeln wie für E-Newsletters. Des Weiteren aber ist besonders auf heikle oder vertrauliche Inhalte zu achten. E-Mails vermitteln den Eindruck von unkomplizierter, unverbindlicher Kommunikation. Es handelt sich dennoch um Texte, die abgespeichert, weitergeleitet und zitiert werden können. Verfasser von E-Mails sollten deshalb nur Texte verschicken, bei denen sie damit leben können, wenn sie – absichtlich oder unabsichtlich – an nicht vorgesehene Empfänger weitergeschickt werden. Vorsicht ist angebracht bei E-Mails, die aus einer momentanen Gefühlslage heraus spontan geschrieben werden oder auch bei ironischen oder sarkastischen Inhalten – für alle diese Texte eignet sich das persönliche oder telefonische Gespräch besser.

Die Geschwindigkeit und Flüchtigkeit der E-Mail-Kommunikation birgt zudem die Gefahr, dass E-Mails nicht mehr auf Tipp- und andere sprachliche Fehler korrigiert werden. Dies unterminiert jedoch die Glaubwürdigkeit und die Relevanz einer Mitteilung. Fehlerhafte E-Mails sind besonders in der geschäftlichen Kommunikation ein Anzeichen von fehlender Seriosität oder gar fehlendem Respekt. Deshalb gilt, dass keine E-Mail mit substanziellem Inhalt verschickt werden sollte, ohne dass sie noch einmal zur Kontrolle gelesen wurde.

3.6 Online heisst multimedial

Die Multimedialität stellt eine zusätzliche Anforderung an den Autor eines Online-Textes dar. Von einem Informationsangebot im Internet wird heute erwartet, dass es die multimedialen Möglichkeiten sinnvoll nutzt. Das gelingt, indem man jedes Medium seiner Stärke entsprechend einsetzt (Keel/Perrin 2009). Ein Text erzählt linear und sachlich, bewegte Bilder vermitteln Dynamik und Emotionalität, ein gesprochener Ton steht für Authentizität, eine Bilderschau illustriert, eine Infografik macht Informationen dank übersichtlicher Aufarbeitung schnell zugänglich. Nicht alle Beiträge eignen sich für eine multimediale Vermittlung. Deshalb gilt, dass der Mehrwert eines neuen Kanals klar erkennbar sein muss, wenn er zur Ergänzung eines Textes eingesetzt werden soll. Das setzt ein waches »Multimedia-Mindset« voraus, das heisst die Fähigkeit, Kanäle und Erzählformen jeweils situations- und aufgabengerecht zu wählen (siehe Stücheli-Herlach/Perrin, in diesem Band).

3.7 Online-Texten ist Teamarbeit

Texte für das Internet zu produzieren ist meistens eine Teamarbeit. Insbesondere wenn Multimedia- oder interaktive Formate verwendet werden, kann die Aufgabe nur im orchestrierten Zusammenspiel von Profis bewältigt werden, die jeweils bestimmte Teilaufgaben multimedialer Produktionen hervorragend lösen. Wichtig ist dabei aber, dass die Gesamtverantwortung für einen Text oder eine Website bei der Person bleibt, die für alle Inhalte verantwortlich ist. Diese Person muss die technischen und publizistischen Qualitäten und Eigenschaften der verschiedenen Online-Medien kennen und so strategisch planen, dass die zentralen Botschaften konsistent vermittelt werden. Nur so kann gewährleistet werden, dass beim Endprodukt nicht technische Spielereien über die inhaltlichen Botschaften dominieren.

3.8 Zeitfaktor: Schnell, nicht gehetzt

Online-Medien sind heute die schnellsten Kanäle der öffentlichen Kommunikation. Die Geschwindigkeit des Internets bringt mit sich, dass aktuelle Informationen noch aktueller sein müssen als auf allen anderen Kanälen. Dies wiederum bedeutet, dass die Textproduktion in bestimmten Fällen nicht mehr als sequenzieller Prozess betrachtet werden kann oder muss, bei dem erst der fertige Text publiziert wird. Vielmehr gehen das Schreiben und das Publizieren Hand in Hand: Eine erste Version des Textes wird publiziert, möglicherweise zunächst nur in Kurzform via Twitter oder mit einem Facebook-Eintrag. Während weitere Informationen eintreffen oder Informationen verifiziert werden, wird der Text angepasst und auf verschiedenen Plattformen laufend neu publiziert.

Ein solches Work-in-Progress-Vorgehen hat zwar im Internet grosse Verbreitung gefunden, es ist jedoch nur in bestimmten Fällen wirklich angebracht – dort nämlich, wo sich News erst schrittweise ergeben, das Bedürfnis nach Aktualität aber sehr hoch ist –, also üblicherweise im News-Journalismus oder in der Krisenkommunikation. Auf keinen Fall sollte ein solches Vorgehen jedoch auf andere Formen der Online-Kommunikation übertragen werden. Und in jedem Fall setzt strategische Kommunikation voraus, dass auch bei zeitnaher und direkter Kommunikation ein klares Konzept davon besteht, welche Ziele mit den Kommunikationsaktivitäten verfolgt und welche Botschaften vermittelt werden sollen, um nicht mit einem blinden Aktivismus ziellos zum Informationsüberfluss beizutragen.

Zudem gilt auch für Online-Kommunikation, dass Mindeststandards bezüglich sprachlicher Sorgfalt einzuhalten sind. Tippfehler oder faktische Fehler untergraben, wie bereits in Kapitel 3.5 beschrieben, die an sich schon prekäre Glaubwürdigkeit von Online-Kommunikationsangeboten weiter. Gerade weil Online-Texten oft weniger vertraut wird als gedruckten Texten, ist es wichtig, dass sie sauber und fehlerfrei sind; keine Online-Kommunikationsaufgabe ist so zeitkritisch, dass keine Kontrolle mehr möglich wäre. Denn im Gegensatz zu gedruckten Texten, die irgendwann verschwinden, sind Texte im Internet auch lange nach ihrer Publikation noch mit wenigen Klicks zugänglich. Online-Texte sollten gerade deshalb, weil sie nicht für die Ewigkeit Gültigkeit bewahren, doch zumindest jeweils den aktuellen Stand des Wissens adäquat wiedergeben. Insofern sollte auch die hektische Online-Kommunikation gleichzeitig nachhaltig sein.

4 Medialisierung: Schreiben fürs Social Web

Ungefähr seit 2005 findet in der Diskussion um Online-Kommunikation ein neues Phänomen grosse Beachtung, das je nach Sichtweise als Web 2.0 (DiNucci 1999), Social Web (Reed et al. 2004), Social Media (Kaplan/Haenlein 2010) oder Social Software (Zerfass/Pleil 2012: 524) bezeichnet wird. Das Social Web umfasst internetbasierte Anwendungen, welche den Dialog, die Partizipation und die Kollaboration von Internetnutzern, seien sie privat oder öffentlich, ermöglichen und erleichtern (Sixtus 2005). Die meisten dieser Anwendungen wurden zunächst von privaten Internetnutzern verwendet, bevor sie für die PR entdeckt wurden. Inzwischen haben sich diese Anwendungen allerdings auch in der öffentlichen und strategischen Kommunikation etabliert, auch wenn sich die dazugehörenden Regeln und Strategien noch nicht eindeutig herausgebildet haben. Die Anwendungen können entlang der vier Funktionen »Publizieren und Darstellen«, »Wissen strukturieren«, »Informieren« und »Vernetzen« gegliedert werden (Sandhu/Zerfass 2008: 286) (Tab. 1).

Einzelne Anwendungen können aber nicht immer klar nur einer Funktion zugeordnet werden. So ist der Mikroblog-Dienst Twitter gleichzeitig eine Publikationsplattform wie auch ein soziales Netzwerk, in Austauschplattformen sind Bewertungsfunktionen integriert etc. Ihnen ist gemeinsam, dass sie die Werkzeuge für die Erstellung, Publikation und den Austausch von Inhalten des Social Web sind.

Im Zentrum der Kommunikation via Social Media steht immer öfter eine Facebook-Seite als Plattform für alle weiteren Web-2.0-Aktivitäten wie Publikationen auf Flickr, Interaktionen auf Facebook sowie Twitter für Privatpersonen und Unternehmen.

Kommunikation im Social Web gehört zur Online-Kommunikation, wodurch für das Texten im Social Web zunächst die gleichen Regeln gelten. Besondere Be-

Tabelle 1

Funktion	Anwendung	Beschreibung und Beispiele
Publizieren und Darstellen	Weblog Podcast Videocast	Beiträge in Text, Ton oder bewegtem Bild von einzelnen Personen oder Institutionen, häufig expressiv und authentisch sowie mit Kommentar- und Abonnementfunktionen. Microcontent, der durch gegenseitige Referenzierung (Trackbacks), Tagging und RSS in Social Networking Platforms im ganzen Social Web verknüpft ist. Beispiele: Blogger, Wordpress, Twitter, YouTube, Flickr
Wissen strukturieren	Wiki	Kollaborative Internetplattformen, auf der Nutzer Inhalte erstellen, verändern und verknüpfen. Beispiel: Wikipedia
	Social Bookmarking	Sammlung, Publikation und Austausch von Verweisen (»bookmarks«) auf relevante Informationen im Internet auf kollektiver Ebene. Beispiel: del.icio.us
	Tagging	Individuelle Vergabe beliebiger Schlagworte (»tags«) zur Klassifizierung von Inhalten jeder Art
Informieren	RSS (Really Simple Syndication)	Funktion, die Änderungen der Inhalte einer abonnierten Website automatisch an den Nutzer überträgt
Vernetzen	Social Networking Platforms	Internetplattformen beziehungsweise Communities, die über die Angabe persönlicher oder beruflicher Profile soziale Beziehungen zwischen Personen herstellen und verwalten. Beispiele: Facebook, MySpace, Xing, StudiVZ, SchülerVZ

achtung sollte aber zusätzlich den folgenden Aspekten geschenkt werden: Transparenz im Social Web gehört zum guten Ton. Dies bedeutet, dass keine verdeckten Kommunikationen unter einem Pseudonym stattfinden und Interessenbindungen offen benannt werden sollten. Der Missbrauch des Social Web unter Vorspiegelung falscher Tatsachen wird meist schnell und mit beträchtlichem Imageschaden für den Absender aufgedeckt. Im Gegenzug wird Offenheit und Transparenz von der Social Web Community besonders geschätzt.

Ein besonderes Augenmerk gilt auch der Unterscheidung von privater und öffentlicher Kommunikation. Das Social Web ist der Ort für unverbindliche, subjektive, spontane Kommunikation. Dies steht aber oft diametral im Gegensatz zur Kommunikationsstrategie eines Unternehmens. Es ist deshalb sorgfältig abzuwägen, welche Inhalte sich für das Social Web eignen und wie sich eine Organisation im Einklang mit der allgemeinen Kommunikationsstrategie in dieser Welt positioniert und gleichzeitig kanaladäquat kommuniziert.

Kommunikation im Social Web ist die neueste Entwicklung der Online-Kommunikation und zwingt Schreibende noch stärker dazu, sich auf die Eigenheiten des Mediums zu konzentrieren. Aber auch die herkömmliche Online-Kommunikation verlangt vom Schreibenden, sich mit der Kultur und den Eigenheiten, besonders aber mit den Chancen und den Gefahren dieser neuen Welt gezielt und kontinuierlich auseinanderzusetzen.

5 Grundfragen für ein Schreiben mit System in der Online-Kommunikation

Das Schreiben für die Online-Kommunikation gestaltet sich je nach Anwendung und Publikationsplattform sehr unterschiedlich. Acht Grundfragen bieten jedoch eine Leitlinie für die systematische Planung der Texte:

- ☑ Zielgruppe bestimmen: Wer sucht Informationen auf meiner Website oder weshalb liest jemand meinen Online-Text? Was weiss ich über die Bedürfnisse und die Nutzungsgewohnheiten meines Zielpublikums? Wie viel Vorwissen kann ich voraussetzen?
- ☑ Schlüsselaussagen definieren: Welche Informationen dieses Textes sind absolut relevant und müssen deshalb am Anfang stehen?
- ☑ Umfang planen: Wie lang muss mein Text sein, um die relevanten Fakten zu vermitteln? Kann ich meine Information auf einer Bildschirmgrösse vermitteln? Wenn nicht, lässt sich der Text in Module aufteilen, die miteinander verlinkt werden können?
- ☑ Logischen Ablauf bestimmen: Wie stehen die wichtigen Informationen des Textes zueinander? In welcher Reihenfolge müssen sie erzählt werden, damit sich für den Leser der Sinn des Textes am besten ergibt? Woran knüpft der Text an und auf welchen anderen Websites oder in welchen Texten kann er sinnvollerweise weitergehen?
- ☑ Strukturieren: Welcher Titel vermittelt dem Leser einen klaren Eindruck des Textinhaltes? Wie kann der Inhalt des Textes in einem kurzen Vorspann in wenigen Worten wiedergegeben werden? Wie lässt sich der Text in sinnvolle Abschnitte unterteilen? Welche Zwischentitel beschreiben diese Abschnitte möglichst aufschlussreich?
- ☑ Multimedial umsetzen: Mit welchen multimedialen Elementen verleihe ich dem Text zusätzlichen Informationsgehalt oder eine zusätzliche Dimension? Welche Elemente machen meine Aussagen noch anschaulicher? Welche Werkzeuge aus dem reich bestückten Online-Instrumentenkasten sind sinnvoll? Handelt es sich um einen Bildstoff, ein Erzählstück oder bereichert die

Authentizität, die ein kurzes Video vermittelt, das Thema? Ist ein Text die beste Erzählform oder können die Inhalte zum Beispiel spielerisch in einem Quiz oder in einem dialogischen Format vermittelt werden?

☑ Kontext bestimmen: Auf welchem Weg gelangen die Leser am wahrscheinlichsten zum Text? In welchem Kontext erscheint der Text aus der Sicht eines Lesers am sinnvollsten?

☑ Einbetten und verlinken: Wie verlinke ich meinen Text am besten mit meinen eigenen Websites, mit externen Websites und mit anderen Online-Plattformen wie Blogs oder sozialen Plattformen? Ist es nützlicher, die Links in den Text zu integrieren oder am Ende als Linkliste anzuführen? Welche anderen internen Seiten, Multimedia-Elemente oder externen Angebote stellen eine sinnvolle Ergänzung zum Text dar? Existieren bereits ähnliche Texte oder andere Online-Angebote wie YouTube-Filme, die den Sachverhalt gut illustrieren?

Fazit

- Schreiben für die Online-PR folgt dem Prinzip: noch kürzer, noch klarer, noch sachlicher. Denn Online-Leser lesen nicht, sie scannen die Texte: Weil die Bildschirmlektüre anstrengend ist und Informationsalternativen leicht zugänglich sind, überfliegen Leser am Bildschirm Internetangebote, anstatt sie im Detail zu lesen.
- Online-Kommunikation bedeutet Kontrollverlust. In der Online-Kommunikation, besonders im Social Web, verschwinden klare Informationshierarchien. Jeder ist potenziell gleichzeitig Sender und Empfänger von Inhalten. Dies bedeutet, dass Organisationen den Informationsfluss nicht mehr kontrollieren können, sondern immer stärker gezwungen sind, sich als gleichberechtigte Partner an Konversationen auf externen Plattformen zu beteiligen.
- Schreiben für die Online-Kommunikation ist ein Schreiben in multimedialen Umgebungen und erfolgt teamorientiert.

Übers Schreiben lesen

Bernet, M. (2010): Medienarbeit im Netz. Strategie und Praxis der Online-PR, von E-Mail bis Weblog
Dieses Buch des Schweizer PR-Praktikers und Online-Spezialisten Marcel Bernet vermittelt eine gute Übersicht über die Eigenschaften und Potenziale von Social Media für die Medienarbeit und die PR im Allgemeinen.

Zerfass, A./Pleil, T. (2012): Handbuch Online-PR
Jodeleit, B. (2010): Social Media Relations: Leitfaden für erfolgreiche PR-Strategien und Öffentlichkeitsarbeit im Web 2.0
Diese Bücher vermitteln eine wichtige Übersicht über grundlegende Anforderungen, die über den Moment hinaus Gültigkeit besitzen. Angesichts des raschen Wandels in der Online-Kommunikation ist es aber ratsam, sich auch in Online-Quellen über neue Entwicklungen zu informieren.

Literatur

Bernet, M./Keel, G. (2009): Journalisten im Internet 2009: Eine repräsentative Befragung von Schweizer Medienschaffenden. Zürich.
Bernet, M. (2006): Medienarbeit im Netz. Strategie und Praxis der Online-PR, von E-Mail bis Weblog. Zürich.
Dietz, K./Rädeker, J. (2004): Geschäftsberichte – finest facts and figures. Mainz.
DiNucci, D. (1999): Fragmented Future. In: Print 53/4, S. 32.
Grafberger, U./Hörner, T. (2009): Texten für das Internet: Ein Ratgeber für den erfolgreichen Web-Auftritt. München.
Huber, M. (2008): Kommunikation im Web 2.0. Konstanz.
Jodeleit, B. (2010): Social Media Relations: Leitfaden für erfolgreiche PR-Strategien und Öffentlichkeitsarbeit im Web 2.0. Heidelberg.
Kaplan, A. M./Haenlein, M. (2010): Users of the world, unite! The challenges and opportunities of Social Media. In: Business Horizons 53, 1, S. 59–68.
Keel, G./Perrin, D. (2009): Geschichten in konvergenten Medien erzählen. Fit für Journalismus im Netz. In: message Werkstatt 1, 1, S. 2–5.
news aktuell (2010): Journalismus in einem neuen Informationszeitalter. Hamburg: news aktuell. Unter: http://www.presseportal.de/pm/6344/1632787/news_aktuell_gmbh. Stand 01/2011.
o. A., o. T.: http://www.radicati.com/?p=6653. Stand 02/2011.
o. A., o. T.: http://www.maawg.org/sites/maawg/files/news/MAAWG_2010-Q1Q2_Metrics_Report_13.pdf. Stand 02/2011.
Perrin, D./Kessler, H. (Hrsg.) (2005): Schreiben fürs Netz. Aspekte der Zielfindung, Planung, Steuerung und Kontrolle. Wiesbaden.
Reed, D. et al. (2004): The Social Web: Building an Open Social Network with XDI. Unter: http://journal.planetwork.net/article.php?lab=reed0704. Stand 01/2011.
Ruisinger, D. (2007): Online Relations. Leitfaden für moderne PR im Netz. Stuttgart.
Sandhu, S./Zerfass, A. (2008): Interaktive Kommunikation, Social Web und Open Innovation: Herausforderungen und Wirkungen im Unternehmenskontext. In: Schmidt, J./Welker, M./Zerfass, A. (Hrsg.): Kommunikation, Partizipation und Wirkungen im Social Web. Strategien und Anwendungen: Perspektiven für Wirtschaft, Politik und Publizistik. Köln, S. 283–310.
Sauvant, N. (2002): Professionelle Online-PR. Frankfurt am Main.

Scott, D. M. (2009): Die neuen Marketing- und PR-Regeln im Web 2.0: Wie Sie im Social Web News Releases, Blogs, Podcasting und virales Marketing nutzen, um Ihre Kunden zu erreichen. Heidelberg.

Sixtus, M. (2005): Das Web sind wir. Social Software und das neue Leben im Netz. In: Technology Review 7, S. 44–53.

Wieland, M./Spielkamp, M. (2003): Schreiben fürs Web. Konzeption – Text – Nutzung. Konstanz.

Zappala, J./Carden, A. R. (2010): Public Relations Writing Worktext. A Practical Guide for the Profession. 3rd Edition. New York.

Zerfass, A./Pleil, Th. (Hrsg.) (2012): Handbuch Online-PR. Konstanz.

Textmuster: Schreiben in verständlichen Textsorten

Katharina Urbahn

Professionalisierung der PR-Arbeit ist verbunden mit dem Wunsch nach einer Systematisierung des Textsortenwissens (1.). Denn dieses Wissen bildet eine Grundlage für das routinierte, auf Kommunikationschancen ausgerichtete Schreiben für die PR (2.). Textsorten lassen sich bestimmen je nach dem verwendeten Medium und der kommunikativen Funktion, die sie erfüllen sollen (3.).

Schlüsselbegriffe: Textsorten, Textsortenkompetenz, Textfunktion, Kommunikationsform, thematische Entfaltung, Textmuster, Medienmitteilung, Organisationsporträt, Produktinformation

1 Grundlagen: Gefragte »Textsortenkompetenz«

Sprachbezogenem Wissen und sprachlichen Fertigkeiten kommt im Berufsfeld der PR eine übergeordnete Rolle zu. Dazu gehört nicht nur allgemein der »Umgang mit Sprache«, sondern sehr spezifisch auch die »Beherrschung von journalistischen Darstellungsformen, Schreiben und Redigieren«. Bei einer Befragung von 742 PR-Agenturen in Deutschland, Österreich und der Schweiz (Rücklauf: 190) führten diese beiden Items die Liste der Fertigkeiten an, die von PR-Berufseinsteigern erwartet werden (Urbahn 2007). Die Linguistik spricht diesbezüglich von »Textsortenwissen«, »Textsortenkompetenz« beziehungsweise »textsortenspezifischem Textmusterwissen« (Linke et al. 1991: 253). Diese Kompetenzen sind nicht nur grundlegend für die Bewältigung von Schreibaufgaben, mit denen PR-Ziele wie Imagebildung und Reputationsförderung verfolgt werden. Auch die Rezeption von PR-Texten kann ohne sie nur unzureichend erfolgen (Heinemann/Viehweger 1991: 11). Textsortenkompetenz hat derjenige, der weiss, welche Gruppierungen und Untergruppierungen von Texten es in den PR gibt und welche ähnlichen Merkmale diese aufweisen sollten, damit sie vom Rezipienten auch verstanden werden.

Der Wunsch nach einer Professionalisierung der PR ist entsprechend immer auch der Wunsch nach einer Systematisierung des Textsortenwissens. Entsprechende wissenschaftliche Versuche arbeiteten allerdings eher mit anderen Begriffen; die Rede ist dann von »Kanälen«, »Wegen«, »Instrumenten«, »Werkzeugen« oder »Medien« (so bspw. Bentele 2005: 616). Mast (2002: 160) spricht von »wiederkehrende(n) Muster(n) bzw. Strukturen der Interaktion«. Spezifischer auf die Textsortenproblematik geht Femers (2006: 118) ein, wenn sie »typische Texte in der Unternehmenskommunikation« identifiziert und diese von journalistischen Texten, von Texten für das Internet und von Texten für die Werbung abgrenzt. Die Texte der Unternehmenskommunikation lassen sich im Sinne dieses Vorschlages je nach Einsatz in der internen und in der externen Kommunikation sowie je nach Zielgruppe unterscheiden.

Die genannten Beispiele verdeutlichen den Wunsch nach Systematisierung, zeigen aber auch eindrucksvoll, dass keine Einigkeit über einen für die PR so zentralen Kompetenzbereich besteht. Nicht einmal der Textbegriff wird in der Literatur in diesen Zusammenhängen überall verwendet und wenn, dann kaum scharf definiert. Eine Ausnahme bilden allerdings Darstellungen einzelner Textsorten. Am häufigsten betreffen sie die Presse- beziehungsweise Medienmitteilung (Christoph 2009).

Für die weitere Professionalisierung des Textsortenwissens ist ein übergeordnetes Konzept gefragt, das zum einen eine Klassifizierung aller PR-typischen textlichen Äusserungen ermöglicht, zum anderen aber auch konkrete Schlussfolgerungen für die Schreibpraxis in der PR-Arbeit erlaubt.

2 Funktionen: Kommunikationsziele prägen Textsorten

Beschäftigt man sich mit Texten und Textsorten in den PR, kommt unweigerlich die Frage auf, ob beispielsweise eine Kundenzeitschrift ein Text, eine Textsorte oder ein Medium ist. Und welcher dieser Kategorien kann eine Medienmitteilung zugeordnet werden? Die Frage drängt sich umso mehr auf, als in der kommunikationswissenschaftlichen und betriebswirtschaftlichen Auseinandersetzung mit PR der Textbegriff selber bisher eher unreflektiert verwendet worden ist.

Die Beschäftigung mit dem Text als zentraler sprachlicher Einheit setzte auch in der Linguistik erst in der zweiten Hälfte des 20. Jahrhunderts ein (Adamzik 1995 und 2000; Fix 2008). Zuvor galt der Satz »als die oberste linguistische Bezugseinheit« (Brinker 2010: 13). In dieser ersten Phase der Textlinguistik wurde ein Text zunächst als »eine kohärente Folge von Sätzen« (Brinker 2010: 14) verstanden.

Vertreter der kommunikationsorientierten Textlinguistik kritisierten diesen stark grammatisch orientierten Textbegriff und den mangelnden Kontextbezug der Definition. Sie definierten den Text »unter pragmatischer (sprechakttheoretischer) Perspektive [...] nicht mehr als grammatisch verknüpfte Satzfolge, sondern als (komplexe) sprachliche Handlung, mit der der Sprecher oder Schreiber eine bestimmte kommunikative Beziehung zum Hörer oder Leser herzustellen versucht« (Brinker 2010: 15).

Brinker kam unter Kombination der »grammatischen« und der kommunikationsorientierten Sichtweise des Textbegriffs zu folgender Definition: Der Terminus »Text» bezeichnet eine »begrenzte, grammatisch und thematisch zusammenhängende (kohärente) Folge von sprachlichen Zeichen, die als solche eine erkennbare kommunikative Funktion (Textfunktion) realisiert« (Brinker 2010: 19 f.). Ein Text kann nach diesem Verständnis auch mündlich geäussert werden. In der Folge beschränken wir uns aber auf schriftlich fixierte Texte.

Die PR arbeitet mit zahlreichen, verschiedenartigen Texten (Solbjørg Skulstad 2006): Organisationen verschicken Medienmitteilungen zu aktuellen Ereignissen, informieren ihre Investoren mit Geschäftsberichten, werben mit bunt gestalteten Kundenmagazinen und den darin enthaltenen Artikeln. Und jeder dieser Texte »ist eine individuelle, ganz einzigartige Erscheinung [...]. Und doch teilt jeder Text mit mehr oder weniger vielen anderen mehr oder weniger viele gemeinsame Merkmale. Dementsprechend lassen sich also vorliegende Texte zu Gruppen mit gemeinsamen Merkmalen zusammenfassen« (Adamzik 2008: 145). Diese Gruppen werden als Textsorten bezeichnet und umfassen sowohl Zeitungsnachrichten als auch Kochrezepte, Gebrauchsanweisungen, Beipackzettel, Werbeanzeigen und Medienmitteilungen. Brinker definiert sie folgendermassen: »Textsorten sind konventionell geltende Muster für komplexe sprachliche Handlungen und lassen sich als jeweils typische Verbindungen von kontextuellen (situativen), kommunikativ-funktionalen und strukturellen (grammatischen und thematischen) Merkmalen beschreiben. [...] [S]ie besitzen zwar eine normierende Wirkung, erleichtern aber zugleich den kommunikativen Umgang, indem sie den Kommunizierenden mehr oder weniger feste Orientierungen für die Produktion und Rezeption von Texten geben« (Brinker 2010: 125). Mit anderen Worten: Textsortenwissen ist eine Grundlage für routiniertes, auf die Nutzung von Kommunikationschancen gezielt ausgerichtetes Schreiben für die PR (Feilke 2004).

Die Merkmale, anhand derer sich Textsorten beschreiben lassen, können sowohl textintern als auch textextern sein. Textinterne Merkmale wie Satzbau, Verwendung bestimmter Begriffe und genereller Aufbau des Textes können direkt aus dem Text abgelesen werden. Textexterne Merkmale hingegen gehen über die textliche Basis hinaus. Sie beschreiben die Situation, in der der Text produziert beziehungsweise rezipiert wird. Welches Medium wird verwendet? Zu welchem

Zeitpunkt, an welchem Ort und zu welchem Zweck wird ein Text verfasst? Hier spielt die Kommunikationssituation eine entscheidende Rolle.

Für die Klassifizierung von Texten in Textsorten und Textsortengruppen hat Brinker eine Systematisierung entwickelt, mittels derer Texte anhand verschiedener Merkmale und Ausprägungen analysiert und in Gruppen unterteilt werden können (Brinker 2010: 126 ff.):

- Klassifizierung nach der *Textfunktion*
  - Texte können mit dem Ziel der Information verfasst werden, so zum Beispiel eine Nachricht oder ein Bericht (Informationsfunktion)
  - Texte können auffordernden Charakter haben, so zum Beispiel ein Kommentar oder eine Werbeanzeige (Appellfunktion)
  - Texte können den Urheber zu etwas verpflichten, so zum Beispiel ein Sponsoringvertrag (Obligationsfunktion)
  - Das Hauptziel eines Textes kann die Kontaktaufnahme sein, so zum Beispiel bei einer Danksagung (Kontaktfunktion)
  - Texte können dazu dienen, einen bestimmten Sachverhalt schriftlich festzuhalten, so zum Beispiel bei einem Testament oder einer Urkunde (Deklarationsfunktion)
- Klassifizierung nach der *Kommunikationsform:* entweder nach dem Medium (Face-to-face-Kommunikation, Telefon, Rundfunk, Fernsehen, Schrift), nach der Kommunikationsrichtung (dialogisch oder monologisch) oder nach der Sprachform (gesprochene oder geschriebene Sprache)
- Klassifizierung nach dem *Handlungsbereich* (privat, offiziell oder öffentlich) und nach dem *Textthema*
- Klassifizierung nach der Form der *thematischen Entfaltung*
  - Deskriptiv: Das Thema wird in seinen Teilen möglichst sachlich dargestellt und eingeordnet. Die Medienmitteilung zur Fusion zweier Unternehmen ist dann deskriptiv, wenn ausgehend von der erfolgten Fusion die wesentlichsten Punkte dieses Zusammenschlusses beschrieben werden.
  - Narrativ: Das gleiche Thema könnte in einer Medienmitteilung auch narrativ entfaltet werden. In diesem Fall stünde der Prozess, der zu der Fusion geführt hat, im Vordergrund. Hier hiesse es, den Prozess von der ersten Kontaktanbahnung bis zum Abschluss der Fusion möglichst dramaturgisch aufzubereiten und zu erzählen.
  - Explikativ: Bei einer explikativen Themenentfaltung wird ein Sachverhalt möglichst gut erklärt. So kann in einem »Factsheet« eine neu entwickelte Technik des Unternehmens X mit all ihren Zusammenhängen erläutert werden.

- Argumentativ: Für die argumentative Themenentfaltung ist die Entwicklung von Argumenten zu einer bestimmten These sowie deren Abfolge entscheidend. Die schriftliche Stellungnahme zu einem im Vorfeld geäusserten Vorwurf kann hier als Beispiel genannt werden.

Für Brinker ist diese Systematisierung der Ausgangspunkt, um verschiedenste Textsortenklassen und die diesen untergeordneten Textsorten zu beschreiben. Die Textfunktion gibt für ihn die Textsortenklasse vor. So gibt es beispielsweise die Textsortenklasse der »informierenden Textsorten«. Anhand der »Kommunikationsform«, des »Handlungsbereichs«, des »Textthemas« sowie der »Form der thematischen Entfaltung« können dann im Weiteren spezifische Textsorten innerhalb dieser Klasse definiert werden (Brinker 2010: 132). Textsorten der genannten Klasse wären beispielsweise die Zeitungsnachricht oder der Bericht. Die Textsorte Zeitungsbericht grenzt sich dabei von anderen Textsorten durch ein spezifisches Textmuster ab. Das Textmuster steht für die Gesamtheit aller Ausprägungen der textinternen und textexternen Merkmale (Christoph 2009: 53 f.).

In der PR-Praxis sind linguistische Kategorien bisher noch wenig beachtet worden. Dies ist erstaunlich, denn für die praktische PR-Arbeit ist das Wissen über die eigenen Textsorten insofern von höchster Relevanz, als es die Planung, den Entwurf und die Verbesserung von Texten im Hinblick auf deren kommunikative Funktion erlaubt. Eine Ausnahme bildet Christoph (2009), die eine entsprechende, sehr fundierte Darstellung für die Textsorte der Medienmitteilung ausgearbeitet hat (Christoph, in diesem Band).

Im Unterschied zu Brinker setzt Christoph bei ihrer Klassifizierung nicht erst bei der Textfunktion ein. Vielmehr beschreibt sie sehr detailliert, von welchen Gegebenheiten sich die jeweilige Textfunktion ableitet. Entscheidend sind für sie hier der »Kommunikationsbereich«, in dem der jeweilige konkrete Text beziehungsweise die Textsorte Verwendung findet, sowie die sich daraus ergebende »Bereichsfunktion«. Christoph versteht unter Kommunikationsbereich das funktionale Subsystem der Gesellschaft, in dem die jeweilige Textsorte geplant und produziert wird (zum Beispiel Wirtschaft, Politik). Sie fokussiert in der Folge in ihrem Buch (2009) auf den Kommunikationsbereich der Wirtschaft und seine PR-Textsorten – im Speziellen die Pressemitteilung. Christoph geht davon aus, dass sich vom Kommunikationsbereich der Wirtschaft und dem dort untergeordneten Bereich der PR und damit von der Bereichsfunktion die Textfunktion, das Thema beziehungsweise die thematische Entfaltung, die sprachliche Gestaltung/der Stil sowie das verwendete Medium ableiten lassen (Abb. 1).

Mit ihrer Fokussierung auf den Bereich der Wirtschaft, dem sie die PR unterordnet, beschränkt sich Christoph auf eine zwar relevante, aber doch nur be-

Abbildung 1 Klassifikationsmodell von Christoph 2009: 56 (eigene Darstellung)

Kommunikationsbereich/System →
↓
Bereichsfunktion →
↓
Textfunktion →
↓
Thema/Themenentfaltung → Textmuster
↓
Sprachliche Gestaltung/Stil →
↓
Medium →

schränkte Auswahl von PR-Texten. Die Pressemitteilung wird zudem nicht nur von Wirtschaftsunternehmen als Kommunikationsmittel eingesetzt. Auch Parteien, Verbände, Spitäler und Hochschulen schreiben Medienmitteilungen. Und obwohl diese aus unterschiedlichen Kommunikationsbereichen stammen, enthalten sie ähnliche Textmerkmale. So enthält jede »gute« Medienmitteilung einen Verweis darauf, dass es sich um eine »Medienmitteilung« beziehungsweise eine »Medieninformation« handelt, sowie eine Angabe zur PR-Kontaktperson. Dies spricht dafür, dass eben nicht das funktionale Subsystem die Textsorte bestimmt, sondern doch in erster Linie das PR-System mit seinen Aufgaben und Zielen. Ob die Medienmitteilung in Wirtschaft oder Politik verwendet wird, schlägt sich erst bei der Gestaltung des konkreten Textes nieder (zum Beispiel in der Verwendung unterschiedlichen Fachvokabulars).

3 Muster: Medien- und funktionsbezogene Vorgaben

3.1 Medienbezogene Vorgaben

Aus den zuvor genannten Gründen wird in der Folge eine eigene Systematisierung der schriftlichen Äusserungen in den PR vorgeschlagen. Hier sollen zunächst PR-Medien und PR-Textsorten voneinander unterschieden werden (Tab. 1). Medien werden zu diesem Zweck und in diesem Zusammenhang als eine zusammengehörige Sammlung von Einzeltexten verstanden. Einzeltexte in diesen Medien sind dann wiederum verschiedenen Textsorten zuzuordnen. So ist die Kundenzeitschrift ein Medium der PR, das zahlreiche Texte beinhaltet, die den Textsorten »Nachricht«, »Kommentar« oder »Reportage« zugeordnet werden können. Für den Verfasser einer Kundenzeitschrift gelten in der Folge Gestaltungsvorgaben auf der Ebene des Mediums (Auswahl der Textsorten, Seitengestaltung, Themen etc.) sowie auf der Ebene der einzelnen Textsorte.

Die Medien in den PR können des Weiteren in »schriftlich-gedruckte Medien« (unter anderem Mitarbeiterzeitschrift, Geschäftsbericht, Medienmappe) und »schriftlich-elektronische Medien« (unter anderem Internetauftritt, Newsletter) unterschieden werden; in Zeiten des Web 2.0 sind die Grenzen jedoch fliessend. So wird eine Kundenzeitschrift auch als PDF auf die Website der Organisation gestellt oder sogar als elektronische, interaktive Version im Netz veröffentlicht.

In Anlehnung an Mast (2002: 160 ff.) erscheint eine Differenzierung in »eigene Medien« und »fremde Medien« sinnvoll. Im Bereich Corporate Publishing produzieren und gestalten Organisationen zwar eigene Publikationen wie Geschäftsberichte oder Unternehmensbroschüren. Auf der anderen Seite nutzen sie jedoch auch allgemein zugängliche Medien wie Zeitungen, Zeitschriften, Rundfunk und

Tabelle 1 Medienbezogene Klassifikation der Textsorten (eigene Darstellung)

Wege	Medien	Textsorten
	Unternehmenseigene Medien:	
Schriftlich-gedruckt	▪ Kundenzeitschrift ▪ Mitarbeiterzeitschrift ▪ Geschäftsbericht ▪ Umweltbericht ▪ Nachhaltigkeitsbericht ▪ Unternehmensbroschüre/Flyer/Prospekt ▪ Medienmappe	▪ aus dem Journalismus adaptierte Textsorten (Nachricht, Bericht, Kommentar, Glosse, Editorial, Interview …) ▪ Organisationsporträt ▪ Medienmitteilung ▪ Einladung zur Medienkonferenz ▪ Brief/E-Mail ▪ SMS ▪ usw.
Schriftlich-elektronisch	▪ Internetauftritt (Unternehmens-/Produktwebsite) ▪ Intranetauftritt ▪ Newsletter ▪ E-Mail ▪ Blog	
	Unternehmensfremde Medien:	
	▪ Zeitung ▪ Zeitschrift ▪ Fernsehen ▪ Radio ▪ Internetmedien ▪ Social-Media-Plattform	▪ Anzeige ▪ Publireportage ▪ Werbefilm (Skript) ▪ Radiobeitrag (Skript) ▪ Werbebanner ▪ Imagefilm (Skript) ▪ Twitter-Nachricht ▪ Facebook-Profil ▪ usw.

fremde Internetauftritte, in denen wiederum Textsorten platziert werden, die von Organisationen selbst gestaltet worden sind (Publireportage, Imageanzeige etc.).

Eine Sondergruppe unter den Textsorten nehmen diejenigen ein, die vermeintlich aus dem Journalismus kommen und für die Publikationen der PR adaptiert werden (Nachricht, Bericht, Reportage etc.). Im Hinblick auf das kommunikationsbezogene Klassifikationsschema von Textsorten kann jedoch nicht von einer Gruppe der journalistischen Textsorten gesprochen werden, die in den PR Verwendung finden. Sobald diese Textsorten in den PR eingesetzt werden, gehören sie zu der Gruppe der PR-Textsorten, denn sie übernehmen eine andere kommunikative Funktion als im Journalismus. Während es das oberste Ziel des Journalismus ist, die Öffentlichkeit aus möglichst unabhängiger Warte zu informieren, geht es bei den PR um Image- und Reputationspflege – auch in einem grundlegend informativen Text. Abbildung 2 vermittelt eine Übersicht über die wichtigsten Medien und Textsorten der PR.

Abbildung 2 PR-Textsortenklassen und PR-Textsorten (eigene Darstellung)

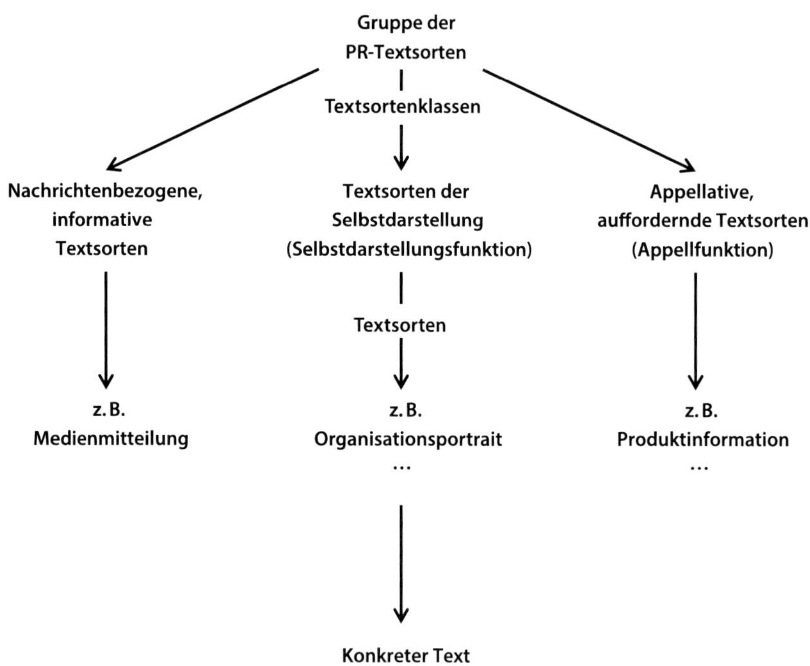

3.2 Funktionsbezogene Vorgaben

Die Gruppe der PR-Textsorten in den verschiedenen Medien kann nun zusätzlich anhand der Textfunktion weiter gegliedert werden. Dies erlaubt im Schreibprozess eine noch genauere Planung und einen noch gezielteren Entwurf.

In Anlehnung an Brinkers Unterteilung der Textfunktionen (Brinker 2010: 126 ff.) können drei funktionale Klassen von Textsorten ausgemacht werden: 1. nachrichtenbezogene, informative Textsorten (Informationsfunktion), 2. Textsorten der Selbstdarstellung (Selbstdarstellungsfunktion) und 3. appellative, auffordernde Textsorten (Appellfunktion). Jede dieser Klassen zeichnet sich sowohl durch die übergeordnete Textfunktion als auch durch das Thema und die Art der Themenentfaltung (deskriptiv, explikativ, argumentativ, narrativ) aus.

Mit *nachrichtenartigen, informativen Texten* soll über eine Organisation und deren Leistungen informiert werden. Ein Beispiel hierfür ist die Textsorte der Medienmitteilung, mit der Journalisten über einen die Organisation betreffenden Sachverhalt informiert werden. Das Thema einer Medienmitteilung wird zumeist deskriptiv entwickelt, also sachlich dargestellt und eingeordnet. So auch bei den Einstiegssätzen (Lead) der folgenden Medienmitteilung der Migros vom 18. März 2011 (»Migros unterstützt nationalen Allergietag«):

Beispiel

»Am 26. März 2011 führt das Schweizerische Zentrum für Allergie, Haut und Asthma (genannt ›aha!‹) den dritten Nationalen Allergietag durch. Im Fokus dieses Informationsanlasses stehen Kreuzallergien und Nahrungsmittelunverträglichkeiten. Interessierte Personen können sich in fünf Migros-Zentren informieren und sich vor Ort kostenlos auf das persönliche Allergierisiko testen lassen. Die Migros ist offizielle Partnerin des Nationalen Allergietages 2011.« (Migros 2011)

Medienmitteilungen können darüber hinaus aber auch narrative Elemente beinhalten, so heisst es bei der gleichen Medienmitteilung im weiteren Fliesstext:

Beispiel

»Wenn die Natur im Frühling zu spriessen beginnt, dann leiden in der Schweiz jedes Jahr über eine Million Menschen unter den Folgen des Pollenflugs. Bei einigen Betroffenen ist die Pollenallergie zudem an eine Nahrungsmittelallergie gekoppelt.« (Migros 2011)

Mit den *Textsorten der Selbstdarstellung* wird versucht, das Profil einer Organisation nach aussen sichtbar zu machen. Es geht hier weniger um Information allein, sondern auch um die Positionierung beziehungsweise das Image einer Organisation. So soll zum Beispiel durch die Textsorte Organisationsporträt ein bestimmtes Bild der Organisation vermittelt werden, das sich in den Köpfen der Leser festsetzt. Hierzu können sowohl narrative als auch deskriptive Elemente dienen. So ist das Porträt der Schweizer Bank UBS wie folgt formuliert (»UBS in ein paar Worten«):

Beispiel

»UBS bietet Dienstleistungen für Privat-, Firmen- und institutionelle Kunden sowie für Retail-Kunden in der Schweiz und schöpft dabei aus 150-jähriger Erfahrung. Sie vereint ihre Geschäftsaktivitäten im Wealth Management, Asset Management und Investment Banking sowie die Retail-Banking-Aktivitäten in der Schweiz, um erstklassige Finanzlösungen zu liefern.

UBS hat ihren Hauptsitz in Zürich und Basel und ist in mehr als 50 Ländern und an allen wichtigen Finanzplätzen mit Niederlassungen vertreten. Die Bank beschäftigt weltweit zirka 65 000 Mitarbeiterinnen und Mitarbeiter. UBS ist eine Aktiengesellschaft. UBS AG ist die Muttergesellschaft des UBS-Konzerns.

Die Bank gliedert sich in vier Unternehmensbereiche sowie das Corporate Center. Die vier Unternehmensbereiche sind: Wealth Management & Swiss Bank, Wealth Management Americas, Global Asset Management und Investment Bank.« (UBS 2011)

Als dritte Textsortenklasse können die *appellativen, auffordernden Textsorten* genannt werden, die eine Schnittstelle zur Werbung bilden. In diesen Textsorten geht es darum, den Leser zu einem konkreten Handeln aufzufordern. So soll die Textsorte der Werbeanzeige einen Kaufimpuls beim Rezipienten auslösen. Eine Produktinformation (Medienmitteilung zu einem Produkt) soll Journalisten davon überzeugen, das Produkt in ihrem Medium zu erwähnen und zu beschreiben. Es liegt auf der Hand, dass das Thema dabei möglichst argumentativ aufgerollt werden sollte. Sowohl bei einer Werbeanzeige (in verkürzter Form) als auch bei einer Produktinformation müssen dem Leser Argumente geliefert werden, warum das Produkt informativ vermittelt oder erworben werden sollte. Was gemeint ist, wird bei folgender Produktinformation des Unternehmens Coop vom 9. November 2010 deutlich (»Würzige Saucen für kalte Tage«):

Beispiel

Egal ob Fisch oder Fleisch, Kartoffeln, Teigwaren oder Gemüse – die neuen Saucen von Coop Fine Food verleihen jeder Mahlzeit eine ganz besondere Note. So verschärfen die pikanten Begleiter aus Spanien, Argentinien und von den Kanarischen Inseln die kalten Wintertage und wecken Erinnerungen an den Sommer. Die Spezialitäten sind in grösseren Coop Supermärkten erhältlich. Um ein unvergleichliches Geschmackserlebnis zu bieten, werden die neuen Saucen von Fine Food mit ausgewählten Rohstoffen nach traditioneller und altbewährter Rezeptur hergestellt. Die neuen Saucen erweitern so optimal das auserlesene Fine Food-Sortiment.« (Coop 2010)

Textplanung und Textentwurf für die PR orientieren sich also an der Beantwortung der Fragen nach dem Medium und nach der Textsortenklasse.

4 Drei Beispiele: Medienmitteilung, Organisationsporträt, Produktinformation

Für Entwurf und Verbesserung sind nun weitere Konkretisierungen nötig. Es gibt Textsorten, die schon stark konventionalisiert sind, und andere, die gerade hinsichtlich ihrer konkreten sprachlichen Gestaltung noch eher unscharfe Konturen aufweisen.

4.1 Medienmitteilung

Die Medienmitteilung ist die Textsorte, deren Textmuster bisher am klarsten beschrieben wurde. Zahlreiche Publikationen (Christoph 2009 und in diesem Band; Zehrt 2007) weisen darauf hin, wie eine Medienmitteilung zu schreiben ist, damit sie erfolgreich den Weg in die Medienberichterstattung findet. Das Textmuster der Medienmitteilung weist demnach folgende Merkmale auf:

- Kommunikationsbereich/Bereichsfunktion: gehört zur Gruppe der PR-Textsorten
- Textfunktion: nachrichtenartige, informative Textsorte
- Thema: Ereignisbezug
- Themenentfaltung: deskriptive Themenentfaltung im Vordergrund, kann aber auch im Sinne eines Storytellings narrative Elemente enthalten

- Sprachliche Gestaltung/Stil (Auswahl):
  - Explizite Kennzeichnung als »Medienmitteilung«
  - Bestandteile: Titel (Untertitel), Lead (Vorspann), Fliesstext, Zwischentitel
  - Prinzip der umgekehrten Pyramide (wichtigste Informationen an den Anfang, damit von hinten kürzbar)
  - Sprache sachlich-positiv, auf keinen Fall werblich
  - Angabe des Absenders (Medienkontakt)
- Medium/Übermittlung: E-Mail, in elektronischer Form auf der Internetseite, Post, Fax

4.2 Organisationsporträt

Im Vergleich zur Medienmitteilung ist das Organisationsporträt eine freiere Äusserungsform. Dennoch ist es sinnvoll, sich die das Textmuster konstituierenden Elemente vor Augen zu führen:

- Kommunikationsbereich/Bereichsfunktion: gehört zu der Gruppe der PR-Textsorten
- Textfunktion: Textsorte der Selbstdarstellung (Selbstdarstellungsfunktion)
- Thema: Institutionenbezug
- Themenentfaltung: deskriptive und narrative Themenentfaltung
- Sprachliche Gestaltung/Stil (Auswahl):
  - Zumeist Kennzeichnung als »Porträt«, »Organisationsporträt«, »Wir über uns«, »Die Organisation«, »Organisationsprofil«
  - (Titel), Fliesstext, Zwischentitel
  - Inhaltselemente: Aussagen zur Organisation und deren Leistungen
- Medium/Übermittlung: Internetauftritt, Kunden-/Mitarbeiterzeitschrift, Imagebroschüre, Teil der Medienmappe etc.

4.3 Produktinformation

Unter Produktinformation wird eine Medieninformation verstanden, die nicht ein Ereignis, sondern ein Produkt zum Thema hat. Auch hier kann ein spezifisches Textmuster beschrieben werden:

- Kommunikationsbereich/Bereichsfunktion: gehört zu der Gruppe der PR-Textsorten
- Textfunktion: appellative, auffordernde Textsorte

- Thema: Leistungsbezug
- Themenentfaltung: deskriptive, narrative, argumentative Themenentfaltung
- Sprachliche Gestaltung/Stil (Auswahl):
  - Explizite Kennzeichnung als »Medieninformation«
  - Bestandteile: Titel (Untertitel), Lead (Vorspann), Fliesstext, Zwischentitel, Produktabbildungen
  - Prinzip der umgedrehten Pyramide (wichtigste Informationen an den Anfang, damit von hinten kürzbar)
  - Sprache sachlich-positiv bis werblich
  - Angabe des Absenders (Medienkontakt)
- Medium/Übermittlung: E-Mail, in elektronischer Form auf der Internetseite, Post, Fax

4.4 Weitere PR-Textsorten

Die meisten anderen PR-Textsorten wurden zumindest von ihrer Bezeichnung her aus dem Journalismus adaptiert (Bericht, Nachricht, Editorial, Kommentar, Rezension, Reportage etc.). Aus diesem Grund wird in der Praxis häufig davon gesprochen, dass die PR journalistische Darstellungsformen beziehungsweise Textsorten nutzt. Aufgrund der funktionalen Bestimmung der Textsorten kann in diesen Fällen aber nicht mehr von journalistischen Textsorten gesprochen werden. Die PR übernimmt nicht die Textsorte, sondern allenfalls einen gewissen journalistischen Stil und beispielsweise den inhaltlichen Aufbau des Textes (W-Fragen). Denn ein Bericht, eine Nachricht, ein Kommentar in einer Kunden- oder Mitarbeiterzeitschrift finden in einem anderen Kommunikationsbereich und damit auch unter einer anderen Bereichsfunktion statt. Werden diese Textformen in den PR eingesetzt, geht es immer auch um Image- und Reputationspflege. Im Sinne einer begrifflichen Unterscheidung wäre es vielleicht sinnvoll, von publizistischen Textsorten in den PR zu sprechen. Je nach ihrer Funktion können die Textsorten einer der drei zuvor definierten Textsortenuntergruppen zugeordnet werden. Somit gehören »Nachricht« und »Bericht« zur Gruppe der nachrichtenartigen Textsorten. Hier spielen deskriptive Themenentfaltungen eine übergeordnete Rolle. Der »Kommentar« gehört zu den appellativen, auffordernden Textsorten.

5 Von der Textsorte zum konkreten Text

Bei der Planung, beim Entwurf und bei der Verbesserung eines konkreten Textes für die PR spielen neben den Überlegungen zur Textsorte und zum Textmuster noch organisations- und situationsspezifische Einflüsse eine Rolle. Zu nennen sind hier die Branche, der Organisationstyp, die konkrete Organisation sowie die Zielgruppe.

Die Reflexion über die Branche und den Organisationstyp ist bei der Produktion von Texten nötig, denn die Öffentlichkeit und damit die Leser haben an Non-Profit-Organisationen im Sozialbereich andere Erwartungen als an Parteien oder an Wirtschaftsunternehmen. Auch der »organisationseigene, egozentrische Code« der Organisation spielt für die Kommunikationsaktivitäten eine entscheidende Rolle (Szyszka 2009: 136): Er äussert sich beispielsweise in Leitbild oder Strategie einer Organisation. Zudem ist der konkrete Text auf die Zielgruppe auszurichten, für die er bestimmt ist. Den eigenen Mitarbeitenden ist stilistisch anders zu begegnen als den Kunden der Organisation.

Im Sinne eines strategischen und integrierten Kommunikationsmanagements sollte sich ohnehin jede sprachliche Äusserung einer Organisation von der Organisationsstrategie und Gesamtkommunikationsstrategie ableiten und mit den anderen Kommunikationsaktivitäten der Organisation abgestimmt erfolgen (Stücheli-Herlach et al. 2012).

Fazit

- Textsortenkompetenz ist beim Schreiben für die PR von grundlegender Bedeutung. Denn Textsorten sind nicht nur Muster für Schreibprodukte, sondern auch solche für Schreibprozesse: Sie erlauben eine routinisierte, an der Nutzung von Kommunikationschancen gezielt ausgerichtete Textproduktion.
- Textsorten und Textsortenklassen können unterschieden werden nach dem Medium, in dem sie zum Einsatz gelangen, und nach der Funktion, die sie zu erfüllen haben.
- Grundlegende Textsorten des Schreibens für die PR sind die Medienmitteilung, das Organisationsporträt und die Produktinformation.

Übers Schreiben lesen

Falkenberg, V. (2008): Pressemitteilungen schreiben
Das Buch gibt einen Überblick über die wichtigsten Regeln rund um den Pressetext – vom richtigen Textanfang über journalistisches Schreiben und die Themenfindung bis zum korrekten Zitat. Es unterstützt Schreibende bei der Ermittlung der Medienrelevanz, beim Überwinden von Schreibblockaden, bei rechtlichen Fragen und beim Erstellen des Presseverteilers.

Femers, S. (2006): Wirtschaftskommunikation
Das Lehrbuch bietet einen guten Überblick zu verschiedensten Texten in Unternehmenskommunikation, Journalismus und Wissenschaft. Neben Beispielen aus der Praxis enthält die Publikation diverse Checklisten.

Zehrt, W. (2006): Die Pressemitteilung
Das Buch beschreibt die Arbeit des Formulierens und Schreibens von Pressemitteilungen. Es klärt über die Arbeitsweisen des Journalismus auf und zeigt, wie wichtig Themenfindung und -absprache bei Pressemitteilungen sind.

Literatur

Adamzik, K. (1995): Aspekte und Perspektiven der Textsortenlinguistik. In: Dies. (Hrsg.): Textsorten – Texttypologie. Eine kommentierte Bibliographie. Münster, S. 11–40.
Adamzik, K. (Hrsg.) (2000): Textsorten. Analysen und Reflexionen. Tübingen.
Adamzik, K. (2008): Textsorten und ihre Beschreibung. In: Janich, N. (Hrsg.): Textlinguistik. 15 Einführungen. Tübingen, S. 145–175.
Bentele, G. (2005): PR-Instrumente. In: Bentele, G./Fröhlich, R./Szyszka, P. (Hrsg.): Handbuch der Public Relations. Wissenschaftliche Grundlagen und berufliches Handeln. Mit Lexikon. 2., korrigierte und erweiterte Aufl. Wiesbaden, S. 616.
Bentele, G. (2005): PR-Medien. In: Bentele, G./Fröhlich, R./Szyszka, P. (Hrsg.): Handbuch der Public Relations. Wissenschaftliche Grundlagen und berufliches Handeln. Mit Lexikon. 2., korrigierte und erweiterte Aufl. Wiesbaden, S. 617.
Brinker, K. (2010): Linguistische Textanalyse. Eine Einführung in Grundbegriffe und Methoden. 7., durchgesehene Aufl. Berlin.
Christoph, C. (2009): Textsorte Pressemitteilung. Zwischen Wirtschaft und Journalismus. Konstanz.
Coop (2010): Medieninformation. Würzige Saucen für kalte Tage. In: http://www.coop.ch/pb/site/medien/node/67163559/Lde/index.html, zugegriffen am 23. 03. 2011.
Falkenberg, V. (2008): Pressemitteilungen schreiben. 6., aktualisierte Aufl. Frankfurt am Main.
Feilke, H. (2004): Textroutine, Textsemantik und sprachliches Wissen. In: Linke, A./Ortner, H. P./Portmann-Tselikas, P. (Hrsg.): Sprache und mehr. Ansichten einer Linguistik der sprachlichen Praxis. Tübingen, S. 209–230.
Femers, S. (2006): Wirtschaftskommunikation. Rinteln.
Fix, U. (2008): Text und Textlinguistik. In: Janich, N. (Hrsg.): Textlinguistik. 15 Einführungen. Tübingen, S. 15–34.
Heinemann, W./Viehweger, D. (1991): Textlinguistik: eine Einführung. Tübingen.
Linke, A./Nussbaumer, M./Portmann, P. R. (1991): Studienbuch Linguistik. Tübingen.
Mast, C. (2002): Unternehmenskommunikation. Stuttgart.

Migros (2011): Medienmitteilung. Migros unterstützt nationalen Allergietag. In: http://www.migros.ch/de/medieninformationen/medien/aktuelle-meldungen-2011/18-03-2011.html, zugegriffen am 23. 03. 2011.
Solbjørg Skulstad, A. (2006): Genre analysis of corporate communication. In: Palmer-Silveira, J. C./Ruiz-Garrido, M. F./Fortanet-Gómez, I. (Hrsg.): Intercultural and international business communication. Theory, research, and teaching. Bern u. a., S. 85–108.
Stücheli-Herlach, P./Urbahn, K./Heinicke, N. (2012): Corporate Language – wie Sprache Unternehmensidentität stiftet. In: Münch, P./Ziese, H. (Hrsg.): Corporate Identity – wie die Unternehmensidentität entwickelt, aufgebaut und rechtlich abgesichert wird. Zürich, S. 17–32.
Szyszka, P. (2009): Organisation und Kommunikation: Integrativer Ansatz einer Theorie zu Public Relations und Public Relations-Management. In: Röttger, U. (Hrsg.): Theorien der PR. Grundlagen und Perspektiven der PR-Forschung. 2., aktualisierte und erweiterte Aufl. Wiesbaden, S. 135–150.
UBS (2011): UBS in ein paar Worten. In: http://www.ubs.com/1/g/about/ourprofile.html, zugegriffen am 23. 03. 2011.
Urbahn, K. (2007): Berufseinstieg und Einstiegsanforderungen in der Agentur-PR – eine vergleichende Analyse im deutschsprachigen Raum. Unveröffentlichte Diplomarbeit an der Fachhochschule Osnabrück.
Vater, H. (2001): Einführung in die Textlinguistik. 3. Aufl. München.
Zehrt, W. (2007): Die Pressemitteilung. Konstanz.

Sprechmuster: Schreiben von Reden

Peter Stücheli-Herlach und André Schibli

Reden zu schreiben, ist keine leichte Aufgabe: Unterschiedliche Rollen der Redner und Erwartungen im Publikum wie auch die multimediale Vermittlung rhetorischer Auftritte rufen nach einem differenzierten System der Planung, des Entwurfs und der Verbesserung von Redetexten (1.). Die Analyse der Situation vor Ort, die Planung des Auftritts wie auch der Entwurf und die laufende Verbesserung einzelner Redeteile gehören zum erfolgsorientierten System des Redenschreibens (2.). Das System gelangt im Rahmen der Auftrittsberatung zum Einsatz und besteht in der Planung, im Entwurf und der Verbesserung eines Rededesigns (3.). Kriterien der journalistischen Recherche und der medialen Weitervermittlung von Reden können dadurch schon beim Redenschreiben berücksichtigt werden (4.).

Schlüsselbegriffe: rhetorische Basiskomponenten, Redeberatung, Rede-Design, Sprechdenken, Originaltöne, Textpartitur, Kernbotschaften

1 Grundlagen: Schreiben fürs Reden in bestimmten Situationen

1.1 Häufige, aber schwierige Aufgabe

Sie tun es alle: der CEO, die Präsidentin, die Abteilungschefs und Niederlassungsleiterinnen, ebenso die Minister und Amtsleitenden in der öffentlichen Verwaltung. Sie halten Reden, und das zu ganz verschiedenen Zwecken: um Mitarbeitende bei Jahresessen zu motivieren, um Aktionäre auf der jährlichen Versammlung zu informieren, um Analysten auf der Fachkonferenz zu orientieren, um Kunden auf der Roadshow zu imponieren, um Gebäude einzuweihen, um Parlamentarier zu überzeugen oder um Neuzugänge in der Firmenflotte zu feiern. Kader und Spezialisten von 124 der grössten Unternehmen in Deutschland berichteten in einer Umfrage, in ihren Unternehmen werde jede Woche mindestens eine nennenswerte Rede gehalten, mehr als die Hälfte davon von Angehörigen des obersten Führungskaders (VRdS 2001). Bei diesen Unternehmen werden 36 Prozent der Reden durch die Rednerinnen und Redner selber verfasst. Bei weit mehr als der Hälfte der Fälle sind spezialisierte Schreiberinnen und Schreiber für diese Aufgabe zuständig: in 54 Prozent der Fälle als interne Mitarbeitende, in 10 Prozent der Fälle als externe Spezialisten. Die Häufigkeit von Reden dürfte in öffentlichen Unternehmen und in politischen Organisationen wie Parteien oder Verbänden mindestens so gross sein – und damit auch der Grad der Spezialisierung von Mitarbeitenden aufs Redenschreiben.

Entgegen der Aussage im Titel eines ansonsten nützlichen Werks (Huth 2003) ist die Vorbereitung einer Rede nie eine leichte Aufgabe. Denn schon vor dem Schreiben einer Redevorlage, bei der gedanklichen Auseinandersetzung mit dem Vorhaben, ergeben sich erste Fallstricke. Sagt ein Bild nicht mehr als tausend Worte – warum dann die Mühe der Planung und des Entwurfs eines Redetextes? Der Zweifel wird zusätzlich genährt durch die Gewissheit, dass nur ganz wenige Zitate aus der Rede in den Zeitungen stehen und nur kurze, visuell spektakuläre Episoden über die Bildschirme flackern werden. Soll der Schreibende also zuerst schmissig formulierte Schlüsselstellen entwerfen und den Rest der Rede dann einfach darum herum gruppieren?

Anders gerichtete Gedanken können den Schreibstau zusätzlich verstärken: Ist gutes Reden vor Publikum nicht eine derart hohe Kunst, dass man sich zuerst durch ganze Bibliotheken von Ratgebern hindurchlesen müsste, um sicherzugehen, keine Fehler zu machen und dem Redner mit einer schriftlichen Vorlage auch wirklich einen Dienst zu erweisen? Sind erste Notizen für die Redeplanung erst einmal geschrieben, hemmen neue Fragen den Arbeitsfluss: Wie kann der Text so geschrieben werden, dass er an einem Ort, an dem man sich beim Schreiben nicht befindet, und zu einem Zeitpunkt, der noch weit weg liegt, seine Wirkung entfalten kann? Welche Annahmen über das noch unbekannte Publikum müssen und können getroffen werden?

1.2 Die Basiskomponenten

Was heisst es, in solchen Situationen mit System zu schreiben? Wie können Chancen und Risiken eines rednerischen Auftritts identifiziert und die Erkenntnisse beim Schreiben genutzt werden? Antworten auf diese Fragen hält eine mehr als zweitausendjährige Geschichte der Theorie und Praxis öffentlichen Redens bereit, deren Erkenntnisse durch die Rhetorikforschung gesichert und weiterentwickelt werden (Göttert 1991; Knape 2000; Ueding 2005).

Einer grundlegenden Orientierung dienen die vier »Basiskomponenten« des Redens vor Publikum. Demnach müssen Erfolg und Risiken in einem Viereck erwogen werden, das sich durch den rhetorischen Akteur, das rhetorische Ziel, das rhetorische Setting sowie die eigentliche rhetorische Handlung, den meist im Voraus geschriebenen Text der Rede, ergibt (Knape 2000: 16). An diesem Muster orientiert, sollte es dann beispielsweise das Ziel des Redenschreibens sein, Ziele wie Themen und Formulierungen an die Situation des Redens und die Person des Redenden anzupassen.

Allein, bei genauerer Analyse ergeben sich dadurch neue Schwierigkeiten. Denn die Identifikation und Konkretisierung der vier Komponenten im Einzelfall ist nicht so einfach, wie es so mancher klassische Rhetoriktipp vermuten lässt. Reichen Erfahrung, Charakterstärke und Tugendhaftigkeit (Quintilian 1995a: 7, und 1995b: 685) für den Redner schon aus, um Erfolg zu erzielen – und wenn ja, was bedeuten diese Eigenschaften in der heutigen Zeit? Zudem: Die Analyse einer Redesituation und eines angemessenen Redeziels kann sich nicht allein auf den Konsens unter einem Publikum sich gleich gestellter Bürger beschränken (Knape 2000: 16). Die moderne Öffentlichkeit ist eine polarisierte, in verschiedene Teilpublika zersplitterte Öffentlichkeit – was kann da ein Redner vernünftigerweise wollen, und wen kann er erreichen? Schliesslich die rhetorische Handlung selber, der Redetext: Unter den heutigen Umständen schafft, wer schreibt, nicht nur eine Vorlage für das mündliche Reden vor Ort, sondern auch das Skript für eine digitale Liveübertragung, den Text für eine Pressemappe sowie ein Zitatenangebot für die berichtende wie kommentierende Weitervermittlung durch Journalisten.

An einem konkreten Fallbeispiel lässt sich das erläutern: Tritt der Vorsitzende eines Aufsichtsrats (beziehungsweise der Präsident eines »Verwaltungsrats« nach schweizerischer Sprachregelung) auf der Hauptversammlung (der »Generalversammlung«) seines Unternehmens mit einer Grundsatzrede auf, so präsentiert sich die Ausgangslage komplexer, als dies vor zweitausend Jahren auf dem römischen Forum wohl der Fall war. Der Redner tritt in unterschiedlichen Rollen und in einem disparaten Setting auf. Er hat die Versammlung zu leiten, er hat im Namen des gesamten obersten Führungsgremiums zu sprechen, er muss sich als ein vorbildlicher Angestellter des Unternehmens präsentieren und hat sich gleichzeitig als ein Vertreter der wirtschaftlichen Elite in öffentlich ausgetragenen Ziel- und Wertkonflikten zu rechtfertigen. Hunderte von Aktionären und Aktionärsvertretern verfolgen seine Rede live, Dutzende von Mikrofonen und Kameras halten sie fest, um sie in verschiedenen medialen Formaten ganz oder in Teilen weiterverbreiten zu können; in Notizblöcken und auf elektronischen Tablets fliegen die Stifte und Finger hin und her und halten Zitate, Beobachtungen und erste

Kommentare fest. Die Ansprüche des Publikums könnten nicht unterschiedlicher sein: Die einen konzentrieren sich auf die präsentierten Kennzahlen, die anderen geniessen den direkten Anblick eines ansonsten nicht greifbaren Chefs, wieder andere nehmen dessen rhetorische Talente kritisch unter die Lupe. Die einen vertreten Tausende von Aktionärsstimmen oder konzentrieren sich auf einzelne, für Zehntausende von Radiohörern geeignete Quotes, während andere das Geschehen kritiklos verfolgen und auch nie um ihre Meinung gefragt werden.

Diese Ausgangslage lässt sich wie folgt zusammenfassen: Die Zielsetzungen eines Redners sind vielschichtig. Dabei unterliegen sie der Gefahr, widersprüchlich zu sein: Der Vorsitzende sollte für die einen als bescheidener Agent des Gemeinwohls, für die anderen als entscheidungsstarker »Wirtschaftskapitän« auftreten. Unwägbarkeiten prägen das rhetorische Setting – und entsprechend ist der Erfolg der Rede längst nicht nur vom Redner abhängig: Die gesamte technische Apparatur des Events muss stimmen, verschiedene mediale Plattformen präsentieren das Geschehen unter je eigenen Gesichtspunkten. Die rhetorische Handlung besteht bei Weitem nicht nur aus dem Redetext selber, der mit stimmlichen, gestischen und mimischen Mitteln vorgetragen wird; vielmehr geht es auch um eine technische, mediale, ja architektonische Inszenierung. Solche Bedingungen im Arbeitsfeld der »Corporate Rhetoric« (Cheney et al. 2004) rufen nach entsprechend systematisierten Mitteln bei der Planung, beim Entwurf und bei der Verbesserung von Redetexten.

1.3 Redeberatung und Rede-Design

Reden für die PR mit System zu schreiben, das ist immer mehr, als nur einige Grundgedanken in eine möglichst flüssige sprachliche Form zu bringen. Die Aufgabe zu lösen, bedarf der umfangreichen »Vorfeldkommunikation« (Piwinger 2008) zu verschiedenen Themen und mit verschiedenen Partnern. Das Mittel dafür ist die »Auftrittsberatung« (Wachtel 2008), welche strategische Entscheidungen mit Blick auf alle Aspekte des öffentlichen Redens in ihrer Vernetzung mit anderen Kommunikationsdisziplinen wie dem Themen-, dem Event-, dem Stakeholder- und dem Markenmanagement entwickeln und erwägen muss. Wer für rednerische Auftritte schreibt, muss Kommunikationschancen am Ort der Rede wie auch bei deren medialen Vermittlung ermitteln, entsprechende Risiken erkennen und beim Schreiben die richtigen Schlüsse daraus ziehen können. In Anlehnung an den Begriff des »Message Designs« (Stücheli-Herlach/Perrin, in diesem Band) sprechen wir von der Aufgabe, ein Rede-Design zu entwickeln.

Ein Rede-Design entsteht dabei massgeblich durch Schreiben. Grund dafür ist nicht nur, dass eine Redevorlage und deren Dokumentation beispielsweise für

Pressemappen zwangsläufig eine schriftliche Form haben muss. Textproduktion dient zusätzlich auch dazu, den Prozess der PR- und Auftrittsberatung in seinen verschiedenen Phasen (Lippitt/Lippitt 2006: 17–52; Wachtel 2008: 99; Fuhrberg 2010: 70–145) zu unterstützen: Im Erstkontakt und beim Vertragsabschluss können strategische Ansätze, Arbeitsmethodiken und Leistungen eines Redenschreibers schriftlich dokumentiert und ausgehandelt werden. In einer Diagnosephase werden Analysen der Zielsetzung und des Settings in Notizen festgehalten. In der Phase der beratenden Konzeption und Intervention können Kriterien und Entscheidungen für die Textplanung festgeschrieben und Entwürfe verfasst werden. Schliesslich erlaubt das Hinschreiben von Beobachtungen, das Aufschreiben von Reaktionen und das Zusammenschreiben von Konsequenzen aus den gemachten Erfahrungen die Evaluation der Auftrittsberatung und ihrer Wirkungen.

2 Funktionen: Ziele, Aufgaben und Redeteile

2.1 Situative Zielsetzungen und Aufgaben des Redners

Grundlage jedes Rede-Designs, also jedes strategischen Kalküls beim Schreiben von Reden, ist die Analyse des Settings und die Definition der dafür geeigneten rhetorischen Zielsetzungen. Eine grobe Hilfestellung dafür bietet das klassische Schema der Redegattungen (Göttert 1991: 17). Es unterscheidet das rhetorische Anklagen und Verteidigen in Gerichts- oder gerichtsähnlichen Situationen vom rhetorischen »Beraten«, also vom Empfehlen und Abraten in (unternehmens-) politischen Versammlungen, und diese beiden Gattungen wiederum vom rhetorischen Loben und Tadeln in Situationen des Festens und des Feierns. Weitere Gattungen wie das Predigen oder das Lehren sind für das Schreiben in der medialisierten Wirtschafts- und Politikkommunikation vermutlich weniger wichtig beziehungsweise für den Erfolg in der modernen Öffentlichkeit wenig geeignet.

Viele der Redeanlässe im heutigen Arbeitsumfeld lassen sich hinsichtlich der Situation und der davon abhängigen Zielsetzung den genannten drei Hauptgattungen zuordnen. So wird der Vorsitzende auf der Hauptversammlung in erster Linie die Entscheidungsfähigkeit der Teilnehmenden mit der Empfehlung herstellen wollen, den Programmpunkten des Leitungsgremiums zuzustimmen. Er hält also in erster Linie eine Beratungsrede und konzentriert sich darauf, die Zusammenhänge zwischen Zielen und dafür tauglichen Mitteln des unternehmerischen Handelns aufzuzeigen. Der Niederlassungsleiter wird auf einer kleinen Feier zur Eröffnung der neuen Werkhalle hingegen vor allem die Leistungen der Handwerker loben und daraus einen Vergleich mit dem künftigen Engagement der Mitarbeitenden an den Maschinen ziehen, wird also eine Festrede halten und sich darauf konzentrieren, positive Eigenschaften des Anlasses von verschiedenen Seiten zu beleuchten.

Beide, der Unternehmens- wie der Niederlassungsleiter, treten zwar in formeller Funktion auf und sind nicht nur für das Gelingen ihrer Rede, sondern auch für das Gelingen des gesamten Anlasses verantwortlich. Mit Blick auf die Organisatoren und die Berichterstattung über den Auftritt in den unternehmenseigenen Medien ist es deshalb entscheidend, dass sie ihre Reden dem formellen Rahmen so weit wie möglich anpassen. Darüber hinaus aber würden beide ihre Wirkung auf die Anwesenden – sowohl auf die besonders begeisterten wie auf die besonders kritischen Zuhörer – verfehlen, wenn sie nicht zusätzlich auch persönliche oder inhaltliche Akzente setzen würden. Der Eindruck der »Pflichtrede« soll ja vermieden werden, vielmehr sollte die Aura eines »Ereignisses« erzeugt werden können.

Neben den Zielen, die sich aus dem Setting ableiten lassen, sind also auch Aufgaben zu berücksichtigen, die sich jedem Redner und jeder Rednerin stellen, ganz unabhängig vom konkreten Setting. Die klassische Theorie definiert drei solcher rhetorischer Grundaufgaben (Göttert 1992: 22): Demnach sollte die Rede nach Massgabe ethischer (also personengerechter), pathetischer (also publikumsgerechter) und logischer (also sachgerechter) Merkmale konzipiert werden. Es reicht also nicht aus, davon auszugehen, beispielsweise eine Beratungsrede schreiben zu müssen und schreiben zu wollen. Zusätzlich sind im Schreibprozess die Fragen nach besonderen Akzenten, vielleicht sogar Überraschungsmomenten zu klären. Antworten ergeben sich vor allem aus der Haltung des Redners zum Thema und zum Anlass (dem Ethos), aus den Charakteristiken der Stimmung während der Rede (dem Pathos) und aus den Themen der Rede und ihrer bewussten logischen Strukturierung (dem Logos).

Beispiel

Die »Grussbotschaft zum Weltfrauentag« des Jahres 2006 der deutschen Bundeskanzlerin Angela Merkel (Merkel 2006) lobt den Anlass zu Beginn, um im Laufe der Rede dann in einen entschlossenen Aufruf zu weiterem Engagement für die Gleichstellung der Geschlechter zu münden. Mit dieser Mischung aus Fest- und politischer Beratungsrede erfüllt die Rednerin wohl exakt die Erwartungen, welche in der Situation an sie gestellt werden, spricht sie doch zur – feierlichen – Eröffnung eines vom Anliegen her politisch motivierten Anlasses. So detailliert Merkel die sachlogischen Argumente für den Weltfrauentag in ihrer Rede aufführt und so pathetisch sie den Zuhörenden am Ende »Mut macht« für ihren Kampf zugunsten der Gleichberechtigung, so diffus bleibt die ethische Funktion ihres Auftritts: Spricht Merkel aus persönlicher Betroffenheit – oder präsentiert sie sich selber als eine Ausnahmeerscheinung, welche nur die Regel bestätigt, wonach Frauen in höheren Positionen noch immer nicht allgemein akzeptiert sind? Die Verbesserung des Redetextes könnte hier ansetzen und müsste zu einer Klärung der ethischen Dimension des Auftritts führen.

2.2 Redeteile, ihre Merkmale und Funktionen

Nicht in allen Teilen einer Rede sind Ethos, Pathos und Logos gleich wichtig. Zu Beginn eines Auftritts gilt es, eine Stimmung der Aufmerksamkeit und der Sympathie zu erzeugen. Das kann durch die korrekte, möglichst persönliche Begrüssung des Publikums, durch eine Bezugnahme auf die gesamte Situation und durch einen Hinweis auf die persönliche Haltung des Redners zu dieser Situation geschehen. Im Mittelteil der Rede steht die Entfaltung der sachlogischen Dimension im Vordergrund: Die eigene Position oder These soll präsentiert, die Argumente dafür müssen entwickelt und auf mögliche oder tatsächliche Einwände soll eingegangen werden. Das Ende einer Rede dient schliesslich der Erzeugung eines stimmungsmässigen Schlusspunktes in Form etwa eines – von ethischer Bescheidenheit getragenen – Dankes oder eines – pathetisch vorgetragenen – Appells an die Zuhörerschaft.

Im erwähnten Beispiel, der Grussbotschaft von Angela Merkel zum Weltfrauentag, sind diese wechselnden Funktionen einzelner Redeteile mustergültig realisiert. Nach der Begrüssung folgt eine Freudesbekundung über den Anlass und ein Lob des Engagements der Zuhörerschaft (Einleitung). Mit dem Zitieren des Titels der Veranstaltung (»Gleichberechtigte Teilhabe von Frauen und Männern in Entscheidungsprozessen auf allen Ebenen«) und der Feststellung, genau dies sei »noch längst nicht überall selbstverständlich«, markiert Merkel die zentrale These ihrer Ansprache, welche in der Folge dann auch logisch entfaltet, das heisst mit verschiedenen Argumenten gestützt und unter Bezugnahme auf mögliche kritische Einwürfe verfeinert wird. Mit dem pathetisch gesteigerten Ausruf, »allen Frauen und Männern« »Mut machen« zu wollen – und den Wiederholungen »Mut machen« beziehungsweise »ermutigen« –, mündet die Ansprache in einen pathetischen Schluss.

Merkels Rede gibt zudem ein Beispiel dafür, wie Formulierungen in einer Rede der Funktion einzelner Redeteile und der Situation angepasst werden können. Allgemeine Kriterien dafür sind die sprachliche Richtigkeit, die Klarheit, die Angemessenheit, eine gewisse Kunstfertigkeit und die stilistische Passform (Göttert 1991: 39). So verwendet Merkel Zahlen, Zitate und die Sinnfigur der Evidenz (»*Ich sehe* die Gleichberechtigung als eine grundlegende Voraussetzung …«) im sachlogisch orientierten mittleren Teil der Rede, während sie in der Einleitung und am Schluss mit Verdeutlichungen, Übertreibungen, Umstellungen und Alliterationen (»*M*ut *m*achen«) den bewegteren Inhalt der Rede zu einem formalen Ausdruck bringt.

3 Muster: Mittel der Konzeption und Evaluation

3.1 Rede-Design für Planung, Entwurf und Verbesserung

Das Instrument des Rede-Designs erlaubt es, den Redetext so zu planen, zu entwerfen und zu verbessern, dass Inhalt, Form und Funktion der Rede zusammenpassen. Das Instrument eignet sich als Hilfestellung zur Analyse zentraler Merkmale der Situation und des Redners selber, zur Definition passender Ziele, zum Entwurf einzelner Redeteile als multimodale Kommunikationshandlungen und zur Planung und Koordination des Prozesses der Auftrittsberatung.

3.2 Schreiben fürs Schreiben

Rede-Design ist eine Systematik für planendes, entwerfendes und verbesserndes Schreiben. Sie lässt sich in den verschiedenen Phasen der Beratung einsetzen. Zunächst erlaubt sie es, die Arbeitsweise des Schreibspezialisten, dessen Professionalität und umfassende Sichtweise zu dokumentieren. Sie lässt es in einem nächsten Schritt zu, die wichtigsten Punkte des Auftrags an den Redner und an den Redenschreibenden festzuhalten. Sie leitet zur Analyse des Settings und der multiplen Rollen des Redners an. Und sie erlaubt die Konzeption wichtiger Elemente einer Rede, also einer Kernbotschaft (siehe Stücheli-Herlach/Perrin, in diesem Band) sowie einzelner Redeteile.

Darüber hinaus erstreckt sich die Systematik über die rein textlichen Elemente hinaus. Sie unterstützt die Reflexion zur Frage, welche Stimmung vor Ort herrschen wird und auf welche Stimmung der Redner hinwirken soll. Sie erleichtert es, Aspekte der Visualisierung, der Inszenierung des Auftritts in kleidungsmässiger Hinsicht oder unter Einsatz mitgebrachter Gegenstände schon bei der Planung und beim Entwurf zu berücksichtigen. Dasselbe gilt für das Vorgehen bei der Textproduktion, für die technischen und infrastrukturellen Vorbereitungen und die spätere Dokumentation für Dritte, besonders für Medienschaffende. Schliesslich erlaubt es das Rede-Design, die Zusammenarbeit zwischen dem Redenden und dem Redenschreibenden zu planen und während des Prozesses sowie anhand des Produktes zu evaluieren.

Gegenüber den in Unternehmen verwendeten »Checklists« ist das Rede-Design also weniger aus hierarchischen Weisungen oder formellen Arbeitsabläufen

Tabelle 1 Rede-Design für die Auftrittsberatung (Themen und Kriterien für das schriftliche und kollaborative Planen, Entwerfen und Verbessern von Reden, eigene Darstellung)

Veranstaltung (Bezeichnung/Veranstalter/Kontaktstelle)			**Ort/Zeit/Raum**		
Sprecher(-in)	**Organisationale und situative Rolle**	**Sprache/ Varietät**	**Dauer**	**Abfolge von Auftritten**	
Publikum (Zusammensetzung, Voraussetzungen, Medialisierung)			**Ziel der Veranstaltung**		
			Ziel des eigenen Beitrags		
Publizierter Titel der Rede					
Auftrittsmotivation					
Kernbotschaft					
Einleitung			**ethisch-pathetisches Temperieren**		
			sprachliches Formulieren		
Sachverhalt/These/Position			**Form und Umfang des textlichen Fixierens**		
			fotografisches oder zeichnerisches Visualisieren		
Argumente/Gegenargumente			**gegenständliches wie modisches Materialisieren**		
			Mittel für das Memorieren		
Schluss			**Voraussetzungen für das Technisieren (vorbereitet/vor Ort)**		
			Form und Mittel des Dokumentierens		
Analyse/ Recherche	**Konzeption**	**Erstentwurf**	**Revision**	**Vorlage**	**Realisation**
Meeting/ Kontakt	**Meeting/ Kontakt**	**Meeting/ Kontakt**	**Meeting/ Kontakt**	**Meeting/ Kontakt**	**Meeting/ Kontakt**
Evaluation (vor Ort/medial/intern)					

abgeleitet, sondern aus den Erfordernissen eines schriftlich unterstützten oder gar schriftlich, im E-Mail-Verkehr geführten, schrittweisen Beratungsprozesses, der gezielt auf die Kommunikationschancen im medialisierten Umfeld eines Unternehmens und Redeauftritts ausgerichtet ist. Gegenüber bisherigen Arbeitshilfen in der einschlägigen Literatur (als Beispiel Behrens 2004: 50) ist das Rede-Design umfangreicher, weil stärker auf die Verschriftlichung möglichst vieler Schritte der Redevorbereitung ausgerichtet.

3.3 Schreiben fürs Sprechen

Unterstützt von den Planungsvorgaben und einem verschriftlichten Rede-Design, entsteht dann der Redetext. Es handelt sich um einen Text nicht nur und schon gar nicht in erster Linie fürs Lesen, sondern um einen Text fürs Sprechen. Dessen Lektüre durch den Redner ist im Moment des Redens höchstens flüchtig und dient nur als Zwischenschritt in der Produktion des Kommunikationsangebots. Wichtig ist die Unterscheidung zwischen dem freien und dem nichtfreien Sprechen, wobei die beiden Extreme unbedingt zu vermeiden sind (Wachtel 2010: 68 ff.): Liest ein Redner seine Rede nur vor, läuft er Gefahr, unsicher zu wirken und den der Situation angemessenen Ton zu verfehlen. Lernt er die Rede hingegen auswendig, ist es möglich, dass er den Kontakt mit seinem Publikum nicht findet und die ethischen und pathetischen Qualitäten der Rede in der Situation nicht zur Geltung bringen kann. Tritt er hingegen gänzlich ohne Vorbereitung auf, muss er sich davor hüten, ins Plaudern zu kommen und sich dabei zu verzetteln. Reden zu schreiben heisst deshalb Textproduktion zur Unterstützung von Sprechdenken, also eines Vortrags, der in situativ angemessenen, live nachvollziehbaren »Sinnschritten« erfolgt (Wachtel 2010: 69).

Das System des Schreibens von Reden umfasst deshalb das Planen, Entwerfen und Verbessern von Texten in Darstellungsformen, die sich für konkrete Redner in konkreten Situationen als Vorlage fürs Sprechdenken eignen. Bei komplexeren, riskanteren und längeren Reden dürfte sich ein Lauftext eignen, dessen Breite mit zwei bis drei Sprüngen der Augen überblickbar ist und der genügend Abstand zwischen den Zeilen aufweist, sodass der Redner handschriftliche Ergänzungen, Korrekturen, Markierungen oder Gedankenstützen bis kurz vor dem Auftritt anbringen kann. Für erfahrenere Redner und Situationen, die sich freier gestalten lassen, eignen sich Stichwortkonzepte, bei denen einzelne Wörter in treppenartigen Abstufungen hingeschrieben und Sinnschritte mit Pfeilen miteinander verbunden werden (Wachtel 2010: 71–74). In einzelnen Fällen oder wenn ein Redner schon daran gewöhnt ist, können auch Mindmaps gute Dienste erweisen; allerdings haben sie den Nachteil, dass ihre netzwerkartigen grafischen

Darstellungen vom Redner zuerst in die lineare Form des Redens übersetzt werden müssen.

4 Medialisierung: Der Journalismus hört mit

4.1 Originaltöne und Textpartituren

Reden sind eine gesuchte Quelle und ein dankbarer Aufhänger für journalistische Beiträge. Sie liefern nicht nur einen Anlass sowie Informationen und Recherchegelegenheiten für journalistisches Arbeiten. Sie liefern auch das, was zumindest Radio- und Fernsehjournalisten am meisten suchen: belegte Aussagen und Originaltöne. In ihren Medien ist es entscheidend, dass Beiträge in packender Weise »auf den Punkt kommen«, dass also einzelne Aussagen von möglichst guter visueller, stimmlicher und emotionaler Qualität fürs Ganze stehen und so zu dramaturgischen Schlüsselelementen werden. Beiträge ohne derartige Originalreferenzen gelten im Fach als Schmalkost.

Neben der Konzentration auf einzelne, kurze »Originaltöne« ist auch die Entwicklung ganzer Textpartituren (Stücheli-Herlach/Perrin, in diesem Band) über einen Redeauftritt ein wichtiges Merkmal der medialen Vermittlung. Der Vielfalt der Rollen eines Redners und der Disparität des Settings entspricht die vielstimmige Redevermittlung besonders in Fernsehbeiträgen sowie in Online-Zeitungen und -Magazinen. An- und Abmoderationen, Kommentare zu den Hintergründen, Originaltöne aus dem Publikum, Bilder vom Ort des Anlasses und der Ereignisse kurz vor und kurz nach der Rede, Expertenstatements und andere Elemente erlauben die inhaltlich und dramaturgisch facettenreiche Rezeption einer Rede. Im Gegensatz zur Redevermittlung in Radio und Fernsehen ist eine Rede im Internet zeitversetzt und wiederholt rezipierbar. Das steigert nicht nur ihre Reichweite, sondern lässt auch die Anforderungen an die rhetorischen Qualitäten anwachsen. Und dies gilt nicht nur für den gesprochenen und inszenierten Redetext, sondern auch für den schriftlichen, den Medienschaffenden zur Verfügung gestellten Redetext.

Beispiel für eine Rede, die ihre Wirkung nicht nur am Ort ihrer Realisierung, sondern in der medialen Vermittlung entfaltet hat, ist jene der deutschen Bundeskanzlerin Angela Merkel vor dem US-Kongress im Jahr 2009. Die Rede fand kurz vor dem Jahrestag des Falles der Berliner Mauer statt und war seit Konrad Adenauer erst der zweite Auftritt eines deutschen Regierungsoberhaupts vor dem amerikanischen Parlament.

Originaltöne bildeten dabei wichtige Orientierungsmarken für reichhaltige Textpartituren. Bereits im Vorfeld wurde online über mögliche Schwerpunkte der

Rede spekuliert. Das Fernsehen schaltete dann live zu Korrespondenten, welche die Stimmung während der letzten Minute vor dem Merkel-Auftritt einfingen und kommentierten. Internet, Radio und Fernsehen übertrugen die Rede direkt auf die Endgeräte diesseits und jenseits des Atlantiks. Und unmittelbar nach der Rede wurden Ausschnitte aus der Rede, durch Kommentar- und Rückblickbeiträge ergänzt, hör- und sichtbar gemacht. Zeitungen machten schliesslich den Wortlaut der Rede online und in gedruckter Form verfügbar, dasselbe gilt für die offiziellen Mediendienste der Bundeskanzlerin (Merkel 2009). Wem die Lektüre in dieser Form zu aufwendig war, hörte sich die Rede im abonnierten Podcast an.

4.2 Kernbotschaften in medialer Vermittlung

Auffallend am Beispiel der Merkel-Rede in Amerika war, dass immer wieder die gleichen Teile der Rede als Originalton und Originalzitate in die journalistischen Textpartituren Eingang fanden. Bezeichnenderweise waren es jeweils die Schlüsselsätze aus der Einleitung, dem mittleren Teil und dem Schlussteil dieser Gedenk- und Dankesrede. Und diese Schlüsselsätze wiesen alle wichtige narrative Merkmale von Kernbotschaften auf (Stücheli-Herlach/Perrin, in diesem Band): Sie erzählten prägnant von Akteuren (von der Person Merkels und den kollektiven Akteuren »wir Deutsche« beziehungsweise »Germany« und »Europe«), von ihrem Handeln, den zeitlichen Perspektiven und Werthaltungen. Sie waren zudem argumentativ schlüssig mit den anderen Redeteilen verknüpft (Merkel 2009):

> »Das hätte ich mir vor 20 Jahren, bevor die Mauer fiel, in meinen kühnsten Träumen nicht ausmalen können. Denn damals war es außerhalb meiner Vorstellungskraft, überhaupt in die Vereinigten Staaten von Amerika reisen zu dürfen, geschweige denn eines Tages hier zu stehen.«

> »Meine Damen und Herren, lassen Sie es mich in einem Satz sagen: Ich weiß, wir Deutschen wissen, wie viel wir Ihnen, unseren amerikanischen Freunden verdanken. Niemals werden wir, niemals werde ich Ihnen ganz persönlich das vergessen.«

> »In this endeavour, Germany and Europe will also in future remain strong and dependable partners for America. That I promise you. Thank you very much.«

In diesen Passagen der Verdichtung narrativer und argumentativer Strukturen vermittelte die Merkel-Rede den Stoff aus Persönlichem wie kollektiv Relevantem, Emotionalem wie gedanklich Klarem, Überraschendem und Bildhaftem, aus dem die Originaltöne in den Medien idealerweise beschaffen sind. Und diese Originaltöne wurden zu Orientierungsmarken umfangreicher, vielschichtiger Textpartituren sowohl im Fernsehen (Schweizer Fernsehen 2009) wie auch online (Spiegel online 2009).

Kriterien der erfolgreichen medialen Vermittlung einer Rede fliessen beim Schreiben mit System schon in das Rede-Design ein. Dieses umfasst die Analyse der Präsenz von Medienschaffenden vor Ort ebenso wie die Planung der Massnahmen, um Stoff für deren Recherchen zu liefern. Es erstreckt sich über den Entwurf von Kernbotschaften mit sowohl narrativen wie auch argumentativen Qualitäten bis zu Vorkehrungen für eine Überprüfung der Wirkung der Rede in den Medien. Diese dient dann als Ausgangspunkt für die Verbesserung von Redevorlagen, die sich in Arbeit befinden, wie für die Planung künftiger Redeauftritte und -texte, die vor Ort ebenso wie über den Äther und online ihre Wirkung entfalten sollen.

Fazit

- Mit System Reden zu schreiben heisst, komplexe Anforderungen der Situation, der Rednerpersönlichkeit, der medialen Vermittlung sowie der unternehmerischen Zielsetzungen zu berücksichtigen.
- Redenschreiben mit System erfolgt am besten im Rahmen einer Auftrittsberatung mittels eines Rede-Designs. Dabei handelt es sich um einen schriftlich entwickelten Zusammenhang zwischen Erfolgsvoraussetzungen und -kriterien einerseits und Textentwürfen wie planerischen Vorkehrungen für den Redeauftritt andererseits.
- Das Planen, Entwerfen und Verbessern eines Rede-Designs ist das hauptsächliche Mittel für ein systematisches Schreiben von Redetexten. Dieses erfolgt in Darstellungsformen wie dem Lauftext und dem Stichwortkonzept.
- Ein Rede-Design berücksichtigt von vornherein auch die Kriterien der journalistischen Weitervermittlung einer Rede in Text, Ton und Bild. Mit Blick auf die journalistisch gefragten Originaltöne sind dabei narrativ dichte und argumentativ schlüssige Kernbotschaften von grosser Bedeutung.

Übers Schreiben lesen

www.vrds.de
Website des Verbandes der Redenschreiber deutscher Sprache mit zweckdienlichen Hinweisen, Hintergrundinformationen und Austauschmöglichkeiten.

www.uni-tuebingen.de/uni/nas/projekte/lehrbuch/inhalt
Digitales Rhetoriklehrbuch des Seminars für Allgemeine Rhetorik der Universität Tübingen mit grundlegenden Informationen und Hinweisen zur Theorie und Praxis klassischer und moderner Rhetorik.

www.uni-tuebingen.de/uni/nas/rede/rede
Auswahl von Texten und Videos zu den »Reden des Jahres«, welche das Seminar für Allgemeine Rhetorik der Universität Tübingen seit 1998 kürt.

Literatur

Behrens, M. (2004): Wie Unternehmer Reden schreiben: Geistreich und treffend formulieren. Frankfurt am Main.

Cheney, G./Christensen, L. T./Conrad, Ch./Lair, D. J. (2004): Corporate Rhetoric as Organizational Discourse. In: Grant, D. et al. (Hrsg.): The Sage Handbook of Organizational Discourse. London, Thousand Oaks, S. 79–103.

Fuhrberg, R. (2010): PR-Beratung. Qualitative Analyse der Zusammenarbeit zwischen PR-Agenturen und Kunden. Konstanz.

Göttert, K.-H. (1991): Einführung in die Rhetorik: Grundbegriffe – Geschichte – Rezeption. München.

Huth, S. A. (Hrsg.) (2003): Duden: Reden halten – leicht gemacht. Ein Ratgeber. Mannheim.

Knape, J. (2000): Was ist Rhetorik? Stuttgart.

Lippitt, G./Lippitt, R. (2006): Beratung als Prozess. Was Berater und ihre Kunden wissen sollten. 4. Aufl. Leonberg.

Merkel, A. (2006): Grussbotschaft zum Weltfrauentag. Greifbar unter http://archiv.bundesregierung.de/Content/DE/Archiv16/Rede/2006/03/2006-03-08-grussbotschaft-von-bundeskanzlerin-angela-merkel-zum-weltfrauentag.html (letzte Abfrage: 25. Juni 2012).

Merkel, A. (2009): Rede vor dem Kongress der Vereinigten Staaten von Amerika. Greifbar unter www.bundesregierung.de/Content/DE/Rede/2009/11/2009-11-03-rede-merkel-usa.html (letzte Abfrage: 25. Juni 2012).

Piwinger, M. (2008): Rede beginnt vor der Rede: Vorfeldkommunikation im Redemanagement. In: Bazil, V./Wöller, R. (Hrsg.): Rede als Führungsinstrument. Wirtschaftsrhetorik für Manager – ein Leitfaden. Wiesbaden, S. 125–139.

Quintilian, M. F. (1995a/b): Ausbildung des Redners. Zwölf Bücher. Buch I–VI (a)/ Buch VII–XII (b). Herausgegeben und übersetzt von Helmut Rahn. 3. Aufl. Darmstadt.

Roehreke, I.-A. (2010): Reden schreiben. 2., überarbeitete Aufl. Konstanz.

Schweizer Fernsehen (2009): Rede vor dem US-Kongress (Tagesschau vom 3. November 2009). Greifbar unter www.videoportal.sf.tv, dann unter »Suchen« die Stichworte »Merkel USA Rede« eingeben (letzte Abfrage: 25. Juni 2012).

Spiegel online (2009): Merkel verneigt sich vor Amerika. Greifbar unter www.spiegel.de/politik/ausland/rede-im-us-kongress-merkel-verneigt-sich-vor-amerika-a-659059 (letzte Abfrage: 25. Juni 2012).

Ueding, G. (Hrsg.) (2005): Rhetorik: Begriff – Geschichte – Internationalität. Tübingen.

Verband der Redenschreiber deutscher Sprache (VRdS)/Poncet Marketing (2001): Reden vorbereiten und halten: Zusammenfassung der Ergebnisse der Marktforschung des VRdS (Befragung Ende April bis Mitte Mai 2001). http://www.vrds.de/redekultur/die-rede/reden_vorbereiten_und_halten.php (letzte Abfrage: 19. Juni 2012).

Wachtel, St. (2008): Corporate Speaking: Praxis integrierter Auftrittsberatung. In: Bazil, V./Wöller, R. (Hrsg.): Rede als Führungsinstrument. Wirtschaftsrhetorik für Manager – ein Leitfaden. Wiesbaden, S. 91–102.

Wachtel, St. (2010): Stichwort-Reden. In: Roehreke, I.-A. (2010): Reden schreiben. 2., überarbeitete Aufl. Konstanz, S. 63–75.

Kontaktmuster: Schreiben für innerbetriebliche Beziehungen und Projekte

Ulla Kleinberger

Die Text-, Schreib- und Lesekonventionen innerbetrieblicher Kommunikation haben sich in den letzten Jahren durch E-Mails stark verändert (1.). In der E-Mail-Kommunikation haben sich dabei bisher keine dominanten Textsortenvorbilder und -muster herausgebildet (2.). Betriebliche E-Mails können als eine Variante des Briefes angesehen werden; Eigenschaften wie das häufige Zitieren oder die Begleitfunktion für Anhänge machen sie jedoch zu einer eigenständigen Realisationsform, für die besondere Normen und Standards, etwa für die Höflichkeit oder für Anweisungen, beachtet werden müssen (3.).

Schlüsselbegriffe: E-Mail, Höflichkeit, Anweisungen (Direktiven), Attachments

1 Grundlagen: E-Mails und ihre Adäquatheit

E-Mails sind heute fester Bestandteil sowohl privater und öffentlicher wie auch ausser- und innerbetrieblicher Kommunikation. Normen und Standards haben sich zwar in den letzten beiden Dekaden entwickelt. Nach wie vor aber finden sich Bereiche, die noch nicht vollständig durchnormiert sind. Ein auf sprachlicher Ebene irritierendes Beispiel zur innerbetrieblichen E-Mail-Kommunikation ist die »Bitte« eines Vorgesetzten an einen Mitarbeiter, die mit folgenden Worten verfasst worden ist: »Ich bitte Sie zwingend …«

Die Irritation, die durch eine solche Aussage entsteht, ist auf verschiedenen Ebenen auszumachen. Eine Bitte ist generell kein Zwang, die beiden sprachlichen Handlungen befinden sich in unterschiedlichen Bereichen der Freiwilligkeitsskala. Das »Ich bitte Sie« erfüllt gesamtgesellschaftliche Normen der Höflichkeit, das »zwingend« hingegen verdeutlicht hierarchische Verhältnisse im betrieblichen Alltag: Gezwungen werden kann nur eine Person, die selber dem Handelnden gegenüber nicht weisungsbefugt ist. Die zwingende Person drückt also mit ihrer Äusserung eine bestimmte Berechtigung, einen bestimmten innerbetrieblichen Status aus. Zusätzlich irritiert die Aussage auf sprachlicher Ebene, da sie in einem Phraseologismus gefestigt ist, der unter »ich bitte Sie höflich« beziehungsweise »ich bitte Sie freundlich« oder in ähnlichen Variationen geläufig ist, in diesem Falle aber modifiziert wurde (Burger 2010: 160 ff.). Selbst Google gibt keine Resultate für »ich bitte Sie zwingend« frei (im Gegensatz zu »ich bitte Sie höflich«, das am 29.08.2010 über 53 000 Treffer hervorbrachte; »ich bitte Sie freundlich« zeigte 17 800 Treffer).

Mit E-Mails werden Beziehungen generiert, gefestigt, gelebt, vertieft oder gewandelt, ebenso wie parallel dazu eigene Identitäten skizziert werden, die zeigen, wie man sich selbst in einer Kommunikationssituation sehen und positionieren will, und mit denen Schreibende dem »Alter ego« eine bestimmte Rolle zuweisen, die mit gewissen Erwartungen verbunden sein kann (Kleinberger Günther 2003).

Innerbetriebliches Schreiben war in den letzten 15 Jahren einem fundamentalen Wandel unterworfen. Neue Medien wurden implementiert und Mitarbeitende mussten neue Normen und Standards entwickeln, womit eine Änderung der Text-, Schreib- und Lesekonventionen einhergegangen ist. Damit verbunden war auch ein Wandel der Wertigkeit und Verbindlichkeit schriftlicher Texte, dies sowohl im Rahmen der Produktion wie auch der Rezeption. Auffallende stilistische Elemente, welche beispielhaft für diesen Wandel stehen, sind Anleihen bei der mündlichen Sprache besonders in Anreden *(Hallo, Guten Tag),* Anleihen aus den sonst selten verschrifteten Dialekten oder typische »Gesprächspartikel« *(gäll* beziehungsweise *gell).* Diese ausgeprägten dialogischen Elemente und Anleihen beim Mündlichen sind in der Wissenschaft unter dem Begriff »konzeptionelle Mündlichkeit« (Koch/Oesterreicher 1985 und 2007) diskutiert worden. Es handelt sich gleichwohl um stilistische Varianten schriftlicher Kommunikation.

2 Funktionen: Höflichkeit und Direktiven

Computernetzwerke und computergestützte soziale Netzwerke (Social Web beziehungsweise Social Networking Sites), die sich heutzutage im innerbetrieblichen Kontext ausbreiten und festigen, machen neue, ungewohnte kommunikative Optionen verfügbar. Trotzdem bleiben die Anforderungen an die Textkonzeption in einer digitalisierten Schreibsituation unverändert (Kleinberger Günther/Thimm 2000: 275 f.) Bei der Einführung der neuen Medien in die innerbetriebliche Kommunikation waren die Auswirkungen auf soziale Beziehungen noch kaum absehbar (Kleinberger Günther/Thimm 2000: 276). Heute zeichnen sich grundlegende Tendenzen der Entwicklung ab, allerdings können sie jederzeit von neuen medialen Tools stark beeinflusst werden. Das zeigen beispielsweise Blogs von CEOs

(»Jonathan's Blog« des ehemaligen Präsidenten und CEO der »Sun Microsystems«), aber auch der Einsatz von Microblogging und Wikis für internationale Unternehmenseinheiten, in denen Texte kollaborativ entworfen werden müssen.

Innerbetrieblich hat sich seit den 1980er Jahren mit der Einführung von E-Mails die Kommunikationssituation beinahe revolutionär geändert. Wellenartig hat sich das neue Medium über sämtliche Produktions- und Dienstleistungseinheiten ausgebreitet. »Revolutionär« ist aber nicht das Implementieren eines neuen Mediums in den betrieblichen Alltag; das gab es mit der Schreibmaschine, dem Telex und dem Telefax auch schon in früheren Zeiten. Von entscheidender Bedeutung ist vielmehr die einfache Zugänglichkeit und Handhabung der E-Mail-Programme (Kleinberger Günther 2005: 303). Mit der Ausbreitung des neuen Mediums einher ging auch ein Norm- und Textsortenwandel. Neben traditionellen »Briefen« und »Brieftextsorten« entwickeln sich neue, dialogische Einheiten in den E-Mails: Anrede und Grussform können in solchen Sequenzen wegfallen beziehungsweise werden nur mehr situationsabhängig eingefügt. Rechtschreibnormen werden flexibel gehandhabt, mit dem Quellennachweis in Zitaten wird grosszügig umgegangen, auf inhaltlicher Ebene lässt sich eine Durchmischung von Privatem und Beruflichem beobachten.

Interessant an diesen Entwicklungen ist, dass man in der E-Mail-Kommunikation über keine Textsortenvorbilder und -muster verfügt, sondern dass ganz »neue« Fragen für das Schreiben aufgeworfen werden. Beispielsweise sind Aspekte der Höflichkeit in kurzen, dialogischen, schriftlichen Texten auszuhandeln. Das Gleiche gilt für Streitsituationen im dialogischen, schriftlichen Kontext. Anweisungen (Direktiven), im mündlichen Bereich wenig problematisch, werden im schriftlichen Kontext zur Herausforderung. Problematisch kann es zum Beispiel in Situationen sein, in denen die schreibende Person keine Weisungsberechtigung hat. Neu hinzu kommt, dass sich in den letzten Jahren nicht nur eine mediale Ausdifferenzierung zeigt, sondern dass sich ein ausgeweiteter »Medienmix« etabliert hat: Inhalte der E-Mails bleiben nicht automatisch im Übertragungskanal der E-Mails, Informationen wechseln in mündliche Kontexte oder in andere schriftliche Übertragungskanäle, so beispielsweise in SMS, Chats, ICQ – je nach medialem Netz, das in den Firmen betrieben wird. Medienwechsel werden gegenwärtig üblicherweise noch an unterschiedlichen Stellen im Diskurs und in variierender Weise angekündigt (Kleinberger Günther 2005: 305).

3 Muster: Textsortenwandel und Beziehungspflege

In den 1990er Jahren begann eine Diskussion, ob es sich bei E-Mails um eine eigene Textsorte handle oder gar um eine ganz neue Kommunikationsform (Ziegler 2002: 25). Dabei zeigte sich, dass E-Mails sowohl als Variante eines Briefes wie auch als eigenständige Textsorte gesehen werden können.

3.1 Durchbrechen der Linearität

Selbstverständlich basieren die in E-Mails verwendeten Textmuster auf Vorbildern, die aus der Schreibtradition des Briefes stammen. Diese Tradition wurde auch in der innerbetrieblichen Kommunikation beispielsweise in Form von Laufzetteln, Erläuterungen, Erklärungen, Korrekturen, Gebrauchsanweisungen, Arbeitsanordnungen gepflegt. Andererseits kann man den Fokus statt auf Konstanz auf das Neue legen. Dann ist zu erkennen, dass das Zitieren von Texten in den dialogischen Situationen der E-Mail-Kommunikation extensiv gepflegt wird: In »neuen« Texten werden Versatzstücke »alter« Texte genutzt, manchmal (farbig) markiert und somit ausgewiesen, manchmal nicht markiert, dafür unmerklich in den neuen Text integriert. Geübte Schreiberinnen und Schreiber durchbrechen dabei das Linearitätsprinzip herkömmlicher Textsorten: E-Mails werden per Reply nicht nur aneinandergehängt, wobei selbstverständlich auch (unmarkierterweise) Texte und Textstellen gelöscht oder geändert werden. Dabei entstehen durchaus »neue« Texte, »neue« Aussagen und Bedeutungen, die in der Ursprungs-E-Mail in einem divergierenden Kontext nicht intendiert waren. Allfällige Änderungen sind unter Umständen nur mit grossem sprachlichen und zeitlichen Aufwand zu rekonstruieren. Auswirkungen dieser Änderungsmöglichkeiten ergeben sich entsprechend für die Vertrauenskultur: Man muss dem Absender, der Absenderin der E-Mail vertrauen, wenn man die Inhalte als »wahr« ansehen will.

Die »Anhänge« beziehungsweise die »Attachments« konstituieren den Textzusammenhang und Kontext ebenfalls auf eine neue Weise. Die E-Mail selbst wird zum Trägermedium, zur Überbringerin der Botschaft, oder sie wird als Begleittext, als Kommentar zu einer anderen Texteinheit eingesetzt. Zwar finden sich in der traditionellen internen Hauspost ebenfalls solche »Kurier«-Textsorten, jedoch hat sich mit dem einfachen Klicken der »Forward«-Funktion eine Änderung der Verantwortlichkeiten ergeben. Die schreibende Person kann an die Empfängerinnen und Empfänger sämtliche Unterlagen, die sich thematisch angesammelt haben mögen, ohne eine inhaltliche Gewichtung weiterleiten. Für die Empfängerinnen und Empfänger solcher E-Mails zeigen sich die Attachments alle als »gleich wichtig« – alle Icons sind gleich gross, gleich bunt, unabhängig davon, ob der Inhalt zentral oder peripher ist, ob es sich um eine oder um hundert Textseiten handelt. Dabei wird allzu leicht die Verantwortung für Inhalt und Kontext von der schreibenden Person an die Empfängerinnen und Empfänger delegiert. Extensive

Nutzung von Attachments zeugt innerbetrieblich vielerorts davon, wobei »Transparenz« in diesem Zusammenhang leicht mit »Informationsschwemme« verwechselt wird.

3.2 Standardisierung und Normierung

Bei der Ausgestaltung der E-Mail-Texte schreitet eine Standardisierung und Normierung mit grossen Schritten voran. Eine markante Zunahme von Ratgeberliteratur und Mustervorlagen für die »richtige« E-Mail zeugen davon (Dudenredaktion 2010; Hovermann/Hovermann 2008; Neumann 2008). Dabei kanalisieren Normierungen den Gebrauch und erleichtern ein soziales Erkennen (Kleinberger Günther 2005: 311), sie schränken den Interpretationskontext ein und vereinfachen damit die pragmatisch-handlungsorientierte Zuordnung.

Typischerweise sind demnach Handlungsaufträge in E-Mails explizit und deutlich formuliert (»Bitte erledigen Sie xy bis in zwei Tagen«), was den Höflichkeitscode verpflichtender werden lässt. Ausgeklügelte stilistische Varianten werden für das Textverstehen zentral, so finden sich beispielsweise in kollegial abgefassten E-Mails »Frotzeleien«, die den Ernst gewisser Situationen des Arbeitslebens zu nivellieren helfen (»dann komm auf ein Bier um vier«). Diese stilistische Mixtur aus betriebsintern relevanten Aspekten, sprachlicher Höflichkeit und »aufgelockerter« Formulierung ist manchmal schwierig zu verstehen. Ebenso anspruchsvoll ist es, beim Schreiben für die interne PR diese Mischung angemessen und situationsadäquat zu produzieren. Neben informativen Texten wie zum Beispiel Sitzungseinladungen, Traktandenlisten und Vorgehensplänen werden direktive Texte versandt; dazu gehören beispielsweise Handlungsanweisungen, Sitzungsvorbereitungen, Themenfindungen und ein strategisches Skizzieren von Abläufen, in denen einer Person oder einer ganzen Personengruppe Aufträge erteilt werden. Interessant an dieser Textausprägung sind mangelnde »Papermail«-Vorlagen, an denen man sich orientieren könnte, was impliziert, dass sich neue Normen ausbilden und etablieren müssen.

Bei Anweisungen (Direktiven), die durch dazu berechtigte Personen oder auch durch dazu Nichtberechtigte geschrieben werden, müssen ausgefeilte Höflichkeitskonventionen beachtet werden. Dabei spielt der Status des beziehungsweise der Schreibenden eine wichtige Rolle. Ist die auftraggebende Person weisungsbefugt, werden klassisch-höfliche Handlungsanweisungen verwendet und meist mit einer Bitte versehen: »Ich bin leider in den Ferien am 4.6., deshalb bitte ich Dich, Thomas, zu dem wichtigen Anlass zu gehen.«

Bei statusgleichen E-Mail-Partnerinnen und -Partnern ist ein schriftlicher Handlungsauftrag eine heikle Aufgabe, da man ja nicht dazu berechtigt ist, der anderen Person eine Arbeit »aufzubürden«. Ein entsprechender Handlungsauftrag kann – kaschiert als Bitte – so formuliert sein: »Grüezi Frau [N.], ja, ich gehe dieses Risiko ein. Bitte das Datum im Bildschirm streichen. Danke und einen schönen Tag [V.] [N.]).« Sprachlich und inhaltlich ist die Situation eine Herausforderung, wenn die auftraggebende Person nicht weisungsbefugt ist und sich an eine statushöhere Person wenden muss. Realisierungen finden sich im Schweizer Kontext vielfach im Konjunktiv II, eventuell sogar als Frage formuliert: »Müsste, je nachdem, diese Regelung im Arbeitsvertrag festgehalten werden?« (Kleinberger Günther 2002)

Neben den üblichen Kriterien wie der Berücksichtigung firmeninterner Gepflogenheiten, angemessener Anrede- und Grussformen und stilistischer Adäquatheit spielt für die Beziehungspflege eine möglichst eindeutige Ausformulierung der Inhalte eine zentrale Rolle. So wichtig Ironie und Witz in ausserbetrieblichen dialogischen Kommunikationssituationen beispielsweise in Foren, Chats und Social Networks sind, so diffizil sind sie im innerbetrieblichen Kontext. Allzu leicht kann eine Aussage missverstanden werden, weshalb ironische Einheiten explizit hervorgehoben und markiert werden. Die dazu verwendeten Mittel variieren von der Verwendung einfacher Anführungszeichen über weitere typografische Mittel (Fett- beziehungsweise Kursivdruck, Vervielfachung der Interpunktionszeichen) und Smileys (»☺/;-)/^^«) bis hin zu Inflektivformen, die auf einer Metaebene Verbales, Para- und Nonverbales zum Ausdruck bringen können. Solche Paralleltexte mit Informationen zu Handlungen oder Interpretationshilfen werden in E-Mails häufig in Asteriske (*lach*) gesetzt.

Neue Verhaltensweisen haben sich in Bezug auf die Auswahl der Rezipientengruppen des innerbetrieblichen Schreibens etabliert: Grundsätzlich stellt sich die Frage, ob eine E-Mail an eine Einzelperson oder an eine Gruppe geht. Neben der Adresssammlung der direkten Rezipientinnen und Rezipienten und des CCs ist ebenso ersichtlich, wer nicht zu den Adressatinnen und Adressaten gehört und damit aus der Kommunikation ausgeschlossen worden ist. Allerdings sollte jeweils mit einer BCC, einer »blind copy« der E-Mail gerechnet werden.

E-Mails sind strategische Instrumente im innerbetrieblichen Alltag und verlangen deshalb nach einem strategischen Schreibprozess (Voigt 2003; Dürscheid 2005; Frehner 2008). Dabei hat die Schriftlichkeit durch sie an Relevanz und Gewichtigkeit eingebüsst. Schnell ist etwas getippt, was beim Rezipienten, bei der Rezipientin »anders« als intendiert aufgenommen wird. Mündliche Nachbearbeitungen sind nicht nur zeitintensiv und emotional aufwendig. Sie können umgekehrt auch wieder neue Chancen der innerbetrieblichen Kommunikation eröffnen.

Fazit

- E-Mails haben die innerbetriebliche Kommunikation und die Projektkommunikation in den letzten Jahren revolutioniert. Sie erfordern einerseits ein neues Vertrauen, andererseits ein sinnvolles Mass an Misstrauen. Denn ihre Verfügbarkeit und Schnelligkeit birgt auch Gefahren für die Verantwortung und die Transparenz der Kommunikation.
- Das Schreiben von E-Mails orientiert sich mittlerweile an gewissen Standards und Normen, die sich für die Höflichkeit, für Konflikte und Direktiven ausgebildet haben. Gleichwohl müssen adäquate Formen nach wie vor ausgehandelt und ausprobiert werden.
- Eine möglichst explizite und eindeutige Ausformulierung von Anliegen ist im E-Mail-Verkehr von zentraler Bedeutung. Besondere Regeln gelten für den Umgang mit dem betrieblichen Status von Schreibenden wie Empfängerinnen und Empfängern und für Ironie, para- und nonverbale Botschaften.

Übers Schreiben lesen

Dudenredaktion (2010): Briefe und E-Mails gut und richtig schreiben
Sehr gut verwendbare Textvorlagen und Informationen übers Schreiben von Briefen und E-Mails.

http://blogs.sun.com/jonathan
Lesenswerter Weblog eines ehemaligen CEOs mit jahrelanger Blog-»Schreibtradition«.

Kleinberger Günther, U. (2002): Sprachliche Höflichkeit in innerbetrieblichen E-Mails
Hilfreiche Sammlung von Textbeispielen zur sprachlichen Höflichkeit in E-Mails.

Literatur

Burger, H. (2010): Phraseologie. Eine Einführung am Beispiel des Deutschen. 4., neu bearbeitete Aufl. Berlin.

Dudenredaktion (2010): Briefe und E-Mails gut und richtig schreiben. Mannheim.

Dürscheid, C. (2005): E-Mail – verändert sie das Schreiben? In: Siever, T./Schlobinski, P./Runkehl, J. (Hrsg.): Websprache.net. Sprache und Kommunikation im Internet. Berlin, New York, S. 85–97.

Frehner, C. (2008): E-Mail – SMS – MMS: The linguistic creativity of asynchronous discourse in the new media age. Bern.

Hovermann, C./Hovermann, E. (2008): Das grosse Buch der Musterbriefe. Für die erfolgreiche geschäftliche und private Korrespondenz. 5., vollständig aktualisierte Aufl. Hannover.

Jonathan's Blog, unter: http://blogs.sun.com/jonathan, Stand 8/2010.

Kleinberger Günther, U. (2002): Sprachliche Höflichkeit in innerbetrieblichen E-Mails. In: Lüger, H.-H. (Hrsg.): Höflichkeitsstile. 2., korrigierte Aufl. Bern, S. 147–164.

Kleinberger Günther, U. (2003): »Identität« in innerbetrieblichen E-Mails: Nähe und Distanz zwischen MitarbeiterInnen. In: Habscheid, S./Fix, U. (Hrsg.): Gruppenstile. Zur sprachlichen Inszenierung sozialer Zugehörigkeit. Frankfurt am Main, Berlin, S. 117–128.

Kleinberger Günther, U. (2005): Textsortenwandel: E-Mail im innerbetrieblichen Kontext. In: Braun, S./Kohn, K. (Hrsg.): Sprache(n) in der Wissensgesellschaft. Proceedings der 34. Jahrestagung der Gesellschaft für Angewandte Linguistik. Frankfurt am Main, S. 303–318.

Kleinberger Günther, U./Thimm, C. (2000): Soziale Beziehungen und innerbetriebliche Kommunikation: Formen und Funktionen elektronischer Schriftlichkeit in Unternehmen. In: Thimm, C. (Hrsg.): Soziales im Netz. Sprache, Beziehungen und Kommunikationskulturen im Internet. Opladen, Wiesbaden, S. 262–277.

Koch, P./Oesterreicher, W. (1985): Sprache der Nähe – Sprache der Distanz. Mündlichkeit und Schriftlichkeit im Spannungsfeld von Sprachtheorie und Sprachgeschichte. In: Romanistisches Jahrbuch 36, S. 15–43.

Koch, P./Oesterreicher, W. (2007): Schriftlichkeit und kommunikative Distanz. In: Zeitschrift für germanistische Linguistik 35, S. 346–375.

Maverick Blog: »the mark cuban weblog«, unter: http://blogmaverick.com, Stand 1/2011.

Neumann, J. (2008): Formulieren ohne Floskeln. Gesprächskorrespondenz mit Pep und Persönlichkeit. 2. Aufl. München.

Voigt, S. (2003): E-Mail-Kommunikation in Organisationen. Eine explorative Studie zu individuellen Nutzungsstrategien. München.

Ziegler, A. (2002): Textsorte oder Kommunikationsform? Eine textlinguistische Annäherung. In: Ziegler, A./Dürscheid, C. (Hrsg.): Kommunikationsform E-Mail. Tübingen, S. 9–32.

Strukturierungsmuster: Schreiben als Designprozess

Wibke Weber

Textdesign bedeutet, dem Text eine Gestalt zu geben, das heisst, ihn verbal und visuell zu gestalten (1.). Die visuelle Gestaltung erfolgt dabei für verschiedene Textelemente wie Überschriften, Absätze und Grafiken in jeweils unterschiedlicher Form. Solche Textelemente sollen die Benutzerfreundlichkeit und Gebrauchstauglichkeit des Textes gewährleisten. Textdesign erfüllt allerdings immer auch ästhetische und semantische Funktionen (2.). Zur Erfüllung all dieser Funktionen lassen sich Gesetze der Gestaltung anwenden (3.). In den Social Media spielt Textdesign eine zentrale Rolle: Schreiben wird hier zum multimedialen Designprozess (4.).

Schlüsselbegriffe: Textdesign, Designprozess, Textelemente, Orientierung, Dramaturgie, Einstieg, Strukturierung, Visualisierung, Gestaltgesetze

1 Grundlagen: Inhalt und Form eines Textes

Jeder Text, jede Geschichte besitzt eine äussere Gestalt, braucht ein visuelles Erscheinungsbild. Schreiben ist deshalb auch ein Designprozess, bei dem wir mit Typografie, Layout und Bildern arbeiten. Häufig entscheidet das Textdesign, ob die Leser in ein Thema einsteigen oder einfach weiterblättern beziehungsweise weiterklicken. Textdesign ist deshalb mehr als nur eine Frage der Ästhetik. Es ist ein Mittel, Geschichten nicht nur sprachlich zu erzählen, sondern auch visuell.

Beispiel

Silberkugeln, wie Perlen aufgeschnürt, überspannen eine schwarz unterlegte Doppelseite; links ein Porträtfoto in Schwarz-Weiss, rechts nüchtern in weisser Schrift und gesperrten Versalien der lakonische Titel »FORMFRAGEN« (Abb. 1). Es geht um die neue BMW-5er-Limousine. Nicht das Auto ist abgebildet, sondern eine visuelle Metapher; die Silberkugeln sind Teil einer kinetischen

Abbildung 1 Formfragen. Doppelseite als Einstieg in das Interview mit dem BMW-Chefdesigner. (Quelle: BMW Magazin, 2010 (1): S. 36 f.).

Skulptur – einer dreidimensionalen Kunstinstallation, die den Designprozess verschiedener BMW-Modelle visualisiert.

Eine Visualisierung, ein Foto, ein typografisch und verbal auffallender Titel, eine besondere Hintergrundfarbe – solche visuellen Elemente bieten den Lesern attraktive Einstiegspunkte in das Thema und motivieren zum Lesen. Das belegen empirische Studien zum Zeitungslesen (Garcia/Stark 1991; Bucher et al. 2007; Stark Adam et al. 2007). Danach schenken Leser alternativen Elementen wie Fotos, Visualisierungen, Listen, Infokästen und Chronologien mehr Aufmerksamkeit als einer konventionell aufgemachten Seite mit den üblichen Textspalten und einem Bild. Diese Forschungserkenntnisse beziehen sich zwar auf Zeitungen, lassen sich aber durchaus auch gewinnbringend auf Unternehmenspublikationen wie Kundenmagazine und Mitarbeiterzeitungen übertragen. Ob Publikationen in der PR gelesen werden, ist also nicht nur eine Frage des Inhalts, sondern auch eine der Form.

Gedruckte Texte erscheinen den Lesern zunächst einmal als etwas Visuelles. Sie existieren nicht nur in ihrem sprachlichen Code, sondern es sind immer auch andere Zeichen an ihnen beteiligt wie etwa Typografie, Bilder oder Papiersorte (Fix 2008: 31). Meistens verrät die äussere Form eines Textes schon etwas über dessen Inhalt: Eine Reportage sieht anders aus als eine Pressemeldung, ein Newsletter anders als ein Geschäftsbericht. Das bedeutet: Der Inhalt bestimmt zugleich die äussere Form. »Eine ›Textart‹ oder ein ›Genre‹ ohne jede Verweisung auf die äussere Gestalt gibt es nicht – wie marginal dies im Einzelnen auch gehandhabt wird« (Sauer 2004: 54). Inhalt und Form stehen so in einem ständigen Wechselspiel. Ändert man etwas am Inhalt, so hat das Konsequenzen für die optische Gestaltung; umgekehrt gilt das Gleiche. Der russische Semiotiker Jurij M. Lotman kommt zu einem ähnlichen Schluss, nämlich »dass die betreffende Information (der ›Inhalt‹) ausserhalb der betreffenden Struktur weder existieren noch übermittelt werden kann« (Lotman 1993: 25). Mit anderen Worten: Würde man eine Pressemeldung in Versen drucken, so veränderte sich ihre typische Struktur – der Informationsgehalt wäre nicht mehr der gleiche wie vorher. Daher beinhaltet der Begriff Textdesign beides: das visuelle und das verbale Gestalten. Textdesign heisst also, einen Text sprachlich und optisch zu designen (Weber 2008: 192).

Design soll hier als ganzheitlicher, emergenter Gestaltungsprozess aufgefasst werden: Wie man ein Thema in Wort, Bild und Layout plant und umsetzt; auch Format, Papier und Druckfarbe gehören zu diesem Designprozess dazu. Das Ganze, was aus dem Zusammenspiel von Wort, Bild und Layout entsteht, ist dann mehr als die Summe seiner Teile. In diesem ganzheitlichen Sinne geht das Design eines Textes weit über das ästhetische Textbild hinaus: Design wird zum konstitutiven Teil des Textes. Doch was ist Text?

Die linguistische Definition von Text als einer Verkettung von Sätzen, als einer »begrenzte[n] Abfolge von sprachlichen Zeichen« (Brinker 2005: 17) mit einer erkennbaren kommunikativen Funktion greift hier zu kurz. Die Definition von Textdesign setzt auf einen Textbegriff, der auch die nichtsprachlichen Zeichen einbezieht, also Layout, Typografie, Visualisierungen, Infografiken, Fotos, Illustrationen, Tabellen und Diagramme. Text ist damit »eine Aussageeinheit, die aus sprachlichen (mündlichen und schriftlichen) und nicht-sprachlichen Elementen bestehen kann« (Weber 2008: 195).

Dieses Kapitel konzentriert sich auf das Textdesign von Printprodukten und dabei vor allem auf die visuelle Seite von Texten, also auf das Textbild. Die sprachliche Gestaltung – die Textkonzeption und das Formulieren eines Textes – sowie die multimediale Komponente gehören selbstverständlich auch zum Textdesign.

2 Funktionen: Nutzwert, Ästhetik, Semantik

Die visuelle Gestaltung eines Textes erfolgt differenziert, das heisst für verschiedene Textelemente in jeweils unterschiedlicher Form. Dabei sind sehr viele Textelemente zu unterscheiden, etwa Überschriften, Unterzeilen, Vorspänne, Fliesstexte, Absätze, Zwischentitel, Spitzmarken, Ergänzungsboxen, Zitatkästen, Spaltenbreite, Listen, Tabellen, Grafiken, Fotos, Bildunterschriften, Fussnoten, Verfasserzeilen, weiterführende Hinweise, Links, Piktogramme. Diese Textelemente erfüllen jeweils praktische, ästhetische und semantische Funktionen (Schneider 2005: 198 f.).

2.1 Praktische Funktionen

Die praktischen Funktionen, die die verschiedenen Textdesignelemente zu erfüllen haben, bestehen darin, die Benutzerfreundlichkeit oder Gebrauchstauglichkeit eines Textes zu gewährleisten. Im Einzelnen geht es darum, die Leser durch den Text und durch ganze Seiten hindurchzuführen, Orientierung zu ermöglichen, Inhalte zu hierarchisieren, Einstiegspunkte anzubieten, Themen zu strukturieren und zu visualisieren.

Orientierung: Um sich in einer Publikation zurechtfinden und »zu Hause fühlen« zu können, ist es nötig, ein Mindestmass an typografischen Konventionen einzuhalten. Das erfordert Konsistenz und Kontinuität in der visuellen Gestaltung. Orientierung ermöglichen Elemente wie ein Inhaltsverzeichnis, Zitatkästen, Ergänzungsboxen, Bildunterschriften, Kolumnentitel, Marginalien, Piktogramme, Farbcodes, Spaltenlinien, Pagina (Abb. 2).

Abbildung 2 Konsistente Gestaltung: Alle Überschriften und Bildunterschriften sind einheitlich gestaltet, weiterführende Informationen signalisiert ein Piktogramm (Quelle: Credit Suisse One. Internationales Mitarbeitermagazin des Private Banking, 5.08: S. 12 f.).

Abbildung 3 Das Inhaltsverzeichnis lässt sofort erkennen, was die Titelstory ist (Quelle: BMW Magazin, 2010 (1): S. 10 f.).

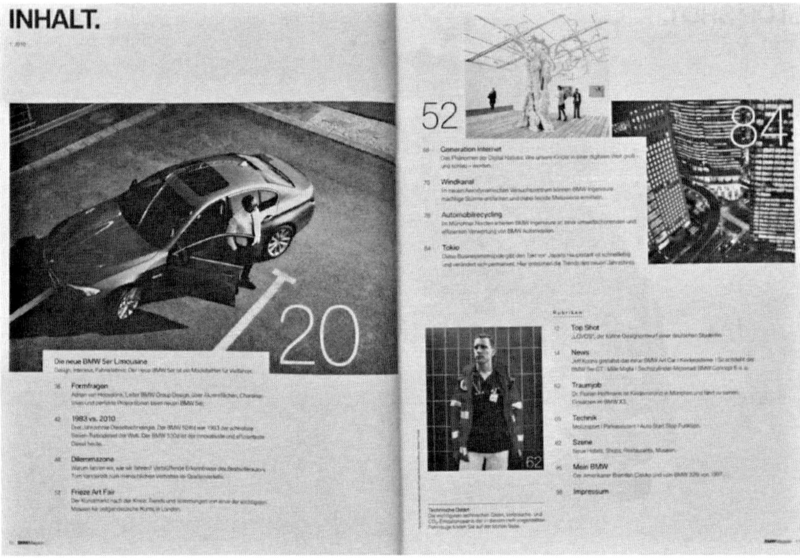

Abbildung 4 Thematische Aufwertung der letzten Seite: Sie wird als Rücktitel genutzt, um Mitarbeiter vorzustellen (Quelle: Credit Suisse One. Internationales Mitarbeitermagazin des Private Banking, 5.08).

Dramaturgie: Das Titelbild, die Gestaltung der Rückseite als eigene Themenseite (Rücktitel), die Aufmachung eines Themas über eine Doppelseite hinweg, Textlänge, Grösse von Fotos und Grafiken – das alles signalisiert den Lesern, wo die Redaktion inhaltliche Schwerpunkte gesetzt hat und was ihr lediglich eine Kurzmeldung wert war; was weniger wichtig ist, wird visuell weniger prominent dargestellt. Die Gestaltung visualisiert damit das Agenda-Setting der Redaktion (Abb. 3, 4). Gleichzeitig bringen derart hierarchisierte Inhalte Rhythmus in die Publikation und sorgen für eine lebendige Blattdramaturgie.

Einstieg: Überschriften und Titel, Fotos und Bildunterschriften erlauben einen raschen Einstieg in den Text. Das belegen verschiedene Blickaufzeichnungsstudien (Stark Adam et al. 2007; Bucher et al. 2007). Aufgrund ihrer besonderen typografischen Gestaltung sind Überschriften und Vorspänne ein Eyecatcher (Abb. 5); zudem sollten sie die Leser verbal umwerben. Eine Überschrift kann attraktiv wirken, wenn sie beispielsweise ein starkes Zitat aus dem Text aufgreift, eine Redewendung verfremdet (»Palast der Winde« – es geht um den Hightech-Windkanal der BMWGroup; BMW Magazin, 1.2010: S. 70) oder auf Rhythmus setzt (»Glanz, Glitter, Hollywood«, inside.mag 2010 (1): 9).

Abbildung 5 Die typografische Gestaltung von Überschrift und Vorspann sowie das Foto animieren zum Lesen. Die Überschrift entpuppt sich zudem als Sprachspiel, denn porträtiert wird der Duftforscher Roman Kaiser (Quelle: Audi magazin, 2010 (2): S. 52 f.).

Die Bildunterschrift spielt als Scharnier zwischen visueller Information und Textinformation eine wichtige Rolle (Blum/Bucher 1998: 67). Sollen die Leser über die Bildunterschrift zum Textanfang geführt werden, braucht es eine gut formulierte Bildunterschrift, das heisst, die Bildunterschrift liest nicht einfach nur das Bild vor, sondern lenkt den Blick beispielsweise auf ein Detail. Allerdings darf die Bildunterschrift nichts versprechen, was der Text dann nicht einlösen kann.

Strukturierung: Überschriftenhierarchien – Mänken (2004: 169) nennt sie »Gefälle« – strukturieren einen Beitrag. Ein solches Gefälle entsteht, wenn sich Headline, Vorspann, Fliesstext, Zwischentitel und Bildunterschrift in Schriftart, -grösse und -schnitt deutlich unterscheiden (Abb. 5).

Dass ein Fliesstext in sinnvolle Absätze strukturiert werden muss, versteht sich von selbst. Dabei sollte jeder Absatz nur eine Idee transportieren. Absätze können durch Leerzeilen oder durch Zeileneinzug gekennzeichnet sein. »Sie lockern Textspalten in Portionen auf und gönnen dem Auge beim Lesen eine ganz kleine Pause« (Barmettler 1996: 281).

Auch Zwischentitel und Spitzmarken, durch Fettdruck hervorgehoben, strukturieren den Text und sind zusätzliche Angebote an den Leser, in den Text einzusteigen beziehungsweise an einer bestimmten Stelle die Lektüre wieder aufzunehmen. Gut formulierte Zwischentitel motivieren zum Weiterlesen. Ihre Aussage muss sich auf den Textabschnitt beziehen, über dem sie stehen. Zitate und Sprüche, in eckigem Weissraum gesetzt, lockern ebenfalls das Textbild auf.

Infokästen und Ergänzungsboxen entlasten den Fliesstext, indem sie Platz bieten für »sperrige« Informationen, die aus dem Text ausgelagert werden können, zum Beispiel biografische Daten, ein Statement, die Chronologie eines Ereignisses, Tabellen, Umfragen, Erklärungen von Fachbegriffen. So kann ein Text in sinnvolle Informationseinheiten modularisiert werden (Abb. 6).

Auch Aufzählungen, Listen und Tabellen helfen, Informationen zu bündeln und zu strukturieren. Geschäftszahlen, Wirtschafts- oder Geodaten lassen sich statt als Fliesstext übersichtlicher in Karten, Diagrammen oder Infografiken abbilden, denn sie verschaffen einen schnellen Überblick.

Abbildung 6 Infokasten, Bilder und ein Interview ergänzen als Informationseinheiten den Artikel zum Thema Telemedizin (Quelle: BoschZünder. Zeitung für die Mitarbeiter der Bosch-Gruppe, 2010 (5): S. 11).

Wie die Telemedizin Schwerkranken hilft

Bosch engagiert sich auf einem Markt mit großer Zukunft | Schwerpunkt der Aktivitäten liegt noch bei Patienten in den USA

Stuttgart | ma/auk | Bülent Kitis schwärmt: „Ich habe mich einfach sicher gefühlt." Für Menschen wie ihn, die an Herzschwäche leiden, ist die Angst immer da. Hält das Herz durch? Kann man im Notfall noch jemanden rufen? Da ist es sehr beruhigend, wenn Fachleute täglich den angeschlagenen Gesundheitszustand überwachen.

„Das Plus an Lebensqualität durch Telemedizin kann man nicht hoch genug einschätzen."

Michael Schieber, Oberarzt

Der 50-Jährige kann das bestätigen. Zwei Jahre lang hat er an einer klinischen Studie von „Partnership for the Heart" teilgenommen. Das Konsortium, bei dem Bosch die technische Federführung hat, wollte herausbekommen, ob Telemedizin schwerkranken Patienten wie Kitis helfen kann.

Jeden Tag Werte-Check

Über die Universitätsklinik Charité in Berlin und das Robert-Bosch-Krankenhaus in Stuttgart haben 354 Herzkranke Geräte bekommen, um von zu Hause aus Gewicht, Blutdruck und Blutsättigung messen zu können. „Wenn ich mich einen Tag mal nicht gemeldet habe, wurde ich sofort angerufen oder es kamen sogar ein Krankenwagen und ein Arzt", sagt Kitis. Die Werte wurden über Internet an zwei telemedizinische Zentren in Berlin und Stuttgart übertragen. Dort werteten Fachleute die Daten aus. Meldete sich niemand bei Kitis, hieß das: alles in Ordnung. „Die Messungen haben insgesamt nur etwa acht Minuten gedauert, dann war ich wieder frei!", erklärt der 50-Jährige, der auch die einfache Handhabung lobt. „Die Geräte sind sehr, sehr leicht zu bedienen, das hat mit Alter oder Können nichts zu tun."

Für alle Fälle wurde bei Kitis noch ein Haus-Notruf installiert, mit dem er jederzeit Hilfe rufen konnte. Kitis, der oft angeschlagen im Bett liegen muss, gab dies zusätzliche Sicherheit.

Die Teilnehmer der Studie von „Partnership for the Heart" haben dieses Gefühl bei vielen gezielten Befragungen bestätigt. Einige konnten sogar wieder selbstständig reisen. „Dieses Plus an Lebensqualität kann man nicht hoch genug einschätzen", betont Oberarzt Michael Schieber, der die Studie am Robert-Bosch-Krankenhaus in Stuttgart begleitet hat. Durch die täglichen telemedizinischen Messungen müssen die Patienten nur noch bei einer akuten Verschlechterung des Gesundheitszustands in ein Krankenhaus. „Auf Verdacht muss niemand seine gewohnte Umgebung verlassen, denn die Werte sind ja schon bekannt", erklärt Ulrich Behner, technischer Leiter von Bosch Healthcare, einen weiteren Vorzug der Telemedizin.

120 000 Patienten in USA

Diese Vorteile haben sich vor allem bei Patienten gezeigt, deren Gesundheitszustand besonders labil war. Hier hat die Studie nachgewiesen, dass diese Risikopatienten sogar eine deutlich größere Überlebenschance haben. „Sie leben länger und besser", so Schieber. Ein Blick auf die demografische Entwicklung mit sinkender Geburtenrate und höherer Lebenserwartung macht deutlich, warum der Telemedizin zunehmende Bedeutung vorausgesagt wird. Wenn die Menschen länger leben, werden sie auch immer stärker von chronischen Krankheiten betroffen sein. Bisher wird Telemedizin in Deutschland lediglich bei rund 15 000 Patienten eingesetzt. In den Vereinigten Staaten sind es dagegen heute schon rund 120 000 Patienten.

Ein Viertel davon wird von einem Bosch-System betreut. „Wir sind in diesem Bereich seit 2007 aktiv", erklärt Behner. Seinerzeit wurde Health Hero Network im kalifornischen Palo Alto übernommen. Das Unternehmen war bereits seit mehr als zehn Jahren mit telemedizinischen Lösungen erfolgreich. Später kam noch ViTel-Net aus McLean im US-Bundesstaat Virginia dazu.

„Wenn ich mich einen Tag mal nicht gemeldet habe, wurde ich sofort angerufen oder es kam sogar ein Arzt."

Bülent Kitis

2009 wurden die Aktivitäten in der Robert Bosch Healthcare GmbH zusammengefasst, die ihren Sitz in Waiblingen und Palo Alto hat. Heute arbeiten rund 200 Mitarbeiter für den noch jungen Bosch-Bereich, dessen Hauptmarkt die USA sind. Auch in Großbritannien konnten die Telemediziner Fuß fassen. „In Deutschland ist dies aufgrund des komplexen Gesundheitssystems mit mehr als 150 Krankenkassen wesentlich komplizierter", so Behner. Er hofft, dass mit der Studie von „Partnership for the Heart" jetzt ein entscheidender Impuls für die flächendeckende Einführung gegeben wird.

Ein paar Messungen am Tag reichen aus. Der Patient kann zu Hause bleiben. Fotos: HCTM

Kleiner Aufwand, großer Nutzen: Die Bedienung der Telemedizin-Messgeräte ist einfach.

In den telemedizinischen Zentren werden die übermittelten Daten aufmerksam geprüft.

Was ist Telemedizin?

Regelmäßig Daten messen

Grundidee der Telemedizin ist die Fernbetreuung von chronisch Kranken. Die Patienten erfassen in regelmäßigen Zeitabständen selbst wichtige Gesundheitsdaten. Das geschieht mit Messgeräten zum Beispiel für Blutdruck, Gewicht oder Sauerstoffsättigung. Die Daten werden elektronisch an ein telemedizinisches Zentrum geschickt. Dort wertet medizinisches Fachpersonal diese Daten aus. Die Fachleute leiten Maßnahmen wie beispielsweise einen Arztbesuch ein, falls es dem Patienten schlechter geht. Telemedizin gibt es bisher vor allem in den USA und Europa. Die Lösung von Bosch Healthcare ergänzt die Erfassung von Daten um eine Reihe von täglichen Fragen an den Patienten, der somit einbezogen wird.

Abbildung 7 Beitrag über das Audi-A1-Projekt. Die Schulterlinie des Sportlers visualisiert die athletische Silhouette des A1 (Quelle: Audi magazin, 2010 (2): S. 16 f.).

Visualisierung: Der Textdesign-Begriff, so wie ihn dieses Kapitel definiert, zählt auch Fotos, Illustrationen, Cartoons, technische Zeichnungen, Diagramme, Infografiken usw. zu den Textelementen. Die entscheidenden Fragen sind dabei: Was kann und was soll mit dem Bild erzählt werden? Welche Botschaft kann das Bild besser transportieren als der Text?

Bilder übernehmen je nach Genre, nach Aufmachung und Positionierung auf einer Seite verschiedene kommunikative Funktionen: von illustrieren und informieren über erklären und Transparenz schaffen bis hin zu kommentieren und

Abbildung 8 Die Infografik erklärt die Vertriebswege der BILD-Gruppe und -Zeitschriften (Quelle: inside.mag. Das Mitarbeitermagazin der Axel Springer AG, 2010 (1): S. 26 f.).

emotionalisieren. Das gelingt vor allem grossen dynamischen Fotos, Bildern, die eine visuelle Metapher darstellen (Abb. 7), und Infografiken (Abb. 8). Im Zusammenspiel mit Text versuchen diese, Geschichten auf ungewöhnliche Art und Weise zu erzählen. Küpper bezeichnet das als »alternativen Storyaufbau« (Küpper 2010: 12).

Vor allem die Visualisierung von Unternehmenszahlen verlangt Gestaltungskompetenz und eine korrekte Darstellung von Daten und Proportionen, denn der Leser will auf Anhieb die Fakten verstehen.

Beispiel

Stapelgrafiken (Abb. 9). Diese sind schwer zu lesen, denn die Veränderungen für die oberen Säulen kann man nur erkennen, wenn man die oberen Säulen auf den Kopf stellt. Bei der mittleren Reihe muss das Auge ständig nach oben und unten springen. »Muss man Stapelgrafiken stapeln?«, fragt daher Bissantz (2010: 58) und schlägt zwei Verbesserungen vor: die Säulen in eine grafische Tabelle packen (Abb. 10) oder – falls es wie hier um eine zeitliche Entwicklung geht – als Sparklines darstellen. Sparklines, auch Wortgrafiken genannt, sind auf Zeilenhöhe minimierte Diagramme, die sich platzsparend in Texte integrieren lassen (Abb. 11).

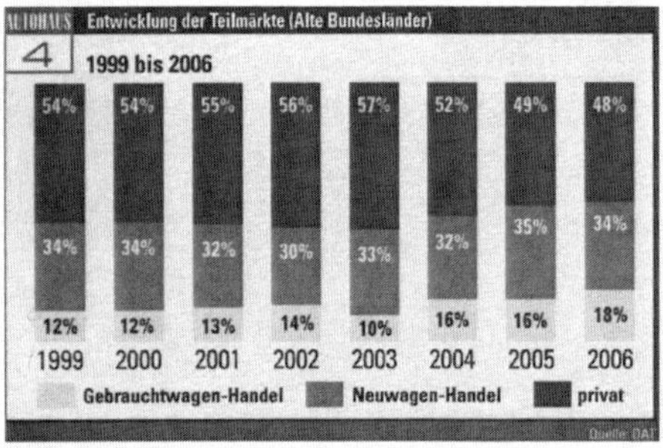

Abbildung 9 Stapelgrafik zur Entwicklung des Autohandels (Quelle: Autohaus 2007 (8), Sonderheft: S. 9, zitiert nach Bissantz 2010: 58).

Abbildung 10 Die drei Verkaufssegmente werden einzeln aufgeführt und in einer grafischen Tabelle präsentiert (Quelle: Bissantz 2010: 59).

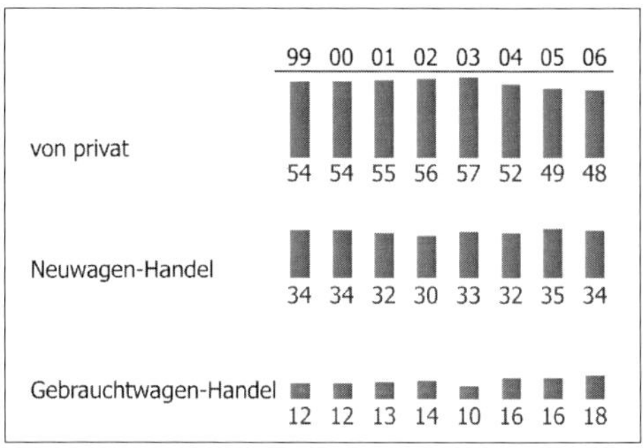

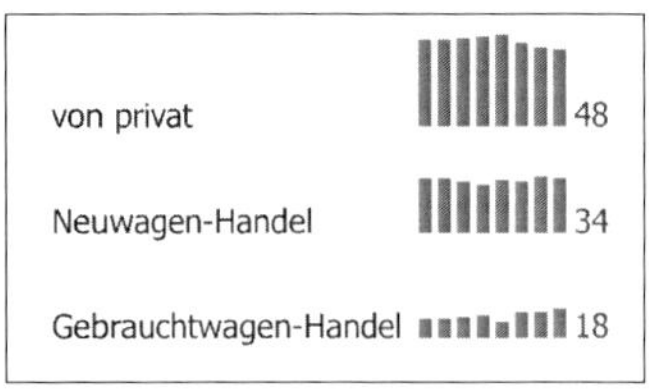

Abbildung 11 Die Sparklines visualisieren die Entwicklung des Wertes über mehrere Jahre (Quelle: Bissantz 2010: 59).

2.2 Ästhetische Funktionen

Im Gegensatz zu den praktischen Funktionen lassen sich die ästhetischen Funktionen nicht rational begründen. Sie wirken vielmehr emotional und sind daher vom subjektiven Geschmacksempfinden der Leser abhängig. Sprechen Farbgebung, Typografie, Layout und Bilddramaturgie die Leser nicht an, wird die Publikation nicht gelesen. Die Ästhetik einer Publikation unterliegt dabei immer auch Trends und Moden. Dynamische Bilder statt gestellter Gruppenfotos, grosse Bilder mit ungewöhnlichen Bildschnitten, Infografiken, entschlackte Überschriften, mehr Weissraum – so lassen sich die aktuellen Trends im Zeitungsdesign zusammenfassen. Locker und luftig kommen die Seiten daher, edel und elegant, aufgeräumt und trotzdem attraktiv. »Lockerungsübungen für das Seitenlayout« empfiehlt deshalb der Zeitungsdesigner Norbert Küpper und verbannt damit ununterbrochene Texte und kleine Bilder aus der publizistischen Gegenwart (2010a).

Diese Trends im Zeitungsdesign sind mittlerweile auch auf Kundenmagazine, Geschäftsberichte und Mitarbeiterzeitungen übergeschwappt. Die kreative Text- und Bildsprache überrascht (Abb. 1), Layoutstandards werden immer wieder durchbrochen (Abb. 12). Das erzeugt eine spannende und lebendige Blattdra-

Abbildung 12 Variabel in Spaltenbreite und -länge zeigt sich das BMW Magazin. Statt klassischen Printlayouts dominiert die Sprache des Screendesigns, passend zum Thema »Generation Internet« (Quelle: BMW Magazin, 2010 (1): S. 66 f.).

maturgie. Nicht jede Seite sollte gleich aussehen; allerdings müssen Varianten im Layout oder gar visuelle Ausreisser dosiert eingesetzt werden, damit die Publikation weder unruhig noch beliebig wirkt. Denn die Leser suchen neben dem Reiz des Neuen auch immer nach Kontinuität und Wiedererkennbarkeit bei der visuellen Gestaltung.

2.3 Semantische Funktionen

Jedes Unternehmen strahlt mit seinen Publikationen nach innen und nach aussen eine bestimmte Wirkung aus, zum Beispiel Seriosität, Bodenständigkeit, Vertrauenswürdigkeit, Modernität, Coolness. Textdesign transportiert daher immer auch – in codierter Form – Wertvorstellungen, Traditionen und Normen eines Unternehmens, wird also zum Bedeutungsträger. Als Teil von Corporate Design (CD) und Corporate Language ist Textdesign Ausdruck der Unternehmensidentität, der sogenannten Corporate Identity (CI). Während Corporate Design auf das einheitliche visuelle Erscheinungsbild eines Unternehmensauftritts fokussiert, beschreibt Corporate Language die sprachliche Positionierung (Stücheli-Herlach/Urbahn/Heinicke 2011). In einem Corporate-Design-Handbuch definiert ein Unternehmen seine visuellen Gestaltungsprinzipien, zum Beispiel die Verwendung von Logos, Schrift, Farbe. Ein Corporate Language Manual (auch Corporate Wording Manual) definiert die Firmensprache, zum Beispiel Tonalität, Wortwahl, Sprachstil, Anreden gegenüber den verschiedenen Zielgruppen. Corporate Design und Corporate Language symbolisieren also die Unternehmenskultur und die Persönlichkeit eines Unternehmens und vermitteln bei den verschiedenen Zielgruppen einen Eindruck vom Unternehmen. Textdesign wird damit zum identitätsstiftenden Zeichen.

3 Muster: Gestaltgesetze für Texte

Soll Textdesign praktische, ästhetische und semantische Funktionen erfüllen, müssen die einzelnen Elemente miteinander interagieren und funktionale Einheiten bilden. Erst dann entsteht ein emergentes Ganzes: der Text als Gesamtentwurf. Schriver bezeichnet diese funktionalen Einheiten als »Rhetorical Clusters« und nennt als Beispiele: Titel, Verfasserzeile, Lead, Bild und Bildunterschrift (Schriver 1997: 343 f.). Das Schlüsselmerkmal eines Clusters ist, dass seine Elemente, die Strukturen haben und deren Teile unabhängig sind, wie eine Gestalt interagieren (Schriver 1997: 344). Wenn Textelemente wie eine »Gestalt« interagieren, dann kann man auf sie die sogenannten Gestaltgesetze anwenden.

Die Gestaltgesetze wurden Anfang des 20. Jahrhunderts entwickelt von den Gestaltpsychologen Max Wertheimer, Wolfgang Köhler, Kurt Koffka und später auch von Rudolf Arnheim (Arnheim 2000). Sie fanden heraus, dass sich »Gestalten« auf verschiedene Art und Weise anordnen und gruppieren lassen, und je nach Gruppierung wirken die »Gestalten« anders auf die Betrachter. Mithilfe der Gestaltgesetze kann man verstehen, warum wir etwas als »Gestalt«, das heisst als »gute Form« oder Einheit wahrnehmen und in welchem Verhältnis Elemente zueinander stehen.

Wichtige Gestaltgesetze sind:

- Das Gesetz der Nähe: Textelemente, die inhaltlich zusammengehören, sollten auch visuell nah beieinander stehen. Überschriften sollten näher an dem Fliesstext stehen, zu dem sie gehören, und nicht näher an dem vorangegangenen Text. Bildunterschriften stehen beim Bild, sodass der Leser den Bildtext eindeutig dem Bild zuordnen kann; Zwischentitel sollten näher an dem nachfolgenden Absatz stehen, zu dem sie gehören. Ist alles gleich nah beieinander angeordnet, fällt eine Zuordnung schwer, wie Abbildung 13 veranschaulicht. Hier wurde das Gesetz der Nähe nicht beachtet.

Abbildung 13 Welches Bild gehört zu welcher Nachricht? Man muss erst lesen, um das herauszufinden (Quelle: Audi magazin, 2010 (2): S. 24 f.).

- Das Gesetz der Ähnlichkeit: Textelemente, die ähnlich aussehen, werden auch inhaltlich als zusammengehörend wahrgenommen beziehungsweise gehören der gleichen Ebene oder Kategorie an oder erfüllen die gleiche Funktion. Das Gesetz der Ähnlichkeit hat viel mit Konsistenz zu tun: nämlich der einheitlichen Gestaltung von Texten, Webseiten, Benutzungsoberflächen. Durch ähnliches Aussehen lassen sich auch weiter auseinander liegende Elemente als zusammengehörend wahrnehmen, zum Beispiel Kapiteleinstiegsseiten (Abb. 14).

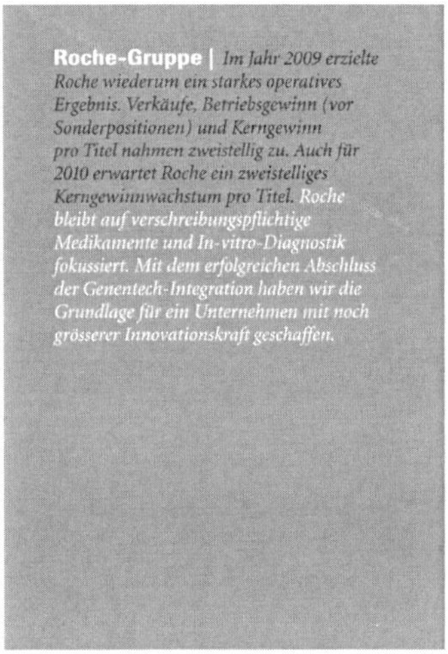
Roche-Gruppe | *Im Jahr 2009 erzielte Roche wiederum ein starkes operatives Ergebnis. Verkäufe, Betriebsgewinn (vor Sonderpositionen) und Kerngewinn pro Titel nahmen zweistellig zu. Auch für 2010 erwartet Roche ein zweistelliges Kerngewinnwachstum pro Titel. Roche bleibt auf verschreibungspflichtige Medikamente und In-vitro-Diagnostik fokussiert. Mit dem erfolgreichen Abschluss der Genentech-Integration haben wir die Grundlage für ein Unternehmen mit noch grösserer Innovationskraft geschaffen.*

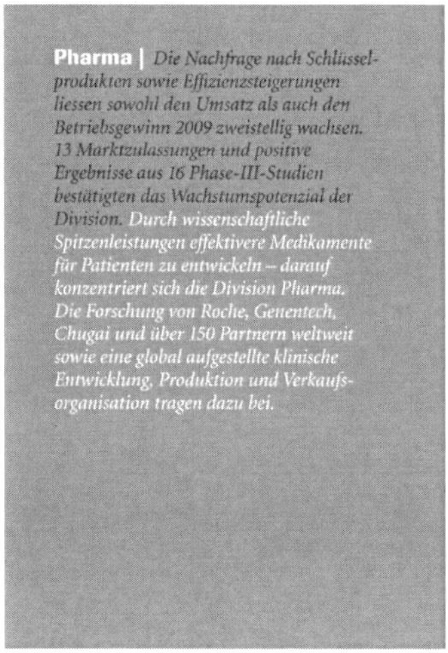
Pharma | *Die Nachfrage nach Schlüsselprodukten sowie Effizienzsteigerungen liessen sowohl den Umsatz als auch den Betriebsgewinn 2009 zweistellig wachsen. 13 Marktzulassungen und positive Ergebnisse aus 16 Phase-III-Studien bestätigten das Wachstumspotenzial der Division. Durch wissenschaftliche Spitzenleistungen effektivere Medikamente für Patienten zu entwickeln – darauf konzentriert sich die Division Pharma. Die Forschung von Roche, Genentech, Chugai und über 150 Partnern weltweit sowie eine global aufgestellte klinische Entwicklung, Produktion und Verkaufsorganisation tragen dazu bei.*

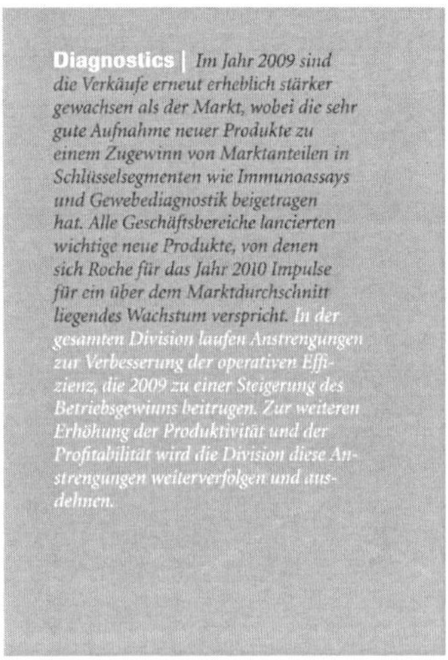
Diagnostics | *Im Jahr 2009 sind die Verkäufe erneut erheblich stärker gewachsen als der Markt, wobei die sehr gute Aufnahme neuer Produkte zu einem Zugewinn von Marktanteilen in Schlüsselsegmenten wie Immunoassays und Gewebediagnostik beigetragen hat. Alle Geschäftsbereiche lancierten wichtige neue Produkte, von denen sich Roche für das Jahr 2010 Impulse für ein über dem Marktdurchschnitt liegendes Wachstum verspricht. In der gesamten Division laufen Anstrengungen zur Verbesserung der operativen Effizienz, die 2009 zu einer Steigerung des Betriebsgewinns beitrugen. Zur weiteren Erhöhung der Produktivität und der Profitabilität wird die Division diese Anstrengungen weiterverfolgen und ausdehnen.*

Abbildung 14 Alle Kapiteleinstiegsseiten im Geschäftsbericht von Roche sind konsistent gestaltet: Die Metapher der Enzyklopädie aufgreifend ist jede Kapitelüberschrift als Schlagwort dargestellt, in Kursivschrift folgt die »Erläuterung«, wichtige Aussagen sind weiss hervorgehoben (Quelle: o. A., Roche Geschäftsbericht 2009, unter www.roche.com/de/gb09d.pdf, Stand 09/10).

- Das Gesetz der Geschlossenheit: Flächen, die von Linien umschlossen werden, nehmen wir als Einheit wahr (Abb. 15). Dabei genügt es schon, wenn die geschlossene Fläche oder Figur nur angedeutet wird. Jede Tabelle, jeder Textkasten, jede Grafik bildet daher aufgrund der geschlossenen Form eine Einheit. Im Textlayout grenzen Linien die Texte voneinander ab und machen sie zu einem geschlossenen Textblock.

Abbildung 15 Die Linie verbindet die Bilder mit der Bildunterschrift und stellt so eine geschlossene Einheit her (Quelle: Credit Suisse One. Internationales Mitarbeitermagazin des Private Banking, 5.08: S. 12).

Abbildung 16 Die Gestaltung der Doppelseite folgt dem Gesetz der Symmetrie (Quelle: inside.mag. Das Mitarbeitermagazin der Axel Springer AG, 2010 (1): S. 30 f.).

Das sagt der **Medienexperte**

Stimmen aus dem **Kollegenkreis**

Das sagt der **Historiker**

Abbildung 17 Die wichtigsten Ergebnisse des Geschäftsjahres 2009 sind anhand von Spiegelpunkten aufgezählt (Quelle: o. A., Roche Geschäftsbericht 2009, unter www.roche.com/de/gb09d.pdf, Stand 09/10).

Konzern

- Roche-Gruppe steigert Umsatz um 10%[1] auf 49,1 Milliarden Franken (8% in Franken; 7% in US-Dollar). Beide Divisionen gewinnen Marktanteile hinzu.
- Betriebsgewinn vor Sonderpositionen steigt um 14% (8% in Franken) auf 15,0 Milliarden Franken – dies dank starkem Verkaufswachstum und kontinuierlichen Produktivitätssteigerungen, bei gleichzeitiger Erhöhung der Investitionen in Forschung und Entwicklung um 12% auf 9,9 Milliarden Franken.
- Am 26. März 2009 übernahm Roche Genentech vollständig – zu einem Preis von 47,0 Milliarden US-Dollar beziehungsweise 52,7 Milliarden Franken; die Integration ist abgeschlossen.
- Der Konzerngewinn von 8,5 Milliarden Franken liegt wegen der Sonderpositionen für die Genentech-Transaktion und -Integration 22% unter dem Wert des Vorjahres.
- Ohne Sonderpositionen trägt die Genentech-Transaktion bereits zum Gewinn bei: Der den Inhabern von Roche-Titeln zuzurechnende Konzerngewinn steigt um 9% auf 9,8 Milliarden Franken.
- Kerngewinn je Titel zu konstanten Wechselkursen 20% und in Franken 10% über dem Ergebnis des Vorjahres.
- Erhöhung der beantragten Dividende um 20% auf 6,00 Franken, wodurch die Ausschüttungsquote auf 53% steigt. Dies ist die 23. Dividendenerhöhung in Folge.

- Das Gesetz der Symmetrie: Symmetrisch angeordnete Elemente fallen stärker auf als asymmetrische. Sie strukturieren Inhalte besonders prägnant, vor allem wenn sie an einer vertikalen oder horizontalen Achse gespiegelt werden. Ein Beispiel für eine prägnant strukturierte Doppelseite zeigt Abbildung 16. Die Expertenmeinungen links und rechts sind symmetrisch angeordnet, dazwischen die »Stimmen aus dem Kollegenkreis« als vertikale Achse.
- Das Gesetz der guten Fortsetzung: Elemente, die in einer gewissen Kontinuität stehen, zum Beispiel in einer Linie oder Kurve angeordnet sind, werden als Einheit wahrgenommen. Beispiel hierfür sind Aufzählungen mit Spiegelpunkten; die einzelnen Punkte stehen wie an einer Linie aufgereiht untereinander (Abb. 17). Auch der immer wiederkehrende Zeileneinzug bei Textabschnitten und das Inhaltsverzeichnis unterliegen dem Gesetz der guten Fortsetzung.

4 Medialisierung: Der multimediale Designprozess

Das unabdingbare Zusammenspiel von Wort und Bild, Text und Layout, sprachlicher und visueller Gestaltung beim Schreiben für die PR hat Konsequenzen für die berufliche Praxis: Versteht man Schreiben als einen Designprozess, ist die Textproduktion nicht länger auf eine »Textredaktion« beschränkt, die unabhängig von der »grafischen Gestaltung« zu bewältigen wäre. Die Designer beziehungsweise Grafiker sollten von Anfang an in den Planungsprozess eingebunden werden und umgekehrt: PR-Experten müssen ihre Geschichten von Anfang an auch visuell planen. Kress dreht die Textdesign-Schraube noch weiter und sieht, bezogen auf Bildschirmmedien, sogar das Bild als dominierenden Taktgeber: »In the former arrangement, the figure of the author and the mode of writing dominated; in the new arrangements the designer and the mode of image dominate (…)« (Kress 2004). Dieser Wandel hin zu einem visuellen Geschichtenerzählen konkretisiert sich nach Kress im vermehrten Einsatz eines Storyboards, das eben nicht von Redakteuren, sondern von Designern entwickelt wird.

Daher verlangt der PR-Beruf nicht nur sprachlich-kommunikative Kompetenzen, sondern auch visuell-kommunikative. Visuelle Gestaltung ist also eine publizistische Kernkompetenz, genauso wie das »Multimedia-Mindset«. Damit gemeint ist »die Fähigkeit, unter allen möglichen Formen und Kanälen die für den Stoff passenden Möglichkeiten zu wählen und für alle Beiträge und Beitragsteile jeweils den besten Kanal zu nutzen« (Perrin/Keel 2009: 3). Das »Multimedia-Mindset« setzt einen noch weiter gefassten Textbegriff voraus. Mit Blick auf die Entwicklungen von Crossmedialität und Medienkonvergenz können selbst Audios, Videos und interaktive Elemente unter »Text« subsumiert werden. Dementsprechend öffnet sich auch der Textdesign-Begriff. Textelemente lassen sich dann auf ganz verschiedenen Ebenen gestalten: »von Lexik, Syntax und Sprachhandlungsstruktur über Textmuster hin zu Rhythmus, Intonation, Typographie, Layout, Bildgestaltung, Musik- und Geräuschwahl« (Stöckl 2007: 184). Kress und van Leeuwen sprechen sogar vom Text als multimodalem Superzeichen (Kress/van Leeuwen 1996: 39).

Wenn sich also Texte immer stärker in multimodale Superzeichen wandeln, dann emanzipiert sich Schreiben von der rein sprachlich-schriftlichen Textproduktion und definiert sich neu als multimedialer Designprozess (Perrin et al. 2010). Wie multimedial die PR bereits aufgestellt ist, demonstriert das Kommunikationskonzept des Social Media Newsrooms. Der Social Media Newsroom löst die mehr oder weniger statischen Presseseiten im Web ab und öffnet das Tor zu einer PR 2.0: multimedial, interaktiv, kollaborativ, offen für alle Interessierten, ständig im Dialog mit den verschiedenen Zielgruppen via Twitter und Blog und vernetzt mit den relevanten Social Communitys. Zusätzlich zu den klassischen digitalen Presseinformationen bietet der Social Media Newsroom RSS-Feeds und multimediale Inhalte.

Aber auch Texte in multimedialen Umgebungen brauchen eine Gestalt. Sie verlangen eine benutzerfreundliche Darbietung (Content Usability) und folgen idealerweise den Gestaltgesetzen. Textdesign spielt daher auch im Social Media Newsroom eine zentrale Rolle. Wenn Texte im Web klar und präzise formuliert sind, wenn Überschriften und Teaser zum Weiterklicken und Weiterlesen verführen, wenn Zwischentitel und Absätze den Text in sinnvolle, kleine Informationseinheiten strukturieren, wenn Navigationen und Interaktionen benutzerfreundlich gestaltet sind, wenn auch Bilder oder Slideshows Geschichten erzählen und interaktive Infografiken komplexe Sachverhalte erklären – dann wird Schreiben zu einem multimedialen Designprozess und Textdesign zu einer zentralen Produktionsstrategie.

Fazit

- Textdesign heisst, dem Text eine Gestalt geben. Gestalten lässt sich ein Text verbal und visuell. Beides zusammen, das verbale und das visuelle Gestalten, formen den Text und damit seine Aussage.
- Unter Design verstehen wir einen ganzheitlichen Gestaltungsprozess. Was aus dem Zusammenspiel von Wort, Bild und Layout entsteht, ist dann mehr als die Summe seiner Teile.
- Ein Text ist eine Aussageeinheit, die aus sprachlichen (mündlichen und schriftlichen) und nichtsprachlichen Elementen bestehen kann. Dazu gehören Ge-

staltungselemente wie Typografie und Layout genauso wie Visualisierungen und Text-Bild-Kombinationen.

- Textdesign erfüllt praktische, ästhetische und semantische Funktionen: Es macht Texte benutzungsfreundlich, verführt zum Lesen und sagt etwas über die Persönlichkeit eines Unternehmens aus.
- Als Ordnungsprinzipien helfen die Gestaltgesetze, Textelemente wie Titel, Verfasserzeile, Zwischentitel, Bildunterschrift sinnvoll anzuordnen.
- Die Fähigkeit, Texte auch visuell zu denken, gehört genauso zum publizistischen Handwerk dazu wie die Fähigkeit, Themen multimedial zu planen (»Multimedia-Mindset«).

Übers Schreiben lesen

Bissantz, N. (2010): Bella berät. 75 Regeln für bessere Visualisierung
Anschauliche Beispiele und Empfehlungen für eine verständliche und attraktive Gestaltung von Unternehmenszahlen und Diagrammen. Aktuelle Beispiele bespricht Bissantz unter http://blog.bissantz.de/.

Meier, P./Funkat, S. (2009): Mitarbeiterzeitschriften optimal umsetzen
Das Buch zeigt, was bei Mitarbeiterzeitschriften »State of the Art« ist und gibt konkrete Tipps für die Umsetzung.

Weber, W. (2008): Kompendium Informationsdesign
Das Kompendium bietet eine umfassende Einführung ins Informationsdesign. Interessant für Corporate Communications sind die Kapitel »Kontext: Design«, »Corporate Design: Mehr als ein Logo«, »Textdesign« und »Interkulturelles Informationsdesign«.

Willberg, H. P./Forssmann, F. (1999): Erste Hilfe in Typografie. Ratgeber für Gestaltung mit Schrift
Das Buch erklärt das Wichtigste zu Schrift und Layout.

Literatur

Arnheim, R. (2000): Kunst und Sehen. Eine Psychologie des schöpferischen Auges. Berlin, New York.

Barmettler, C. (1996): Kommunikations-Design. In: Pürer, H. (Hrsg.): Praktischer Journalismus in Zeitung, Radio, Fernsehen. Salzburg, S. 273–300.

Bissantz, N. (2010): Bella berät. 75 Regeln für bessere Visualisierung. Nürnberg.

Blum, J./Bucher, H.-J. (1998): Die Zeitung: Ein Multimedium. Konstanz.

Brinker, K. (2005): Linguistische Textanalyse. Eine Einführung in Grundbegriffe und Methoden. Berlin.

Bucher, H.-J./Schumacher, P./Duckwitz, A. (2007): Mit den Augen der Leser: Broadsheet und Kompakt-Format im Vergleich. Eine Blickaufzeichnungsstudie zur Leser-Blatt-Interaktion. Ifra Special Report 03.2007.

Fix, U. (2008): Text und Textlinguistik. In: Janich, N. (Hrsg.): Textlinguistik. Tübingen, S. 15–34.

Garcia, M./Stark, P. (1991): Eyes on the News. The Poynter Institute, St. Petersburg, Florida.

Kress, G. (2004): Reading Images: Multimodality, Representation and New Media. Expert Forum for Knowledge Presentation (IIID). Conference Preparing for the Future of Knowledge Presentation. May 30–31, 2003, Institute of Design, IIT Chicago, Il., unter http://www.knowledgepresentation.org/BuildingTheFuture/Kress2/Kress2.html, Stand 09/10.

Kress, G./van Leeuwen, T. (1996): Reading Images: Grammar of Visual Design. London.

Küpper, N. (2010): Corporate Media. Aktuelle Trends in Konzept & Design. Salzburg-Eugendorf. (Journalisten-Werkstatt, herausgegeben von »medium magazin«, »Der Österreichische Journalist« und »Schweizer Journalist«).

Küpper, N. (2010a): Raus aus dem Alltag, unter http://www.editorial-design.com/09/award09/, Stand 08/2010.

Lotman, J. M. (1993): Die Struktur literarischer Texte. München.

Mänken, E. W. (2004): Mitarbeiterzeitschriften noch besser machen. Wiesbaden.

Meier, P./Funkat, S. (2009): Mitarbeiterzeitschriften optimal umsetzen. Zürich.

Perrin, D./Keel, G. (2009): Fit für den Journalismus im Netz. In: Message Werkstatt: Multimedial erzählen. Heft 2, S. 2–5.

Perrin, D./Stücheli-Herlach, P./Weber, W. (2010): Public Storytelling in konvergenten Medien: Produktionsmuster reflektieren, variieren und weiterentwickeln lernen. In: Jakobs, E./Lehnen, K./Schindler, K. (Hrsg.): Schreiben und Medien. Frankfurt am Main, Berlin, S. 187–201.

Sauer, C. (2004): Der Stoff, aus dem die Texte sind. Vorläufige Betrachtungen zu Erscheinung und Materie von Texten, unter http://www.semiose.de/index.php?id=291,53, Stand 09/10.

Schneider, B. (2005): Design – eine Einführung. Basel.

Schriver, K. (1997): Dynamics in Document Design. Creating Text for Readers. New York.

Stark Adam, P./Quinn, S./Edmonds, R. (2007): Eyetracking the News. A Study of Print and Online Reading. The Poynter Institute, St. Petersburg, Florida, unter http://eyetrack.poynter.org/index.htmt, Stand 09/2010.

Stöckl, H. (2007): Hörfunkwerbung – »Kino« für das Ohr. In: Roth, K. S./Spitzmüller, J. (Hrsg.): Textdesign und Textwirkung in der massenmedialen Kommunikation. Konstanz, S. 177–202.

Stücheli-Herlach, P./Urbahn, K./Heinicke, N. (2012): Corporate Language – wie Sprache Unternehmensidentität stiftet. In: Münch, P./Ziese, H. (Hrsg.): Corporate Identity – wie die Unternehmensidentität entwickelt, aufgebaut und rechtlich abgesichert wird. Zürich, S. 17–32.

Weber, W. (2008): Textdesign. In: Dies. (Hrsg.): Kompendium Informationsdesign. Berlin, Heidelberg, S. 193–225.

Willberg, H. P./Forssmann, F. (1999): Erste Hilfe in Typografie. Ratgeber für Gestaltung mit Schrift. Mainz.

Produktionsmuster: Schreiben mit eigener und fremder Hilfe

Aleksandra Gnach

Wer für die PR schreibt, verfasst in der Regel anspruchsvolle Texte, ohne das Schreiben professionell gelernt zu haben (1.). Nicht überraschend steigt deshalb die Nachfrage nach Schreibcoachings, die den Handlungsspielraum der Schreibenden durch gezielte Impulse und Rückmeldungen erweitern helfen, zum Beispiel bei Schreibblockaden. Auch die gezielte Selbstbeobachtung und Selbststeuerung im Alltag kann dazu beitragen, kritische Situationen im Schreibprozess zu überwinden (2.).

Schlüsselbegriffe: Schreibforschung, Professionalisierung, Textproduktionsstrategien, Schreibberatung, Schreibcoaching, Schreibwerkstätten, Selbstbeobachtung

1 Grundlagen: Schreiben aus praktischer und theoretischer Perspektive

Herr Meyer ist Mikrobiologe. Als wissenschaftlicher Mitarbeiter bei einem Bundesamt verfasst er Berichte und Stellungnahmen für Fachleute aus unterschiedlichen Fachgebieten. Schreiben empfindet Herr Meyer als belastend. Oft verbringt er ganze Wochenenden an seinen Berichten, weil die Zeit im Büro einfach nicht ausreicht. Trotzdem ist er mit den Texten nicht immer zufrieden. Zuweilen merkt er bei Besprechungen, dass das, was er eigentlich sagen wollte, bei den Lesern nicht »ankommt«. Woran liegt das?

Frau Moser ist Sozialpädagogin. Sie führt ein Team von acht Mitarbeitenden und leitet eine Non-Profit-Organisation, die sich für Menschen mit geistiger Behinderung einsetzt. Die Organisation kommuniziert mit verschiedenen Anspruchsgruppen wie Angehörigen, Behörden und politischen Akteuren. Diese haben unterschiedliche Bedürfnisse und Einstellungen. Dementsprechend sollten sie unterschiedlich angesprochen werden. Aber wie?

Herr Meyer und Frau Moser haben vieles gemeinsam: Beide schreiben anspruchsvolle Texte mit vielschichtigen Zielen für heterogene Zielgruppen. Und beide haben das professionelle Schreiben nur nebenbei gelernt. Ihr Wissensschatz auf diesem Gebiet beschränkt sich auf Erfahrungswissen, das sie zum grössten Teil aufgrund negativer Reaktionen auf ihre Texte erworben haben. Denn positive Rückmeldungen auf Texte oder gar Gespräche über das Schreiben an sich sind in der Ausbildung und im Beruf noch selten.

Die Schreibforschung betrachtet berufliches Schreiben als einen Prozess der Textherstellung, als komplexes kommunikatives Handeln mit bestimmten Zielen und Handlungsformen (Molitor-Lübbert 1996; Pogner 1999; Jakobs et al. 2005; Perrin et al. 2002; Stücheli-Herlach/Perrin, in diesem Band). Die Textproduktion, das Handeln der Schreibenden, findet in einem Kontext statt. Dazu gehört zum Beispiel der Kulturraum, die soziale Domäne und die unmittelbare Situation der Textproduktion.

Wenn Frau Moser eine E-Mail an einen wichtigen Stakeholder verfasst, dann tritt sie mit diesem in einen Dialog und verfolgt dabei explizite und implizite Ziele. Vielleicht möchte sie die Person dazu bewegen, die Organisation zu unterstützen, und schreibt deshalb: »Wir würden uns freuen, wenn Sie dieses Anliegen unterstützen, …«. Implizit vermittelt sie ein Bild von sich und ihrer Organisation – indem sie beispielsweise bestimmte Wörter wählt und die E-Mail in einem bestimmten Stil verfasst. Beim Schreiben befolgt Frau Moser geltende Normen: Sie verwendet eine Anrede und eine Grussformel, sie siezt den Adressaten, wenn sie ihn nicht persönlich kennt, und sie hängt kein schweres Dokument an, um seine Mailbox nicht zu überladen. Die Schreibaufgabe selber löst sie kognitiv, indem sie komplexe Gedanken linearisiert und in konkrete Worte übersetzt. Wie gut ihr das gelingt, hängt nicht nur von ihrem Wissen und ihrem Können ab. Auch die unmittelbare Situation beeinflusst den Schreibprozess. Wenn Frau Moser unter Zeitdruck schreibt und ihr Textverarbeitungsprogramm gleichzeitig mehrmals abstürzt, wird ihre E-Mail anders daherkommen als eine, die sie fokussiert in einem ruhigen Moment verfasst hat.

Das Verfassen von Texten ist also eine soziale und kognitive Handlung, Schreibende interagieren mit anderen und befolgen dabei – bewusst oder unbewusst – Normen, die in einem bestimmten Kulturraum, einer bestimmten Domäne oder einer bestimmten Organisation gelten (Gnach, im Druck). Zum Lösen der Schreibaufgabe greifen Schreibende auf kognitive Ressourcen zurück, sie entwickeln und verwenden bestimmte Strategien, Routinen und Verfahren.

2 Muster: Wege zur Optimierung von Schreibprozessen

Die zunehmende Bedeutung von Texten im Beruf geht einher mit einer Professionalisierung des Schreibens in unterschiedlichen Domänen. Dies widerspiegelt unter anderem die steigende Nachfrage nach Schreibweiterbildungen und -beratungen. Das Angebot auf dem Beratungsmarkt ist vielfältig und reicht von Kursen zum Verfassen floskelfreier Korrespondenz bis zur psychologischen Beratung bei Schreibblockaden. Die nachfolgend vorgestellten Beratungsangebote basieren auf Erkenntnissen der anwendungsorientierten Schreibforschung. Diese lokalisiert implizites und explizites Wissen von Akteuren in unterschiedlichen Berufsfeldern, systematisiert es und stellt es der Praxis wieder zur Verfügung.

Forschungsergebnisse zeigen, dass erfahrene Schreibende Entscheidungen beim Schreiben grösstenteils so fällen, dass ihr Textproduktionsprozess wunschgemäss verläuft und in einem Textprodukt mündet, mit dem sie zufrieden sind. Menschen mit weniger Schreiberfahrung hingegen konzentrieren sich vor allem auf das Textprodukt: »Anfänger fertigen Texte, Erfahrene steuern Prozesse« (Perrin 2001: 22). Das Hauptaugenmerk der forschungsbasierten Schreibberatung liegt deshalb auf der Vermittlung von prozessgerichteten Strategien erfahrener Schreibender, die für alle Domänen anwendbar sind.

Textproduktionsprozesse verlaufen als eine Abfolge von Phasen mit unterschiedlichen kognitiven Schwerpunkten wie Zielfindung, Planung, Steuerung oder Kontrolle (Gnach/Boschung 2003; Perrin/Wildi 2012). Im realen Leben lassen sich solche Phasen nur schwer voneinander trennen, da sie interaktiv und überlappend sind. Im Rahmen der Schreibberatung ist es jedoch sinnvoll, den Textproduktionsprozess zu entzerren. Auf diese Weise können sich Schreibende bewusst mit jeder Phase des Textproduktionsprozesses auseinandersetzen, Routinen aufbrechen, Strategien für jede Phase trainieren und schliesslich das gesamte Repertoire von Textproduktionsstrategien erweitern.

Schreibende, die auf ein breites Repertoire von Textproduktionsstrategien zurückgreifen können, meistern kritische Situationen, indem sie kreativ mit dem Schreibprozess umgehen, Strategien situativ einsetzen oder ad hoc neue entwickeln (Perrin/Gnach 2010). Gleichzeitig sind Textproduktionsprozesse, die kontrolliert und sicher verlaufen, für Schreibende weniger belastend. Sie bieten Raum für assoziative Einfälle, überraschende Wendungen und bleibende Formulierungen.

Wenn Schreibende allein und nur nach dem »Trial-and-Error«-Prinzip an ihrer Schreibkompetenz feilen, kommen sie erfahrungsgemäss nicht sehr schnell voran. Wenn sie jedoch gezieltes Feedback zu ihren Texten bekommen, ein Bewusstsein für das Schreiben als Handlung und Prozess haben und Techniken kennen, um diesen Prozess zu steuern, können sie ihre Schreibkompetenz gezielt und rasch erweitern. Genau hier setzt die forschungsbasierte Schreibberatung an. Sie vermittelt Erkenntnisse der Schreibforschung individuell, zielgerichtet und strukturiert.

Es gibt viele Wege zum perfekten Text. Die nachfolgend vorgestellten Methoden stellen alle den Schreibprozess ins Zentrum, arbeiten jedoch mit unterschiedlichen Mitteln und verfolgen unterschiedliche Ziele.

In Schreibcoachings werden Einzelpersonen oder kleine Teams eine Zeit lang beim Schreiben begleitet. Ziel ist es, die Schreibenden zu entlasten und ihren Handlungsspielraum so weit zu erweitern, dass der Schreibcoach überflüssig wird.

In Schreibwerkstätten setzen sich Teams oder mehrere Mitarbeitende eines Unternehmens einen bis zwei Tage lang mit eigenen Texten und Textproduktionsprozessen auseinander. Theoretische Inputs und Diskussionen helfen, Routinen zu hinterfragen, in Schreibübungen werden neue Textproduktionsstrategien geübt und gefestigt. Ziel ist es, die Textproduktionsprozesse so zu optimieren, dass die Textprodukte die intendierten Ziele der Organisation mit möglichst grosser Wahrscheinlichkeit erreichen.

Der dritte Weg führt über Selbstbeobachtung zum entspannten Schreibprozess. Denn im Kern ist das Schreiben eine einsame Angelegenheit: Beim Übersetzen von Gedanken in Worte sind Schreibende grösstenteils auf sich selbst gestellt. Dies kann wunderbar und beflügelnd sein, manchmal aber auch ziemlich mühsam. Kaum ein Text ist von Anfang an druckreif und kaum jemand schreibt immer nur reibungsfrei. Schreibende, die ihre Textproduktion planen und bewusst steuern, haben es in der Regel etwas einfacher, denn die rationale Planung schafft Raum für Kreativität. Und gerade in kritischen Situationen ist Kreativität besonders gefragt.

2.1 Schreibcoaching

Ein Coaching ist immer Hilfe zur Selbsthilfe. Ziel ist es, den Schreibenden zu entlasten und seinen Handlungsspielraum durch gezielte Impulse und Rückmeldungen zu erweitern. In einem Vorgespräch analysieren Schreibcoach und Klient die Ausgangslage, formulieren Ziele und legen die Rahmenbedingungen fest: die Dauer des Coachings und die Formen der Zusammenarbeit.

Herr Meyer wünschte sich, dass der Leidensdruck, den er beim Schreiben immer häufiger verspürte, nachliess. Er wollte seine Texte in kürzerer Zeit und mit mehr Freude verfassen. Die Analysen und Berichte sollten bei den Adressaten so ankommen, wie sie gemeint waren: klar, nachvollziehbar und überzeugend.

Bei Klienten, die das Schreiben mit unangenehmen Gefühlen verbinden oder die unter Schreibblockaden leiden, geht es in einem ersten Schritt darum, mögliche Gründe zu identifizieren und Erfolgserlebnisse zu schaffen. In dieser Phase kommen vor allem Techniken des kreativen Schreibens zum Einsatz. Durch den spielerischen Umgang mit Texten erwacht die Lust am Schreiben, das Selbstvertrauen wächst mit jedem fertigen Produkt und die Textproduktion wird mit positiven Emotionen verknüpft.

Als Herr Meyer seine Gefühle beim Schreiben in Worte fassen musste, wurde ihm klar, dass er sich immer an den fertigen Texten anderer gemessen hatte. Er war davon überzeugt, dass seine eigenen Texte niemals so gut werden könnten, da er kein guter Schreiber sei. Kreative Übungen, in welchen er aufgefordert wurde, einen Rohtext spielerisch in unterschiedliche Textsorten zu übersetzen, machten ihm bewusst, dass ein Text selten von der ersten Fassung an perfekt ist, dass gleichzeitig aber jedermann tolle Texte produzieren kann, wenn er oder sie nur genügend Zeit und Überarbeitungsrunden investiert.

Die Hilfestellung bei konkreten Schreibprojekten beginnt meistens mit einer Standortbestimmung. In welcher Phase des Schreibprozesses befindet sich der Klient? Weshalb ist er genau hier stecken geblieben? Oft liegen die Probleme in der Schreibsituation selbst: Der Auftrag oder die Adressaten sind zu wenig klar, die eigenen Erwartungen an den Text unrealistisch oder die Vorbereitungsphase noch nicht abgeschlossen.

Beim begleiteten Schreiben nimmt der Klient die vier Phasen der Textproduktion – Zielfindung, Planung, Formulierung und Revision – bewusst und getrennt in Angriff. Der Coach interveniert bei Bedarf, indem er nachfragt, konkrete Vorschläge macht oder fehlende Wissensbausteine liefert und neue Strategien vermittelt. Fertig formulierte Textteile werden gemeinsam analysiert und gegebenenfalls revidiert.

Grundlegend sind Gespräche über den Textproduktionsprozess als Ganzes. Gemeinsam werden kritische Situationen identifiziert und Strategien gesucht, um damit umgehen zu können.

Herr Meyer hat im Coaching realisiert, dass ihm das Schreiben hauptsächlich dann Mühe bereitet, wenn er Stellen aus bestehenden Texten mit eigenen Formulierungen kombiniert. Dies waren kritische Situationen in seinen Schreibprozessen, denn das »Copy-and-Paste«-Verfahren verführte ihn oft dazu, lange Textbausteine zu übernehmen und aneinanderzureihen. Die Ausrichtung auf ein anderes Zielpublikum war dadurch umständlich, die eigene Stimme und die scharfsichtigen Argumente gingen in leblosen Formulierungen unter.

Vor dem Coaching hatte Herr Meyer in solchen Situationen planlos im Text herumkorrigiert und viel Zeit darauf verwendet, in alten Dokumenten nach besseren Formulierungen zu suchen. Heute weiss er, dass er schneller zum Ziel kommt, wenn er seine Texte von Anfang an selber schreibt und nur in bestimmten Fällen auf Textbausteine zurückgreift. Er hat ein klares Bild seines Publikums vor

Augen und überlegt sich, mit welchen Argumenten er im direkten Gespräch überzeugen würde. Komplexe Zusammenhänge erläutert er an Beispielen, die auch für Laien nachvollziehbar sind, und seine Gedanken fasst er in Worte, die auch Menschen aus anderen Fachgebieten verstehen. Mittlerweile freut sich Herr Meyer aufs Schreiben, denn die Belastung ist zu einer Herausforderung geworden. Diese fantasievoll zu meistern, macht ihm Spass.

2.2 Schreibwerkstatt

Schreibwerkstätten werden von Unternehmen gebucht oder von Teams, die gemeinsam ihre Schreibkompetenz erweitern und Arbeitstechniken trainieren wollen – am Beispiel einer bestimmten Textsorte oder auf ein bestimmtes Kommunikationsziel hin.

Das Hauptthema und die Schwerpunkte der Werkstatt werden zusammen mit dem Klienten festgelegt. Die Schreibtrainerin muss einerseits wissen, welche Ziele eine Organisation mit ihren Texten verfolgt, andererseits muss sie die Prozesse und Normen kennen, die sich auf die Textproduktion auswirken: Sind die Teammitglieder frei bezüglich Aufbau und Gestaltung ihrer Texte oder müssen sie sich an vorgegebene Muster halten? Ist jeder und jede selbst für die Schlussredaktion zuständig oder müssen Texte von einer Vorgesetzten freigegeben werden? Schreiben alle alles oder verfassen bestimmte Personen bestimmte Textsorten? Und schliesslich: Wer sind die Teilnehmenden? Welche Vorbildung und Erfahrung haben sie, mit welcher Motivation nehmen sie an der Werkstatt teil?

Frau Moser wünschte sich für ihr Team eine Weiterbildung, die zum Schreiben wirkungsvoller Texte befähigt. Das Team von Verwaltungsangestellten und Akademikerinnen aus unterschiedlichen Domänen sollte Strategien erwerben, um komplexe Zusammenhänge verständlich und zielgruppengerecht formulieren zu können. Denn Texte können nur wirkungsvoll sein, wenn Adressaten die Inhalte verstehen und durchs Lesen zum Handeln angeregt werden: Politikerinnen beispielsweise sollen von einem Anliegen überzeugt sein und es angemessen vertreten; Familienangehörige wiederum sollen aufgrund von Informationen angemessene Entscheide fällen können. Wie die Texte konkret verbessert werden mussten, zeigte die Analyse der im Voraus eingesandten Textproben. Der Fokus lag auf ansprechenden Formulierungen, schlüssigen und zielgruppengerechten Argumentationen sowie der bewussten Auswahl von Informationen, die sich in das Vorwissen der Adressaten einfügen können.

In der Schreibwerkstatt selbst geht es in einem ersten Schritt darum, eine gemeinsame Basis aufzubauen: das Bewusstsein dafür, dass Schreiben ein Prozess ist, und für die Faktoren, die diesen Prozess beeinflussen. Wichtig ist auch ein gemeinsames Vokabular, um über das Schreiben sprechen zu können.

In einem zweiten Schritt setzen sich die Werkstattteilnehmenden mit dem Kontext der Textproduktion auseinander. Dazu gehören die Ansprüche und Regeln der Domäne, für die Texte verfasst werden, die Ziele, welche die Texte verfolgen, und schliesslich auch die Adressaten, deren Bedürfnisse, Einstellungen und deren Vorwissen.

Eine gemeinsame Analyse von Textproben aus dem Berufsalltag zeigt, wie sich der Kontext auf die Textproduktion und damit auf die Texte selber auswirkt. Worauf können inhaltliche Brüche in den Texten zurückgeführt werden? Wie kommen die Floskeln in die Texte und warum sind gewisse Stellen so formuliert und nicht anders? Das Team von Frau Moser erkannte, dass die Teammitglieder viele Textbausteine oder Floskeln standardmässig verwendet hatten, ohne sie wirklich überzeugend zu finden. Auf diese Weise hatte sich über Jahre ein Schreibstil eingeschlichen, den niemand gut fand, aber alle unhinterfragt reproduzierten.

Um eigene Texte kritisch beurteilen zu können, hilft oft ein Perspektivenwechsel. In kreativen Übungen nehmen Teilnehmende spielerisch die Perspektive der Adressaten ein und beschreiben eine Person beim Lesen eines typischen Textes. Oftmals wird den Werkstattteilnehmenden dabei zum ersten Mal richtig bewusst, unter welchen Umständen ihre Briefe, E-Mails und Zeitschriftenartikel gelesen werden und wie es den Lesenden dabei ergeht. Für das Team war die Einsicht, dass die Adressaten täglich Unmengen an schriftlichen Informationen verarbeiten müssen, sehr hilfreich. Die Kursteilnehmenden erkannten, wie wichtig es ist, Texte so zu gestalten, dass die Textaussage leicht erkennbar ist und die relevanten Informationen schnell erfasst werden können.

Nachdem Kontext und Ziele der Textproduktion klar sind, geht es schliesslich darum, die Textproduktionsprozesse so zu optimieren, dass die künftigen Texte wunschgemäss gestaltet werden können. Den Kern jeder Schreibwerkstatt bildet deshalb das Schreiben selbst. Die Teilnehmenden lernen Strategien für alle Phasen des Textproduktionsprozesses kennen, erproben sie in Schreibübungen und erweitern so ihr Repertoire. Kreative Teile der Werkstatt steigern die Lust am Schreiben und sorgen für eine entspannte Atmosphäre. Die Einsamkeit des Schreibenden vor dem leeren Blatt wird aufgebrochen, es entsteht Raum für Erfahrungsaustausch.

In Schreibwerkstätten, die von Teams gebucht werden, kommt oft der Impuls auf, geltende Normen und Abläufe zu diskutieren. Solche Momente sind besonders wertvoll, da Diskussionen über den Kontext der Textproduktion im Arbeitsalltag oft zu kurz kommen. Dem Team von Frau Moser zum Beispiel wurde klar, dass die meisten Textproben, die die Teilnehmenden für die Analyse eingeschickt hatten, mit wenig Aufwand erheblich hätten verbessert werden können. Mit dem geschärften Bewusstsein für Ziele und Adressaten hat das Team bereits während der Kursdauer einen Qualitätssicherungsprozess entworfen und sich vorgenommen, das frisch erlernte Peer-Feedback zum festen Bestandteil der Textproduktion zu machen. Der Zeitaufwand für diese Massnahme beträgt nicht mehr als fünfzehn Minuten pro Text.

2.3 Kritische Situationen im Schreiballtag überwinden

Gerade nach einer Schreibwerkstatt ist die Euphorie meist gross. Man hat sich einen bis zwei Tage mit dem eigenen Schreibprozess auseinandergesetzt, mehrere Texte erfolgreich verfasst und die Freude am Schreiben (wieder-)entdeckt. Manchmal fällt es jedoch schwer, die neu erworbenen Strategien in den Arbeitsalltag zu integrieren. Die Stimmung im Büro ist anders, die Prozesse eingefahren, der Termindruck enorm.

Die Schreibumgebung und der Zeitpunkt, den man für das Schreiben wählt, wirken sich direkt auf den Textproduktionsprozess aus. Läuft das Schreiben nicht wie gewünscht, reichen oft Veränderungen auf diesen Ebenen. Ist das Grossraumbüro der richtige Ort, um anspruchsvolle Texte zu verfassen, oder kann ich mich in einem ruhigen Sitzungszimmer besser darauf einlassen? Kann ich wirklich zwischen zwei Sitzungen und drei E-Mails ein attraktives Editorial für die Kundenzeitschrift formulieren oder sollte ich die erste Stunde des nächsten Arbeitstages dafür reservieren? Durch Selbstbeobachtung bekommen Schreibende ein sicheres Gefühl dafür, was ihr Schreiben beflügelt – oder bremst.

Selbstbeobachtung hilft auch in Momenten, wenn der Schreibprozess stagniert. Um wieder schreiben zu können, kann es helfen, Schreiben als Analysewerkzeug einzusetzen. Denn rasende Gedanken werden beim Aufschreiben ganz langsam, diffuse Ahnungen auf einmal klar. Wenn ich beim Schreiben nicht weiterkomme, schreibe ich trotzdem weiter über meinen Schreibprozess. Zum Beispiel so:

»Ich muss diese Medienmitteilung bis heute um fünf fertig haben, das schaffe ich doch nie. Irgendwie passen die ersten zwei Absätze gar nicht richtig aufeinander und die Sprache ist völlig verknöchert. Dabei bin ich schon seit anderthalb Stunden dran. Und ich habe noch nicht mal die Hälfte! Und dieser erste Satz … Okay, was hat die gute Frau in der Werkstatt gesagt? Nicht alles auf einmal, den Prozess entzerren, erstmal eine Rohfassung schreiben, … Genau! Ich schau mal, dass ich den ganzen Text runterschreibe, egal wie er daherkommt. Danach kann ich ja immer noch rumfeilen und überarbeiten.«

Es ist nicht wichtig, ob dieser innere Dialog ansprechend und fehlerfrei formuliert ist. Ziel ist es, im Schreibfluss zu bleiben, dem eigenen Schreibprozess gegenüber aufmerksam zu sein und im besten Fall eine Lösung für die kritische Situation zu finden.

In langen und komplexen Schreibprojekten spielen Emotionen eine wichtige Rolle. Oft ist das Schreiben mit einem schlechten Gewissen verknüpft oder der Überzeugung, eigenen und fremden Ansprüchen nicht zu genügen. Auf dieser Ebene ist eine Erkenntnis der Verhaltensforschung sehr hilfreich: positive Emotionen motivieren, negative bremsen. Für positive Emotionen können Schreibende sorgen, indem sie sich realistische Teilziele setzen und diese erreichen. Wer sich eine halbe Seite Text oder eine Rohfassung für den Vormittag vornimmt und die auch schreibt, kann den Rest des Schreibprozesses garantiert mit einem besseren Gefühl in Angriff nehmen als jemand, der die geplanten zehn Seiten schon wieder nicht geschafft hat und den formulierten Schluss für den Bericht immer noch nicht vorlegen kann.

Ein gelungener Textproduktionsprozess lebt von beidem: von verlässlichen Techniken und dem Mut, bekannten Situationen neu und anders zu begegnen. Um neue Perspektiven auf das Schreiben zu bekommen, hilft es, eigene und fremde Texte im Berufsalltag mit anderen Augen zu lesen, sich und andere beim Schreiben zu beobachten und den Schreibmuskel bei jeder sich bietenden Gelegenheit spielerisch zu trainieren.

Fazit

- Schreiben ist ein Prozess der Textherstellung und zugleich komplexes kommunikatives Handeln mit bestimmten Zielen. Entsprechend ist die Steuerung des Schreibprozesses von zentraler Bedeutung.
- Der perfekte Text entsteht so gut wie nie beim ersten Anlauf. Planungsphasen und Überarbeitungen sind wichtige Teile von Schreibprozessen.
- Alleine und nach dem »Trial-and-Error«-Prinzip betrieben, kann Schreiben zu aufwendig und belastend sein.
- Schreibcoachings mit gezielten Feedbacks, Schreibwerkstätten, in denen sich die Teilnehmenden austauschen, und die gezielte Selbstbeobachtung in kritischen Situationen während des Schreibprozesses können helfen, Schreibblockaden zu überwinden, die Schreibkompetenz zu erweitern, Arbeitstechniken zu trainieren und letztlich den Prozess des Schreibens zu verbessern.

Übers Schreiben lesen

Bolker, J./Holt, H. (Hrsg.) (1997): The Writer's Home Companion
29 Essays über das Schreiben, verfasst von berühmten Autorinnen und Autoren wie Ernest Hemingway, Anne Tyler oder Peter Elbow. Das Buch vermittelt wertvolle Einsichten und Tipps rund um den Schreibprozess.

Perrin, D./Rosenberger, N. (2008): Schreiben im Beruf. Wirksame Texte durch effiziente Arbeitstechnik
Das Buch basiert auf Forschungsergebnissen und zeigt Arbeitstechniken zur Zielfindung, Planung, Steuerung und Kontrolle im Schreibprozess. Textbeispiele aus Journalismus und Organisationskommunikation veranschaulichen die Auswirkungen des Schreibprozesses auf das Textprodukt.

Literatur

Bolker, J./Holt, H. (Hrsg.) (1997): The Writer's Home Companion: an anthology of the world's best writing advice, from Keats to Kunitz. New York.
Gnach, A. (im Druck). Die Welt durch unterschiedliche Brillen betrachten. Nachrichtenproduktion in der deutsch- und französischsprachigen Schweiz. Wiesbaden.
Gnach, A./Boschung, D. (2003): Textgenese, Navigation und Werkzeuggebrauch als Indikatoren für die Phasierung von wissenschaftlichen Schreibprozessen am Computer. Bern.
Jakobs, E.-M./Lehnen, K./Schindler, K. (Hrsg.) (2005): Schreiben am Arbeitsplatz. Wiesbaden.
Molitor-Lübbert, S. (1996): Schreiben als mentaler und sprachlicher Prozess. In: Hartmut, G. (Hrsg.): Schrift und Schriftlichkeit. Ein interdisziplinäres Handbuch internationaler Forschung, Vol. 2. Berlin, S. 1005–1027.
Perrin, D. (2001): Wie Journalisten schreiben. Ergebnisse angewandter Schreibprozessforschung. Konstanz.
Perrin, D./Boettcher, I./Kruse, O./Wrobel, A. (Hrsg.) (2002): Schreiben. Von intuitiven zu professionellen Schreibstrategien. Wiesbaden.
Perrin, D./Rosenberger, N. (2008): Schreiben im Beruf. Wirksame Texte durch effiziente Arbeitstechnik. 2. Aufl. Berlin.
Perrin, D./Gnach, A. (2010): Kritische Situationen und gute Praktiken. Text-Bild-Strategien in der Nachrichtenproduktion. In: Diekmannshenke, H./Klemm, M./Stöckl, H. (Hrsg.): Bildlinguistik. Berlin, S. 253–287.
Perrin D./Wildi, M. (2012): Chapter 4.00.13 Modelling Writing Phases. In: Torrance, M. et al. (Hrsg): Learning to Write Effectively: Current Trends in European Research (Studies in Writing, Volume 25), Emerald Group Publishing Limited, S. 395–397.
Pogner, K.-H. (1999): Schreiben im Beruf als Handeln im Fach. Tübingen.

IV GLOSSAR

Wichtige Begriffe zum Schreiben mit System für die PR

Die folgenden Begriffe sind für ein erfolgreiches Schreiben in der PR-Arbeit von zentraler Bedeutung. Das Glossar definiert die Begriffe und erläutert die Zusammenhänge ihrer Verwendung in Theorie und Praxis, dies direkt gestützt auf die Beiträge der Autorinnen und Autoren in diesem Band. Kriterien für die Auswahl der Begriffe waren einerseits deren wichtige Rolle beim Schreiben für die PR (sowie entsprechend in den Beiträgen dieses Bandes), andererseits deren relative Neuigkeit, die einen Erklärungsbedarf nach sich zieht.

Argumentationsmanagement

Planung, Koordination und laufende Verbesserung einzelner Schreibprozesse in einer Organisation, mit dem Ziel, schriftliche Kommunikationsbeiträge möglichst widerspruchsfrei und möglichst vollständig nach Massgabe des Wissens der Organisation zu gestalten. A. hat die diskursive Legitimation von Kommunikationsbeiträgen einer Organisation zum Ziel und bildet in diesem Sinne eine Ergänzung zum ▸ Public Storytelling-Management. A. wird besonders für die politische PR eingesetzt, in der damit gerechnet werden muss, dass Kommunikationsbeiträge laufend infrage gestellt werden, was in der pluralistischen Demokratie üblich und auch erwünscht ist. A. arbeitet mit ▸ Textplattformen und hier insbesondere an der Entwicklung, Ausformulierung und Erweiterung der argumentativen Basis für Schreibprozesse. Schreibprodukte des A. sind unter anderem Argumentarien, FAQ-Papiere und Q&A-Papiere (»Frequently Asked Questions« beziehungsweise »Questions and Answers«).

Blog, auch Weblog

Website, die aus chronologisch angeordneten Einträgen des Blogautors (des »Bloggers«) besteht. B.s sind typische Instrumente des Social Web, weil sie auf einfache Art eine Verknüpfung mit anderen Online-Angeboten ermöglichen und meist interaktiv sind: Denn Besucher können auf der Seite Kommentare hinterlassen oder

Nachrichten schicken. Ein typischer B. kombiniert Text, Bilder und Links zu anderen B.s beziehungsweise zu anderen Webseiten. Während B.s ursprünglich primär privaten Charakters waren und als Online-Tagebücher angesehen wurden, sind sie in den letzten Jahren vermehrt zu Instrumenten der strategischen Kommunikation und zu Bestandteilen entsprechender ► Konzepte geworden. Eine Form ist der Micro-B., mittels dessen Kürzest-Mitteilungen (bis 140 Zeichen) mit Kurzinformationen und Links zu Online-Angeboten an eine Gruppe von Abonnenten (»Follower«) verschickt werden. Micro-B.-Einträge werden wie bei Blogs chronologisch abgelegt. Der bekannteste Micro-B.-Service ist Twitter.

Corporate-Publishing-Code
Instrument für die Planung, den Entwurf und die Verbesserung von organisationseigenen Medien. Der CP-C. definiert inhaltliche, formale und funktionale Anforderungen an Inhalt und ► Textdesign vor allem von Kunden- und Mitarbeiterzeitschriften und enthält damit Hinweise für die qualitätsorientierte Evaluation und die redaktionelle Konzeption solcher Medien. Grundlegend für den CP-C. sind einerseits kommunikationsstrategische Kriterien wie die Orientierung an ► Konzepten, der Markentransfer und die Gestaltung der Kundenbeziehung. Andererseits sind publizistische Kriterien Teil des CP-C., dazu zählen eine korrekte und nutzergerechte Textgestalt, der Thementransfer und die Gestaltung der Beziehung zur Leserschaft.

E-Mail
Neuere Textsorte des ► Schreibens für die PR, die vor allem in der innerbetrieblichen Kommunikation sowie in der Projektkommunikation eingesetzt wird. In E.s finden sich Anleihen aus dem mündlichen Sprachgebrauch und dialogische Elemente, gleichwohl handelt es sich um eine schriftliche Einheit. Dabei wird die Linearität herkömmlicher Textsorten durchbrochen, indem bestehende Texte kopiert, zitiert, verändert, angehängt werden, was Auswirkungen auf das Vertrauen, die Verantwortlichkeiten und die Transparenz betrieblicher Kommunikation hat. Normen und Formen der Höflichkeit, des Streits, der Direktive und der Ironie haben sich teilweise bereits etabliert oder müssen jeweils ausgehandelt und ausprobiert werden.

E-Newsletter
Periodisch publiziertes und als ► E-Mail verschicktes Rundschreiben eines Absenders an eine Gruppe von Empfängern, die sich für den Erhalt eingeschrieben oder angemeldet haben. E-N.s werden von Organisationen genutzt, um über ein Thema, das die Empfänger interessieren könnte, zu informieren, und sind oftmals Teil des ► Konzeptes für das Marketing einer Organisation oder eines einzelnen

Projekts. Wichtig beim Schreiben von E-N.s sind unter anderem aussagekräftige Betreffzeilen sowie ein knapper und gut strukturierter Inhalt.

Infografik
Visualisierung, die komplexe Sachverhalte verständlich und anschaulich erklärt, beispielsweise in Form einer Karte, eines Diagramms oder eines Fotos. I.en sollten mit Begleittexten kombiniert werden. I.en werden neben dem Text- und dem Bildjournalismus mittlerweile als eigenständige journalistische Darstellungsform angesehen, die es erlaubt, Fakten möglichst effizient, klar, genau und anschaulich zu vermitteln. I.en werden ausschliesslich in visuellen Medien (Print-, Online-Medien und Fernsehen) verwendet und können besonders in der ▸ Wissenschafts-PR erheblich zur erfolgreichen Kommunikation beitragen, da die meisten Menschen Inhalte über Bilder schneller erfassen können als über Texte.

Konzept, auch PR-Konzept
Plan, mit dem Aufgaben, Zielsetzungen, Massnahmen und Erfolgskriterien der PR-Arbeit schreibend modelliert werden. Dadurch wird es möglich, Szenarien, Prioritäten, Steuerungsgrössen, Ressourcen und Verantwortlichkeiten für die PR einer Organisation transparent, nachvollziehbar und verhandelbar zu machen, was auch deren Weiterentwicklung und die Entscheidungsfindung ermöglicht. Deshalb sind K.e ebenso wie ▸ Textplattformen, die darin integriert werden können, grundlegend für das ▸ Schreiben für die PR. Zu unterscheiden sind Rahmen-K.e, strategische PR-Programme und operative PR-Programme. Inhaltlich gliedern sich K.e in die Teile Ausgangslage, Analyse, Strategie, Massnahmenplanung und Erfolgskontrolle. Das Planen, Entwerfen und Verbessern von K.en zeichnet sich durch Interaktion, Intertextualität sowie hohe Anforderungen an argumentative Stringenz und Textgestaltung aus.

Link
Wichtiges Mittel des Schreibens für die medienkonvergente PR. Ein L. erlaubt ein individuelles und bedürfnisgerechtes Lesen von Texten durch die Nutzer. Das Setzen von L.s muss zielorientiert geplant werden, und zwar mit Blick auf die Möglichkeiten zur inhaltlichen Vertiefung, zur dramaturgischen Präsentation und zur individuellen Navigation innerhalb von ▸ Textpartituren. Zu unterscheiden sind dabei interne Text-L.s zu eigenen Informationsangeboten in der Textpartitur, interne L.s auf begleitende Bild-, Ton- oder Grafikelemente sowie externe L.s, die auf weiterführende Angebote im Internet verweisen. L.s können in den Text selber integriert oder in Form einer L.-Liste separat aufgeschrieben werden.

Medienmitteilung
Schriftliche Mitteilung von PR-Verantwortlichen an Medienschaffende. Die M. gehört zu den wichtigsten und am häufigsten verwendeten ► Textsorten der PR. Eine M. informiert Journalistinnen und Journalisten über Aussagen, Dementis, Ereignisse und Veranstaltungen von Organisationen und Personen des öffentlichen Lebens. Die Struktur von M.en orientiert sich am Aufbau von Nachrichten, indem unter anderem die W-Fragen (Was?, Wer?, Wo?, Wann?) eine wichtige Rolle spielen. Der Inhalt muss einen Nachrichtenwert wie beispielsweise Prominenz, Neuigkeitswert, Aktualität aufweisen. M.en werden auch als Pressemitteilungen, -erklärungen, -aussendungen, -texte, -infos bezeichnet.

Message Design
Prozess der Entwicklung von Schlüsselbotschaften, also der systematischen und arbeitsteiligen Planung und Verbesserung inhaltlicher und formaler Strukturen von Texten für die PR eines Unternehmens mit dem Ziel der Positionierung in der öffentlichen Kommunikation. MD. umfasst zunächst die Identifikation von diskursiv eingeschliffenen Formen der Thematisierung, der Deutung und des Urteilens, sodann die Entwicklung einer narrativen und einer argumentativen Basis für spätere PR-Texte sowie schliesslich die Verdichtung dieser Komponenten auf einer ► Textplattform, um den späteren raschen Zugriff für Anwendungen in verschiedenen Medien und Situationen zu ermöglichen.

PR-Journalisten
Personen, die das journalistische Handwerk beherrschen und im Auftrag einer Organisation für deren Public Relations (PR) publizistisch tätig sind. PR-J. sind dem jeweiligen Auftraggeber und seinen Interessen verpflichtet und werden oftmals für die Vermittlung komplexer wissenschaftlicher Themen an eine breite Leserschaft von Laien engagiert. PR erhält dadurch eine höhere Glaubwürdigkeit, was sich auf das Image der Organisation positiv auswirken kann. Die Verbindung von Rollen aus Journalismus und PR zieht besondere Herausforderungen in Bezug auf die Transparenz, aber auch bei der Planung, beim Entwurf und bei der Verbesserung von Texten nach sich.

Public Storytelling-Management
Planung, Koordination und laufende Verbesserung von arbeitsteilig verlaufenden Schreibprozessen in einer Organisation und für eine Organisation, mit dem Ziel, Kommunikationschancen für das Unternehmen zu nutzen und Risiken zu mindern. Grundlegend dafür ist die Erkenntnis, das öffentliche Kommunikation durch vorgeformte, allgemein verständliche und verdichtete Sinnmuster (»Stories«) geprägt wird, die Rollen, Schauplätze, Handlungen, Perspektiven, Motive

und unerwartete Ereignisse nach bestimmten Regeln miteinander verknüpfen. PStM. leistet Beiträge zur Innovation, Kooperation und zum Aktionsfluss einer Organisation, indem es beispielsweise Geschichten des Wandels, der Teamarbeit und der Produktivität entwickelt und diese für die Koordination von Schreibprozessen einsetzt. Ein wichtiges Handlungsfeld des PStM.s ist der Prozess des ► Message Designs sowie die Entwicklung, Analyse und Optimierung von ► Textpartituren für medienkonvergente Kommunikationsangebote. PStM. und ► Argumentationsmanagement ergänzen sich gegenseitig.

Rede-Design

Schriftlich gefasster Zusammenhang zwischen Inhalt, Form und Funktion einer Rede, besonders von Erfolgsvoraussetzungen, welche sich aus der Situation, der Person des Redenden und dessen Rollen, der Struktur des Redetextes sowie dessen Inszenierung und medialer Vermittlung ergeben. R. eignet sich als Instrument für den Einsatz in der Rede- beziehungsweise Auftrittsberatung. Das Planen, Entwerfen und Verbessern eines R. ist in diesem Rahmen das wichtigste Mittel für die Planung, den Entwurf und die Verbesserung von Redetexten. Ein R. schliesst an Prozesse des ► Public Storytelling-Managements, des ► Message Designs und des ► Argumentationsmanagements in einem Unternehmen oder einem Projekt an und unterstützt die kollaborative Vorbereitung von Redeauftritten.

Schreiben für die PR

Komplexes, kollaboratives Handeln mit dem Zweck, Texte für die medienkonvergente Kommunikation eines Unternehmens oder Projekts zu produzieren, um damit Kommunikationschancen für dieses Unternehmen zu nutzen und Kommunikationsrisiken zu meiden. SfPR. vollzieht sich über verschiedene Phasen der Planung, des Entwurfs und der Verbesserung von Texten, welche selber medienkonvergente Publikationen sind oder deren Produktion steuern und unterstützen. SfPR. erfolgt in den Rollen der Führung, des Managements und der Ausführung. Es erzeugt und stabilisiert nicht nur die Identität eines Unternehmens, sondern erbringt auch Innovationsleistungen und unterstützt die Produktivität des Unternehmens. Grundlage eines erfolgreichen SfPR. ist ein systematisches Vorgehen in Form eines bewussten Umgangs mit ► Textproduktionsstrategien sowie des Einsatzes von ► Public Storytelling-Management, ► Argumentationsmanagement und ► Message Design.

Schreibcoaching

Prozess und Form der Beratung Einzelner oder kleiner Teams durch einen Coach in Bezug auf die Frage, wie das ► Schreiben für die PR, die damit verbundenen ► Schreibstrategien und die zum Einsatz kommenden ► Textsorten so gestaltet werden können, dass sie den Ansprüchen der Schreibenden und den Anforderungen der Public Relations (PR) entsprechen. Ziel ist es, den Handlungsspielraum der Schreibenden durch gezielte Impulse und Rückmeldungen so weit zu erweitern, dass der Coach überflüssig wird. Genutzt werden unter anderem Techniken des kreativen Schreibens. Grundlegend sind Gespräche über den Textproduktionsprozess als Ganzes. Sc.s sind Beratungsprozesse und damit zeitlich begrenzt. Sie können beispielsweise im Rahmen von Schreibwerkstätten durchgeführt werden.

Social Bookmarks

Internet-Lesezeichen, die von mehreren Nutzern auf einem Server im Internet oder Intranet abgelegt werden und damit Teil einer interaktiv entstehenden und genutzten ► Textpartitur sind. Ziel ist es, gemeinsam auf die Lesezeichen zugreifen zu können und diese untereinander auszutauschen. Der Zugriff auf S. B. erfolgt über einen Webbrowser oder über spezielle Browsererweiterungen. Das gemeinschaftliche Indexieren von Internetquellen wird als eine Art der Kollaboration von Internetnutzern im Sinn des ► Social Web gesehen und wird auch für die Suchmaschinenoptimierung genutzt.

Social Web, auch Web 2.0

Bezeichnung für das World Wide Web (Internet), die dessen soziale Funktionen besonders hervorhebt, also die Möglichkeit für die Nutzer, verstärkt zu interagieren, Inhalte auszutauschen, eigene ► Textpartituren zu entwickeln und Communities zu bilden. Zu S. W.s gehören insbesondere Anwendungen wie ► soziale Netzwerke, Austauschplattformen, ► Wikis, ► Social-Bookmark-Systeme, ► Blogs und Podcasts.

Soziale Netzwerke, auch »Social Network Service«

Über Online-Kommunikation geknüpfte Gemeinschaften, für die Nutzer persönliche Profile, Kontaktlisten und Adressbücher verfassen, persönliche Nachrichten an andere Nutzer versenden und von ihnen empfangen, automatisch generierte Nachrichten beispielsweise über Profiländerungen erhalten und ► Links und Kommentare erstellen. S. N. umfassen zudem auch ► (Micro-)Blog-Funktionen wie zum Beispiel das Posten von Status-Updates. Organisationen setzen S. N. für die Public-Relations(PR)-Arbeit, besonders auch für das ► Public Storytelling-Management ein. Die bekanntesten S. N. im deutschsprachigen Raum sind Facebook, Xing, MySpace und StudiVZ.

Textdesign

Erfolgsorientierte Kommunikationsstrategie, die dem ► Schreiben für die PR über alle Phasen hinweg zugrunde liegt. Im engeren Sinne bedeutet T. die verbale und visuelle Gestaltung eines Textes durch den Einsatz unterschiedlicher Textelemente wie Über-, Haupt- und Untertitel, aber beispielsweise auch von Bildern, ► Infografiken, Farben, Logos und Kästen. Die praktischen Funktionen des T.s bestehen darin, die Benutzungsfreundlichkeit und Gebrauchstauglichkeit eines Textes zu gewährleisten. Das geschieht dadurch, dass der Leser durch ganze Seiten und den ganzen Text hindurchgeführt wird, und zwar indem der Text Orientierung vermittelt, Inhalte hierarchisiert, Einstiegspunkte anbietet, Themen strukturiert und Inhalte visualisiert.

Textpartitur

Medienkonvergente Kommunikationsangebote, die sich durch inhaltliche Vielfalt und interaktive Nutzbarkeit auszeichnen. T.en verknüpfen Beiträge unterschiedlicher Autorschaft, unterschiedlicher Modalität (unter anderem Texte, Bilder, Videos, Podcasts) und unterschiedlichen Inhalts zu Angeboten, die je nach Bedarf und Situation unterschiedlich genutzt werden können. T.en dienen als konzeptionelles Hilfsmittel für das interaktive und kollaborative ► Schreiben für die PR im multimedialen Umfeld. Ein wichtiges Beispiel für T.en sind Webportale von Unternehmen, durch deren Entwicklung und Nutzung Unternehmensidentität entsteht.

Textsorten

Strukturelle Muster von Texten für die PR, die für bestimmte Kommunikationsfunktionen dieser Texte stehen und von diesen Funktionen her bestimmt sind. Zu unterscheiden sind drei Gruppen von T., nämlich nachrichtenartig-informative T., zu denen die ► Medienmitteilung gehört, T. zur Selbstdarstellung, zu denen das Unternehmensporträt, aber auch die Produktinformation gehören, und appellativ-auffordernde T., zu denen die Werbeanzeige gehört. Das Wissen über T. zählt zu den wichtigsten Voraussetzungen für das erfolgreiche ► Schreiben für die PR wie auch für eine professionelle Public-Relations(PR)-Arbeit insgesamt. Auch für die gezielte Rezeption von PR-Texten spielt es eine zentrale Rolle.

Textplattform

Zentrales Instrument für das ► Message Design und damit auch für das ► Public Storytelling- und Argumentationsmanagement eines Unternehmens oder eines Projekts. Eine T. dokumentiert Textelemente mit Kommunikationspotenzial (Thematisierungs-, Deutungs- und Urteilsmuster) sowie die narrative und die argumentative Basis ihrer Verknüpfung für spätere Texte der Public Relations (PR) in verdichteter Form. Auf diese Weise unterstützt eine T. das ▸ Schreiben für die PR in den verschiedenen Phasen. Besonders in der politischen Kommunikation erfahren T.en eine Erweiterung in Form von Factsheets, FAQ-Papieren und Argumentarien. T.en werden in der PR-Praxis auch als Kommunikationsplattformen bezeichnet, für deren Inhalt Begriffe wie Kernaussagen, Schlüsselaussagen und kommunikative Leitideen gebräuchlich sind.

Textproduktionsstrategie
Verfestigte, bewusste und benennbare Vorstellung davon, wie Entscheidungen beim ▸ Schreiben für die PR zu fällen sind – und damit eine Voraussetzung für ▸ Textdesign im weiteren Sinne. Die Entscheidungen beim Schreiben müssen so gefällt werden, dass das Schreibprodukt mit höherer Wahrscheinlichkeit eine zielgemässe Gestalt annehmen und die angestrebte Funktion für die medial vermittelte Kommunikation erfüllen kann. Schreibende, die auf ein breites Repertoire an T.n zurückgreifen können, meistern kritische Situationen, indem sie kreativ mit den Herausforderungen des Schreibprozesses umgehen, Strategien situativ einsetzen oder ad hoc neue Strategien entwickeln. Gegenstand von T.n sind beispielsweise die Gestaltung des Arbeitsumfelds, der Umgang mit inneren Monologen und die zeitliche Planung des Schreibprozesses.

W-Fragen
Wichtiger Teil von ▸ Textproduktionsstrategien für die Public Relations (PR). Bekannt geworden sind sie durch die journalistische Praxis des Nachrichtenschreibens. Demnach sollten am Anfang von Nachrichtentexten die wichtigsten Informationen über Ereignisse vermittelt werden. Beim ▸ Schreiben für die PR werden die W. im Rahmen von ▸ Textsorten, die dem Journalismus entlehnt sind, in Kunden- und Mitarbeiterzeitschriften eingesetzt, aber auch in ▸ Medienmitteilungen, wo sie die Leitlinie für das Schreiben des ersten Abschnitts darstellen. Die Praxis verwendet in der Regel fünf W. (Wer hat was wann wo und wie gemacht?), ergänzt zeitweise aber auch eine sechste (Warum?) und eine siebte W. (Woher, also aus welcher Quelle stammt die Information?).

Wiki
Systeme von Webseiten, deren Inhalte von den Benutzern nicht nur gelesen, sondern auch direkt im Browser geändert werden können. Grundidee und Ziel sind das kollaborative ▸ Schreiben für die PR und die innerbetriebliche Kommunikation, um die Erfahrungen und das Wissen unterschiedlicher Autorinnen und Autoren nutzen zu können. Die Philosophie des offenen Zugangs und Zugriffs steht im Unterschied zu den geregelten Arbeitsabläufen zum Beispiel in Medien-

redaktionen. Durch ein einfaches Content-Management-System (CMS) können jederzeit Änderungen an den Webinhalten vorgenommen werden. Die bekannteste W.-Anwendung ist die Online-Enzyklopädie Wikipedia.

AUTORINNEN UND AUTOREN IN DIESEM BAND

Dr. Cathrin Christoph ist Professorin für Angewandte PR an der Hochschule Hannover. Daneben ist sie als selbstständige PR-Beraterin für Unternehmen tätig. Journalistische Erfahrung sammelte sie als feste freischaffende Journalistin beim Hamburger Verlagshaus Gruner + Jahr. Wichtige Publikation: Textsorte Pressemitteilung. Zwischen Wirtschaft und Journalismus (2010).
Kontakt: cc@pr-und-text.com

Dr. Aleksandra Gnach ist Linguistin und Medienwissenschaftlerin. Sie promovierte im Bereich Schreibforschung, coacht Schreibende in verschiedenen Domänen und leitet die Kommunikation des Instituts für Angewandte Medienwissenschaft (IAM) der Zürcher Hochschule für Angewandte Wissenschaften (ZHAW).
Kontakt: aleksandra.gnach@zhaw.ch

Dr. Guido Keel ist Dozent für Journalistik, Medienforschung und Online-Kommunikation am Institut für Angewandte Medienwissenschaft (IAM) der Zürcher Hochschule für Angewandte Wissenschaften (ZHAW). Er arbeitete als Redaktor und PR-Berater für diverse Medien, Industrie- und Dienstleistungsunternehmen. Wichtige Publikationen: IAM-Studie Journalisten im Internet (zusammen mit M. Bernet, 2009); Medienarbeit: Informationen und Service für Journalisten im Internet (zusammen mit M. Bernet, 2011); Journalisten in der Schweiz (2011).
Kontakt: guido.keel@zhaw.ch

Helga Kessler ist freie Wissenschaftsjournalistin und Dozentin für Journalismus am Institut für Angewandte Medienwissenschaft (IAM) der Zürcher Hochschule für Angewandte Wissenschaften (ZHAW). Sie hat Chemie und Biologie studiert und arbeitete als Redakteurin unter anderem bei der ZEIT in Hamburg und beim Tages-Anzeiger in Zürich. Wichtige Publikationen: Schreiben fürs Netz (zusammen mit D. Perrin, 2005); Diskursfelder der Wissenschaftskommunikation (zusammen mit O. Kruse, 2005).
Kontakt: helga.kessler@zhaw.ch

Prof. Dr. Ulla Kleinberger ist Professorin für Angewandte Linguistik am Departement für Angewandte Linguistik der Zürcher Hochschule für Angewandte Wissenschaften (ZHAW) sowie Titularprofessorin für Germanistische Linguistik an der Universität Zürich. Wichtige Publikationen: Kommunikation in Betrieben (2003); Sprach- und Kulturkontakt in den neuen Medien (zusammen mit F. Wagner, 2010).
Kontakt: ulla.kleinberger@zhaw.ch

Prof. Dr. Daniel Perrin ist Schreibforscher, Professor für Medienlinguistik und Leiter des Instituts für Angewandte Medienwissenschaft (IAM) der Zürcher Hochschule für Angewandte Wissenschaften (ZHAW). Er arbeitete als Journalist, Texter und Textchef, zum Beispiel beim Tages-Anzeiger in Zürich. Wichtige Publikationen und Projekte: siehe www.danielperrin.net.
Kontakt: daniel.perrin@zhaw.ch

Prof. Dr. Nicole Rosenberger ist Professorin für Organisationskommunikation und Management am Institut für Angewandte Medienwissenschaft (IAM) der Zürcher Hochschule für Angewandte Wissenschaften (ZHAW). Sie baute den Bereich Weiterbildung des Instituts auf. Zuvor arbeitete sie als PR-Redaktorin und Beraterin für Öffentlichkeitsarbeit. Wichtige Publikationen: Unternehmenspolitik, Identität und Kommunikation. Modell – Prozesse – Fallbeispiele (zusammen mit M. Niederhäuser, 2011); Schreiben im Beruf (zusammen mit D. Perrin, 2008).
Kontakt: nicole.rosenberger@zhaw.ch

André Schibli, lic. phil. und MAS ZFH, ist Dozent, Co-Leiter des Bachelorstudiengangs Kommunikation und Leiter Convergent Media Center am Institut für Angewandte Medienwissenschaft (IAM) der Zürcher Hochschule für Angewandte Wissenschaften (ZHAW). Er arbeitete als Programmleiter, Redaktor und Ausbilder in verschiedenen Radiostationen.
Kontakt: andre.schibli@zhaw.ch

Colette Schneider Stingelin, lic. phil., ist Dozentin für politische Kommunikation und Organisationskommunikation am Institut für Angewandte Medienwissenschaft (IAM) der Zürcher Hochschule für Angewandte Wissenschaften (ZHAW) und Doktorandin im Programm »Communication and Health« des Schweizerischen Nationalfonds. Sie arbeitete unter anderem als Kommunikationsleiterin für Non-Profit-Organisationen.
Kontakt: colette.schneider@zhaw.ch

Kaspar Silberschmidt hat die Universität St. Gallen mit Profil Wirtschaftssoziologie abgeschlossen. Nach einem Volontariat bei einer Zürcher Regionalzeitung wechselte er in die Unternehmenskommunikation. Seit 1984 ist er freiberuflich tätig. Am Institut für Angewandte Medienwissenschaft (IAM) der Zürcher Hochschule für Angewandte Wissenschaften (ZHAW) wirkt er als Dozent im Lernbereich Berufpraxis.
Kontakt: silk@zhaw.ch

Prof. Dr. Peter Stücheli-Herlach ist Professor für Organisationskommunikation und Öffentlichkeit am Institut für Angewandte Medienwissenschaft (IAM) der Zürcher Hochschule für Angewandte Wissenschaften (ZHAW). Er baute den Bereich Beratung sowie den Zertifikatslehrgang für Politische Kommunikation des Instituts auf. Zuvor arbeitete zehn Jahre als Redaktor der Neuen Zürcher Zeitung (NZZ) und zuvor als PR-Berater und Werbetexter. Wichtige Publikationen: Corporate Language (zusammen mit N. Urbahn und N. Heinicke, 2012); Verwaltung im Meinungsstreit (2010).
Kontakt: stue@zhaw.ch

Katharina Urbahn ist wissenschaftliche Mitarbeiterin am Institut für Angewandte Medienwissenschaft (IAM) der Zürcher Hochschule für Angewandte Wissenschaften (ZHAW) und managt in Co-Leitung den Bachelorstudiengang Kommunikation. Zudem ist sie in der Kommunikationsberatung des Instituts tätig. Sie absolviert an der Universität Hohenheim den Master of Science in Kommunikationsmanagement. Wichtige Publikation: Public Relations in Deutschland (zusammen mit P. Szyszka und D. Schütte, 2009).
Kontakt: urba@zhaw.ch

Prof. Dr. Wibke Weber ist Professorin an der Hochschule der Medien, Stuttgart, und erforscht und lehrt dort Informationsdesign. Sie hat das dortige Convergent Media Center (CMC) mitbegründet und aufgebaut. Zuvor arbeitete sie als Journalistin und Online-Redakteurin, unter anderem für den Hessischen Rundfunk (hr), den Südwestrundfunk (SWR) und Hubert Burda Media. Wichtige Publikationen: Kompendium Informationsdesign (2008); Interaktive Infografiken (zusammen mit M. Burmester und R. Tille, 2013).
Kontakt: weber@hdm-stuttgart.de

STICHWORTVERZEICHNIS

MIX
Papier aus verantwortungsvollen Quellen
Paper from responsible sources
FSC® C105338

Printed by Books on Demand, Germany